公立幼稚園教諭・保育士採用試験対策シリーズ

2026年度 専門試験

公立 保育士

横浜市・大和市・伊勢原市・茅ヶ崎市

協同教育研究会 編

本書には，保育士採用試験を徹底的に分析したうえ
で，ポイント，演習問題，解説を掲載しています。また，演習問題には，以下のように5段階で難易度を示しています。問題に取り組む際の参考にしてください。

難 易 度

■□□□□　非常にやさしい

■■□□□　やさしい

■■■□□　普通

■■■■□　難しい

■■■■■　非常に難しい

　本書に掲載されている資料や法令文の標記・基準は，
2025年2月現在の情報を掲載しています。

まえがき

　本書は，横浜市・大和市・伊勢原市・茅ヶ崎市の公立保育士採用試験を受験する人のために編集されたものである。

　保育士は，0歳から小学校就学までの乳児・幼児に対して，年齢に応じた指導を行うことをその職務とする。具体的には，健康状態のチェック，遊び，絵画，音楽や運動など，心身の発達を伸ばす保育を行うものである。その他には，環境整備(清掃を含む)，園児の行動記録など，仕事の範囲は多岐に渡る。

　保育士試験は，その職務を全うできる有為な人材を，幅広い範囲から登用するために，公務員試験の原則に則り，公開平等の原則によって実施される。すなわち，一定の基準点に達すれば合格する資格試験とは根本的に違い，有資格者であれば，誰にでも門戸が開かれた選抜競争試験である。そのため毎年，多数の人が受験している人気職種である。

　このような保育士という職務の重要性を鑑み，激烈な関門を突破するためには，まず自分の適性・素養を確かめると同時に，試験内容を十分に研究して対策を講じておく必要があろう。

　本書はその必要性に応え，公立保育士採用試験で出題される「専門試験」，「論作文試験」，「面接試験」について，最近の出題傾向を徹底分析した上で，ポイント，問題と解説などを加えたものである。これによって短期間で学習効果が現れ，自信をもって試験に臨むことができよう。

　公立保育士をめざす方々が本書を十分活用され，難関を突破して目標を達成されることを心からお祈りする。

協同教育研究会

＊目次＊

第1章　横浜市・大和市・伊勢原市・茅ヶ崎市の
　　　　公立保育士　試験概要………………………… 3

第2章　専門試験　社会福祉 ………………………… 59

第3章　専門試験　子ども家庭福祉 ………………… 85

第4章　専門試験　保育の心理学 ………………… 111

第5章　専門試験　子どもの保健 ………………… 135

第6章　専門試験　乳児保育 ……………………… 161

第7章　専門試験　小児保育 ……………………… 185

第8章　専門試験　保育原理 ……………………… 205

第9章　専門試験　社会的養護 …………………… 233

第10章　専門試験　保育内容 …………………… 259

第11章　専門試験　保育の現状 ………………… 279

第12章　論作文試験対策 ………………………… 309

第13章　面接試験対策 …………………………… 331

第1章

横浜市・大和市・伊勢原市・茅ヶ崎市の公立保育士

試験概要

横浜市・大和市・伊勢原市・茅ヶ崎市の公立保育士

令和6年度横浜市職員
（高校卒程度、免許資格職など）採用試験
受験案内

令和6年6月
横浜市人事委員会

◆募集職種◆

事務、土木、機械、電気、水道技術、保育士、司書、
栄養士、消防、消防（救急救命士）、学校栄養

【申込受付期間】※インターネット受付
6月20日（木）午前10時00分～7月17日（水）午前10時00分

※ 横浜市電子申請・届出システムによる申込みから「令和6年度横浜市職員採用試験・選考 専用サイト（以下「専用サイト」という。）」による申込受付に変わりました。
（7月17日（水）午前10時00分までに専用サイトに到達したものまで有効。）

第一次試験日　令和6年9月29日（日）

◆注意事項◆

※1　横浜市人事委員会が実施する採用試験については、試験区分や受験の有無に関わらず、当該年度にいずれか1つしか申し込むことはできません。ただし、「障害のある人を対象とした横浜市職員採用選考」及び「横浜市育児休業代替任期付職員採用候補者選考」については、重複して受験することができます。

※2　申込締切直前は、アクセスが集中することが予想されるため、余裕をもって申し込んでください。いかなる場合でも締切を過ぎてからの申込みはできません。

【今年度の主な変更点】次ページを御確認ください。

試験概要

令和６年度横浜市職員（高校卒程度、免許資格職など）採用試験
今年度の主な変更点

保育士区分の年齢要件変更

受験資格については、P.4、5を御確認ください。

令和５年度（旧）	令和６年度（新）
34歳まで	30歳まで　※

※年齢要件は、令和７年４月１日時点のものです。

※31歳から60歳までの方については、社会人採用試験（年齢の他に職務経験等が必要）の受験案内を御確認ください（8月13日公表予定）。

栄養士区分の受験資格変更

受験資格については、P.4、5を御確認ください。

令和５年度（旧）	令和６年度（新）
栄養士若しくは管理栄養士の免許を有する人 （取得見込みを含む）	管理栄養士の免許を有する人 （取得見込みを含む）

※学校栄養区分については、変更はありません。

申込システム上の変更

	令和５年度（旧）	令和６年度（新）
プレエントリー	―	必要
申込みの取下げ	可	不可

5

■ 横浜市・大和市・伊勢原市・茅ヶ崎市の公立保育士

1 試験区分、採用予定数及び職務概要

試 験 区 分	採用予定数	職 務 概 要
事務	30人程度	区役所や局などに配属され、一般行政事務に従事します。
土木	15人程度	主に、総合的な都市整備や、道路、河川、上下水道、港湾、地下鉄などの計画・建設において、土木関係の専門的技術の業務に従事します。
機械	5人程度	主に、廃棄物処理施設や下水処理施設、港湾施設、市営住宅・庁舎、浄水場、地下鉄車両・駅施設などの機械設備について、設計・管理などの業務に従事します。深夜業を含む交替制勤務もあります。
電気	5人程度	主に、廃棄物処理施設や下水処理施設、港湾施設、市営住宅・庁舎、浄水場、地下鉄車両・駅施設などの電気設備（主に強電）について、設計・管理などの業務に従事します。深夜業を含む交替制勤務もあります。
水道技術	7人程度	水道局において、浄水場・配水池・送配水管路など水道施設の維持管理、給配水管の漏水調査や水運用（バルブ操作含む）、施設整備計画の策定、施設の設計や工事の発注・監督など水道事業に係る専門的技術の業務に従事します。深夜業を含む交替制勤務もあります。
保育士	45人程度	保育所、一時保護所、児童養護施設、母子生活支援施設などで保育業務に従事します。施設によって深夜業を含む交替制勤務もあります。
司書	5人程度	主に、図書館などにおいて司書として資料を収集し、分類整理するほか、資料の貸出、読書の案内や相談などの専門的業務に従事します。
栄養士	数人	区役所（福祉保健センター）などで、各種栄養指導や給食施設指導、指導監査などの業務に従事します。
消防	35人程度	消防本部又は各消防署などで、消防行政の企画立案及び運営、火災や救急の現場活動、消防関連設備の査察、火災予防、建築同意、危険物規制、指令・通信、研究開発、音楽演奏を通じた広報活動などの業務に従事します。職員の約7割が深夜業を含む交替制勤務です。
消防（救急救命士）	15人程度	主に救急救命士としての救急現場活動、消防本部における救急指導業務や企画立案業務に従事します。そのほか、消防本部又は各消防署などで、消防行政の企画立案及び運営、火災等の現場活動、消防関連設備の査察、火災予防、建築同意、危険物規制、指令・通信、研究開発、音楽演奏などを通じた広報活動などの業務に従事します。職員の約7割が深夜業を含む交替制勤務です。
学校栄養	5人程度	小学校・義務教育学校・特別支援学校などで、学校給食の献立作成、栄養指導など給食管理全般に関する業務に従事します。

※ 配属にあたっては能力、適性、実績を生かして幅広い職務に従事することがあります。
※ 採用予定数については、現時点における予定に基づくもので、今後変わることがあります。

【注意事項】
（1）機械、電気、水道技術、保育士、消防、消防（救急救命士）以外の職種も、交替制勤務などを要する職場に配属されることがあります。
（2）企業局を含む、横浜市の全組織に配属される可能性があります（水道技術を除く。）。
（3）**複数の申込みはできません（複数の申込みをした場合、最初に申請を受付した申込内容を有効とします。）。**

6

試験概要

2 受験資格

◆ 試験の過程で、受験資格がないことが明らかになった場合は、それ以降の試験は受験できません。この場合、受験を辞退したものとして扱います。

◆ 最終合格発表後に受験資格を満たしていないことが判明した場合は、合格を取り消します。
なお、卒業・修了や資格・免許取得の見込みを要件として受験した人は、この採用試験に合格しても、卒業・修了や資格・免許を取得できなかった場合には採用することができません。採用後に判明した場合には、採用を取り消します。

◆ 横浜市人事委員会が実施する採用試験については、試験区分や受験の有無に関わらず、当該年度にいずれか1つしか申し込むことはできません。ただし、「障害のある人を対象とした横浜市職員採用選考」及び「横浜市育児休業代替任期付職員採用候補者選考」については、重複して受験することができます。

（1）全区分共通

ア　年齢要件等

試験区分	年齢要件	国籍
事務、土木、機械、電気、水道技術	2003 年（平成 15 年）4 月 2 日から2007 年（平成 19 年）4 月 1 日までに出生した人	国籍は問いません
保育士、司書、栄養士、学校栄養	1994 年（平成 6 年）4 月 2 日以降に出生した人	国籍は問いません
消防、消防（救急救命士）	2003 年（平成 15 年）4 月 2 日から2007 年（平成 19 年）4 月 1 日までに出生した人	日本国籍を有する人

外国籍の方は P.13 を参照してください。

イ　次の(ア)、(イ)に該当する人は受験できません。
(ア)　地方公務員法第16条の欠格条項に該当する者

```
地方公務員法（抜粋）
（欠格条項）
第十六条
　次の各号のいずれかに該当する者は、条例で定める場合を除くほか、職員となり、又は競争試験若しくは選考を受けることができない。
一　禁錮以上の刑に処せられ、その執行を終わるまで又はその執行を受けることがなくなるまでの者
二　当該地方公共団体において懲戒免職の処分を受け、当該処分の日から二年を経過しない者
三　人事委員会又は公平委員会の委員の職にあつて、第六十条から第六十三条までに規定する罪を犯し、刑に処せられた者
四　日本国憲法施行の日以後において、日本国憲法又はその下に成立した政府を暴力で破壊することを主張する政党その他の団体を結成し、又はこれに加入した者
```

(イ)　平成 11 年改正前の民法の規定による準禁治産の宣告を受けている者（心神耗弱を原因とするもの以外）

（2）保育士
次のア～ウのいずれかに該当する人
ア　保育士の登録を受けている人又は令和 7 年 3 月までに登録される見込みの人
イ　神奈川県において、国家戦略特別区域法の規定による国家戦略特別区域限定保育士の登録を受けている人又は令和 7 年 3 月までに登録される見込みの人
ウ　国家戦略特別区域法の規定により都道府県（神奈川県は除く。）が実施する国家戦略特別区域限定保育士試験を合格し、その登録の日から起算して令和 7 年 3 月までに 3 年を経過している人

（3）司書
司書若しくは司書補の資格を有する人又は令和 7 年 3 月までに資格を取得する見込みの人

（4）栄養士
管理栄養士の免許を有する人又は令和 7 年 12 月までに免許取得見込みの人

（5）消防（救急救命士）
救急救命士の免許を有する人又は令和 7 年 9 月までに免許取得見込みの人

（6）学校栄養
栄養士若しくは管理栄養士の免許を有する人又は令和 7 年 12 月までに免許取得見込みの人

7

横浜市・大和市・伊勢原市・茅ヶ崎市の公立保育士

3　資格・免許の証明に係る提出日及び提出書類

　　保育士、司書、栄養士、消防（救急救命士）及び学校栄養区分の人は、受験資格に係る書類の提出が必要です。次の内容に合致した書類をそれぞれ<u>1通ずつ提出日に必ず提出してください。</u>その際、各提出書類の欄外右上に、試験区分・受験番号をボールペンで記入してください。

　　また、「写し」と記載のあるもの以外は必ず原本を御提出ください。

（1）提出日
　最終合格発表後（最終合格者にのみ通知で詳細をお知らせします。）

　※　最終合格発表後に、受験資格がないことが判明した場合、合格を取り消します。また、採用後に判明した場合には、採用を取り消します。

（2）提出書類
ア　保育士
　　（ア）又は（イ）のいずれかを提出してください。
　　　（ア）既に保育士の登録を受けている場合
　　　　　保育士証（保育士登録証）の写し
　　　（イ）保育士の登録を受けていない場合（各1通ずつ）
　　　　　・保育士となる資格を証明する書類
　　　　　　（保育士資格証明書の写し、指定保育士養成施設卒業（見込）証明書、保育士課程修了（見込）証明書、保育士試験合格通知書の写し（神奈川県独自地域限定保育士試験及び国家戦略特別区域法限定保育士試験を含む。）など）
　　　　　・保育士登録の申請をしていることを証明する書類の写し
　　　　　・保育士登録済み通知書の写し

イ　司書
　　（ア）～（エ）のいずれかを提出してください。
　　　（ア）司書又は司書補の資格取得（見込）証明書
　　　（イ）大学（短大含む。）の司書課程の単位取得（見込）証明書及び卒業（見込）証明書
　　　（ウ）司書の講習修了（見込）証明書及び卒業（見込）証明書
　　　（エ）司書補の講習修了（見込）証明書

ウ　栄養士
　　（ア）又は（イ）のいずれかを提出してください。
　　　（ア）既に管理栄養士の免許を有する場合
　　　　　免許の写し
　　　（イ）管理栄養士の免許を取得する見込みの場合
　　　　　免許に係る学校・養成施設の卒業・修了（見込）証明書

エ　消防（救急救命士）
　　（ア）又は（イ）のいずれかを提出してください。
　　　（ア）既に免許を有する場合
　　　　　免許の写し
　　　（イ）免許を取得する見込みの場合
　　　　　救急救命士国家試験受験資格を証明する書類（専門学校の卒業（見込）証明書など）
　　　　　<u>不明な点は、消防局人事課【電話：045-334-6404】にお問い合わせください。</u>

オ　学校栄養
　　（ア）又は（イ）のいずれかを提出してください。
　　　（ア）既に栄養士又は管理栄養士の免許を有する場合
　　　　　免許の写し
　　　（イ）栄養士又は管理栄養士の免許を取得する見込みの場合
　　　　　免許に係る学校・養成施設の卒業・修了（見込）証明書

試験概要

4 試験の日時、会場及び合格発表

◆ 日程は予定のため、変更する可能性があります。
◆ 試験日時の変更は受け付けることができません。
◆ 第一次試験は、当日の災害等の影響により、開始時間を最大2時間程度遅らせることがあります。
◆ 合格者の決定及び配点については、P.12を御確認ください。

（1）事務・土木・機械・電気・水道技術

日　時	合格発表日
教養、専門（事務を除く。）、作文（水道技術を除く。）　　9月29日（日） 【着席】　　　　　　　　午前8時50分 【試験終了】 　◆事務　　　　　　　　午後2時30分頃 　◆水道技術　　　　　　午後3時30分頃 　◆土木、機械、電気　午後5時20分頃	10月15日(火) 午前10時
面接　　　　　10月22日（火）～25日（金）のいずれか1日を指定	11月15日(金) 午前10時

（2）保育士

日　時	合格発表日
専門、論文　　9月29日（日） 【着席】　　　　　午後0時20分 【試験終了】　　　午後5時20分頃	10月15日(火) 午前10時
面接　　　　　10月22日（火）～25日（金）のいずれか1日を指定 　　※　実技を含む。	11月15日(金) 午前10時

（3）司書・栄養士・学校栄養

日　時	合格発表日
教養、専門、論文　9月29日（日） 【着席】　　　　　午前8時50分 【試験終了】　　　午後5時20分頃	10月15日(火) 午前10時
面接　　　　　10月22日（火）～25日（金）のいずれか1日を指定	11月15日(金) 午前10時

横浜市・大和市・伊勢原市・茅ヶ崎市の公立保育士

全区分共通

日時・会場等	<第一次試験> **会場や持ち物等の詳細は、専用サイトのマイページ上及び横浜市職員採用案内ホームページ等で案内しますので、必ず確認してください。** <第二次試験> 日時・会場等は、第一次試験合格者に専用サイトのマイページ上にて通知します。
合格・不合格 結果通知	すべての試験段階において、合否結果については専用サイトのマイページ上にて行いますので、必ず確認してください。 ※ 郵送による通知は行いません。
合格発表方法	合格者の受験番号を横浜市職員採用案内ホームページに1週間掲載します。 ※ 合否は必ず専用サイトのマイページ上または横浜市職員採用案内ホームページで確認してください。

※ 受験した区分における全試験科目のうち、1つでも受験していない科目があった場合、それ以降の試験は棄権とみなし、受験することはできません。なお、消防区分の第一次試験合格者において、身体検査票の提出がない場合についても、特別な事情がない限りそれ以降の試験は棄権とみなし、受験することはできません。

※ 合否についての電話による問合せは一切お断りします。**人事委員会事務局では、合否に関する電報、電話などのサービスの取扱いは一切していません。**

5 試験結果について

専用サイトのマイページ上にて、すべての受験者に結果を通知します。

第一次試験	合格者	第二次試験の御案内
	不合格者	当該試験の総合順位、得点及び合格点
第二次試験	合格者	当該試験の総合順位、第一次・第二次試験の得点及び 第二次試験の合格点
	不合格者	

※ なお、順位及び成績は、採用・配属に影響するものではありません。

試験概要

6　試験の内容及び出題分野

第一次試験の教養・専門の例題及び作文・論文の過去の出題を、ホームページに掲載しています。

（1）第一次試験の内容

試験区分	試験科目	試験時間	内　　容
事務 消防 消防（救急救命士）	教養 （択一式）	2時間	高校卒業程度の一般的知識（国語、社会、英語、数学、理科、一般事情など）及び一般的知能（文章理解、判断推理、数的推理、資料解釈など）についての筆記試験〔50問全問解答〕
土木 機械 電気 水道技術	教養 （択一式）	2時間	高校卒業程度の一般的知識（国語、社会、英語、数学、理科、一般事情など）及び一般的知能（文章理解、判断推理、数的推理、資料解釈など）についての筆記試験〔50問全問解答〕
	専門 （択一式）	2時間	専門的知識についての筆記試験（出題分野は次表【専門科目の主な出題分野】を参照してください。）〔40問全問解答〕
保育士	専門 （択一式）	2時間	専門的知識についての筆記試験（出題分野は次表【専門科目の主な出題分野】を参照してください。）〔40問全問解答〕
司書 栄養士 学校栄養	教養 （択一式）	2時間	短期大学卒業程度の一般的知識（法律・政治、経済、社会・一般事情、人文科学、自然科学など）及び一般的知能（文章理解、英文理解、判断推理、数的推理、資料解釈など）についての筆記試験〔40問全問解答〕
	専門 （択一式）	2時間	専門的知識についての筆記試験（出題分野は次表【専門科目の主な出題分野】を参照してください。）〔40問全問解答〕

【専門科目の主な出題分野】

試験区分		出　題　分　野
土木		数学・物理・情報、土木構造設計（構造力学、構造設計）、土木基盤力学（水理学、土質力学）、測量、社会基盤工学、土木施工
機械		数学・物理・情報、機械設計、機械工作、原動機、生産技術、電子機械
電気		数学・物理、電気回路、電気機器・電力技術・電子計測制御、電子技術・電子回路・通信技術・情報
水道技術 （※）	土木	数学・物理・情報、土木構造設計（構造力学、構造設計）、土木基盤力学（水理学、土質力学）、測量、社会基盤工学、土木施工
	機械	数学・物理・情報、機械設計、機械工作、原動機、生産技術、電子機械
	電気	数学・物理、電気回路、電気機器・電力技術・電子計測制御、電子技術・電子回路・通信技術・情報
保育士		社会福祉、子ども家庭福祉（社会的養護を含む。）、保育の心理学、保育原理・保育内容、子どもの保健
司書		生涯学習概論、図書館概論、図書館情報技術論、図書館制度・経営論、図書館サービス概論、情報サービス論・情報サービス演習、児童サービス論、図書館情報資源概論、情報資源組織論・情報資源組織演習
栄養士 学校栄養		社会生活と健康、人体の構造と機能、食品と衛生、栄養と健康、栄養の指導、給食の運営

※　水道技術区分については、申込時に土木、機械及び電気から1つの科目を選択し、第一次試験当日は選択した科目を受験します。申込締切後の科目の変更はできません。

11

横浜市・大和市・伊勢原市・茅ヶ崎市の公立保育士

（2）第二次試験の内容

試験区分		試験科目	内　容
事務 土木 機械 電気		作文	与えられた課題に対する作文（字数750字以内、1時間）
		面接	個別面接
水道技術		面接	個別面接
保育士 司書 栄養士 学校栄養		論文	与えられた課題に対する論文（字数750字以内、1時間）
		面接 （※1）	個別面接
消防 消防（救急救命士）	共通	グループ ワーク	・集団で協力して作業を行う試験 ※　課題に対するプレゼンテーションやディスカッションを 　　行うものではありません。 ・専門的な知識等は一切不要 テーマ例：　トランプを積み重ねて、チームでできるだけ高いタ ワーを作成してください。
		体力検査	消火や人命救助などの災害活動に必要な体力についての検査 〔検査項目〕 腕立て伏せ、懸垂、ＳＳＴ（シャトル・スタミナ・テスト）
		面接	個別面接
	消防	作文 （※2）	与えられた課題に対する作文（字数750字以内、1時間）

※1　保育士区分は面接において実技（保育の場面を想定）を行います。実技のテーマは、面接時に提示します。
※2　消防（救急救命士）区分は、作文・論文は実施しません。

7 合格者の決定及び配点

（1）第一次試験の合格者は、「教養及び専門」又は「教養のみ」、「専門のみ」のいずれかの結果により決定します。

※ 作文・論文は第二次試験科目（水道技術、消防（救急救命士）を除く。）ですが、第一次試験日に同会場で実施し、作文・論文の採点は第一次試験合格者のみ行います。

（2）第二次試験の合格者は、第一次試験の結果を下表に示した点数を満点として換算し、第二次試験の結果と総合して決定します。

（3）どの試験段階においても、いずれかの試験科目が一定の基準に達しない人は、他の成績にかかわらず不合格とします。

また、どの試験段階においても、受験していない科目がある場合は、得点換算されません。

（4） 消防、消防（救急救命士）区分の身体検査は、体力検査実施時の安全配慮や就労上の配慮事項の確認を行う際の参考資料とするため、点数化はされません。

		第一次試験		第二次試験				総合点
		教養	専門	面接 （保育士は実技を含む。）	作文又は論文	体力検査	グループワーク	
事務	第一次試験得点	410	—	—	—	—	—	410
	第二次試験得点	40	—	300	100	—	—	440
水道技術	第一次試験得点	400	400	—	—	—	—	800
	第二次試験得点	20	20	300	—	—	—	340
保育士	第一次試験得点	—	400	—	—	—	—	400
	第二次試験得点	—	20	300	100	—	—	420
消防	第一次試験得点	410	—	—	—	—	—	410
	第二次試験得点	40	—	300	100	150	100	690
消防 （救急救命士）	第一次試験得点	400	—	—	—	—	—	400
	第二次試験得点	40	—	300	—	120	100	560
その他の試験区分	第一次試験得点	400	400	—	—	—	—	800
	第二次試験得点	20	20	300	100	—	—	440

※ 小数点以下の点数は切り捨てます。

横浜市・大和市・伊勢原市・茅ヶ崎市の公立保育士

8 外国籍職員の担当業務について

外国籍の方が受験を希望する場合は、次の事項を確認してください。

1 配属について

　公務員の基本原則（「公権力の行使又は公の意思の形成に参画する公務員については、日本国籍を必要とする」）に基づき、横浜市では、外国籍の職員は次のような業務や職に就くことができません。

（1）公権力の行使にあたる業務について

　公権力の行使にあたる業務とは、次のとおりです。

・市民の権利や自由を一方的に制限する内容を含む業務

・市民に義務や負担を一方的に課す内容を含む業務

・市民に対して強制力をもって執行する内容を含む業務

・その他公権力の行使に該当する業務

公権力の行使にあたる業務が含まれる区分と代表的な業務の具体例

＜公権力の行使にあたる業務が含まれる区分＞

　事務、土木

＜代表的な業務の具体例＞

　事務：各種の許認可、税の賦課・滞納処分、土地収用、占用許可、立入調査、設備の設置命令、各種規制など

　土木：都市計画決定、開発規制など

（2）公の意思の形成に参画する職について

　公の意思の形成に参画する職とは、「横浜市の行政の企画、立案、決定等に関与する」職であり、原則として、ラインの課長以上の職及び本市の基本政策の決定に携わる係長以上の職（基本計画の策定、予算審査、組織人事労務管理など）が該当します。

2 昇任について

　横浜市には係長昇任試験制度があり、外国籍の職員も受験できます。

　上記の1（1）（2）に該当しないポストに就くことができ、スタッフ職である理事（局長級）までの昇任が可能です。

試験概要

9　合格から採用まで

（1）　最終合格者は、採用候補者名簿に登載されます。

（2）　採用の時期は、原則として令和7年4月となりますが、状況により本人の同意を得て、それ以前にも随時採用される場合があります。

（3）　最終合格発表後に、本試験の過程において不正行為が判明した場合、又は受験資格がないことや申込書の記載事項が正しくないことが判明した場合、合格を取り消します。また、採用後に判明した場合には、採用を取り消します。

（4）　保育士区分において、児童福祉法第18条の20の4第3項の規定に基づき、合格から採用までの間に、特定登録取消者（児童生徒性暴力等を行ったことにより保育士の登録を取り消された者等）への該当の有無を確認のため、同条第1項のデータベースの検索を行います。検索の結果、特定登録取消者に該当することが判明した場合は採用されない場合があります。

（5）　合格から採用までの間に、採用するにふさわしくない非違行為等があった際には、採用されない場合があります。

（6）　外国籍の人で採用されるのは「永住者」、「日本人の配偶者等」、「永住者の配偶者等」、「定住者」及び「特別永住者」の人です。

（7）　年齢・経験にかかわらず「職員Ⅰ」として採用されます。

　　　※　横浜市の一般職員は、昇任段階により職員Ⅰ～Ⅲの3つに分かれており、その中で職員Ⅰ（市職員としての基礎を身につける職員）として採用されます。

10　給与

試験区分		給与月額（地域手当を含む。）	試験区分		給与月額（地域手当を含む。）
事務など	短大卒	204,972 円	司書	大学卒	226,316 円
	高校卒	192,328 円		短大卒	204,972 円
消防 消防（救急・救命士）	短大卒	222,836 円		高校卒	192,328 円
	高校卒	213,672 円	保育士	大学卒	226,316 円
栄養士 学校栄養	大学卒	226,316 円		短大卒	204,972 円
	短大卒	204,972 円		高校卒	192,328 円

　　職員の給与は、「横浜市一般職職員の給与に関する条例」などに基づき支給されています。令和6年6月現在の初任給の目安は、上表のとおりです。採用前に職歴等がある場合などには、一定の基準に基づいてこの額に加算される場合があります。

　　このほか、通勤状況、住まいの状況などに応じて、通勤手当、住居手当などが支給されます。また、採用されるまでに条例などの改正等が行われた場合には、その定めるところによります。

11　勤務時間及び休暇等

（1）　勤務時間

　　　原則として、月曜日から金曜日までの午前8時30分から午後5時15分（休憩時間正午～午後1時）までです。職種や配属される職場によっては、早番・遅番・土日祝日勤務・夜間勤務・24時間の交替勤務（当直勤務）もあります（必要に応じて超過勤務が発生する場合もあります。）。

（2）　休暇等

　　　年次有給休暇（年間20日間）のほか、夏季休暇、病気休暇、結婚休暇、出生支援休暇、出産休暇、介護休暇などの休暇制度があります。また、育児休業制度、育児短時間勤務制度、自己啓発等休業制度、配偶者同行休業制度などもあります。

（3）　受動喫煙防止対策等

　　　横浜市が所管する施設は原則、敷地内禁煙又は屋内禁煙です。

　　　なお、勤務時間中（休憩時間を除く。）は禁煙としています。

　　※　上記内容は、令和6年6月現在のものであり、変更になる場合があります。また、水道局、交通局、医療局病院経営本部などは一部異なることがあります。

横浜市・大和市・伊勢原市・茅ヶ崎市の公立保育士

横浜市の自治体情報

概要版　第2期
横浜市子ども・子育て支援事業計画
子ども、みんなが主役！よこはまわくわくプラン

横浜市

第1章 横浜市子ども・子育て支援事業計画とは

- 子ども・子育て支援法及び次世代育成支援対策推進法に基づく法定計画として、本市の子ども・青少年施策に関する基本理念や各施策の目標・方向性などを定め、生まれる前から青少年期までの切れ目のない総合的な支援を推進します。
- 計画の期間は、令和2(2020)年度から令和6(2024)年度までの5年間とします。
- 計画の対象は、生まれる前から乳幼児期を経て、青少年期に至るまでの、おおむね20歳までの子ども・青少年とその家庭とします。ただし、若者の自立支援については 39 歳までを対象とするなど、施策の内容により、必要に応じて対象の年齢に幅を持たせ、柔軟な対応を行います。

第2章 子ども・青少年や子育てを取り巻く状況

1. 人口や少子化の状況
- 出生数は減少傾向、合計特殊出生率は全国よりも低い水準で推移しており、依然として少子化が進行しています。

2. 家庭の状況
- **世帯状況の変化** 子どもがいる世帯の割合は減少しています。また、核家族が増加傾向にあるなど世帯の規模は縮小しています。
- **就労状況の変化** フルタイムで就労している母親の割合が増えており、共働き世帯の割合が増加傾向にあります。
- **子育ての不安感・負担感** 「子育てをしている現在の生活の満足度」は過去 10 年間で増加傾向です。一方、特に妊娠中や出産後半年くらいの間において、子育てに不安を感じたり、自信を持てなくなったりしたことがある人の割合は増加しています。

3. 地域・社会の状況
- **地域のつながりの希薄化** 隣近所と比較的親密な付き合い方をしている人の割合が少ない状況です。一方、親密な付き合い方をしている人の方が子育ての満足度が高い傾向にあり、子育てにおいても地域のつながりづくりは重要な視点となっています。
- **情報化社会の進展** 子どものインターネット利用の早期化とともに、SNSなどによるトラブル、生活習慣の乱れなど、様々な問題も指摘されています。
- **国際化の状況と多文化共生** 本市の外国人人口は 2019 年には 10 万人を超えるなど増加傾向であり、子ども・子育て支援を推進する上でも多文化共生の視点が重要となっています。

横浜市・大和市・伊勢原市・茅ヶ崎市の公立保育士

第3章 本市の目指すべき姿と基本的な視点

目指すべき姿	未来を創る子ども・青少年の一人ひとりが、自分の良さや可能性を発揮し、豊かで幸せな生き方を切り拓く力を、共に温かい社会をつくり出していく力を育むことができるまち「よこはま」

計画推進のための基本的な視点	子ども・青少年の視点に立った支援	全ての子ども・青少年への支援	それぞれの発達段階に応じ、育ちの連続性を大切にする一貫した支援
	子どもの内在する力を引き出す支援	家庭の子育て力を高めるための支援	様々な担い手による社会全体での支援～自助・共助・公助～

第4章 施策の体系

「目指すべき姿」と「計画推進のための基本的な視点」を踏まえ、子ども・青少年への支援、子育て家庭への支援、社会全体での支援を進めるため、3つの施策分野と9つの基本施策により、計画を推進します。

施策分野1 子ども・青少年が様々な力を育み、健やかに育つ環境をつくる（子ども・青少年への支援）

- **基本施策1** 乳幼児期の保育・教育の充実と学齢期までの切れ目のない支援
- **基本施策2** 学齢期から青年期までの子ども・青少年の育成施策の推進
- **基本施策3** 若者の自立支援施策の充実
- **基本施策4** 障害児への支援の充実

施策分野2 誰もが安心して出産・子育てができる環境をつくる（子育て家庭への支援）

- **基本施策5** 生まれる前から乳幼児期までの一貫した支援の充実
- **基本施策6** 地域における子育て支援の充実
- **基本施策7** ひとり親家庭の自立支援／配偶者等からの暴力（DV）への対応と未然防止

施策分野3 社会全体で子ども・青少年を育てる環境をつくる（社会全体での支援）

- **基本施策8** 児童虐待防止対策と社会的養護体制の充実
- **基本施策9** ワーク・ライフ・バランスと子ども・青少年を大切にする地域づくりの推進

基本施策1 乳幼児期の保育・教育の充実と学齢期までの切れ目のない支援

施策の概要

- 保育・幼児教育の「質の確保・向上」、保育所等の整備による「場の確保」、保育士等の採用や定着支援などの「保育・幼児教育を担う人材の確保」に一体的に取り組むとともに、多様化する保育ニーズへの対応など、横浜の保育・幼児教育の基盤づくりを総合的に進めます。

目標・方向性

1. 子どもの豊かな育ちを支える保育・幼児教育の質の確保・向上
2. 保育所、幼稚園、認定こども園等から小学校への円滑な接続
3. 保育・幼児教育の場の確保
4. 保育・幼児教育を担う人材の確保
5. 多様な「保育・教育」ニーズへの対応と充実

現状と課題

- 人間形成の基礎をつくる乳幼児期には、一人ひとりの発達に応じて、その時期にふさわしい育ちを丁寧に積み重ねることが大切です。
- 多様な保育・教育施設が幼児教育・保育の無償化の対象となることから、全ての施設が質の高い乳幼児期の保育・教育を実践することが求められています。
- 小学校以降も、それまでの育ちと学びを踏まえ、長期的な視点で成長過程を見通し、連続性・一貫性を保障することが求められています。
- 保育所等を利用したいというニーズは高まり続けています。一方、地域によっては育児休業取得者の増加や就学前児童数の減少などにより定員割れが発生しており、ニーズの変化に合わせた取組が必要です。
- 保育需要の高まりに伴い、保育士等の保育・幼児教育を担う人材の確保が急務となっています。
- 障害、外国籍、アレルギーなど、個別的な配慮が必要となる子どもへの支援が求められています。

指標

指標名	直近の現状値 (平成30年度)	目標値 (令和6年度)
● 保育所等待機児童数	46人 ※平成31年4月	0人 ※毎年4月
● 園内研修リーダー育成研修を受講した園の割合	20%(累計)	51%(累計)

主な事業・取組

- 園内研修・研究の推進
- 保育・教育施設に対する巡回訪問
- 保育・幼児教育の場の確保
- 幼稚園、保育所、認定こども園と小学校との円滑な接続
- 保育士宿舎借上支援事業
- 就職面接会及び保育所見学会事業
- 保育所等での一時保育
- 病児保育事業、病後児保育事業
- 保育・教育コンシェルジュ事業　など

基本施策 2　学齢期から青年期までの子ども・青少年の育成施策の推進

施策の概要

- 子どもたちの放課後の安全・安心な居場所を確保するとともに、その質の維持・向上を進めます。
- 全ての子ども・青少年が、社会との関わりの中で健やかに成長できるよう、体験活動の機会や居場所の提供の充実を図るとともに、その成長を見守り、支えるため、地域における環境づくりを進めます。

現状と課題

- 学校・家庭以外の第三の場における多様な交流や体験の機会を創出することで、子ども・青少年の創造性・自主性・社会性を育んでいくことが大切です。
- 子どもが小学校へ入学した後も就労を継続し、または就労し始めることができるよう、放課後の安全で安心な居場所を確保することが必要です。
- 小学生の放課後の時間は、社会性の取得や発達段階に応じた主体的な活動ができる場としていく必要があります。また、配慮が必要な児童の増加等に伴い、職員に専門性が求められています。
- 放課後キッズクラブの全校設置により、留守家庭児童等の19時までの居場所の提供ができたことを踏まえ、今後は、質の向上を目的に、ニーズや事業の趣旨に沿った見直しが必要です。
- 地域資源が連携しネットワークを構築することで、地域全体で子ども・青少年を見守る意識を醸成し、予防的な支援や、課題が顕在化した場合に早期に支援につなげられる環境づくりに取り組むことが必要です。

目標・方向性

1. 小学生のより豊かな放課後の居場所づくり
2. 子ども・青少年の成長を支える基盤づくり
3. 課題を抱える青少年を早期発見・早期支援につなげる環境づくり
4. 全ての子ども・青少年の成長を見守り、支える地域社会づくり

指標

指標名	直近の現状値 （平成30年度）	目標値 （令和6年度）
● 放課後児童育成事業人材育成研修を受講した事業所の割合	76%	100%※毎年度
● 青少年関連施設・事業利用者及び体験活動等の延べ参加者数	676,360人／年	692,323人／年

主な事業・取組

放課後児童育成事業
青少年の地域活動拠点づくり事業
子ども・青少年の体験活動の推進

プレイパーク支援事業
青少年育成に係る人材育成等の取組
青少年育成に係る広報・啓発の実施

基本施策 3　若者の自立支援施策の充実

施策の概要

- ひきこもり等の困難を抱える若者の自立に向けて、早期発見・早期支援の取組を推進するとともに、本人の状態に応じ、次のステップアップにつながる段階的かつ切れ目のない支援を行います。

現状と課題

- 貧困、いじめ、不登校、ひきこもり、無業などの複合的な課題を抱えている青少年・若者は、地域の中で認知されにくく、本人や家族が社会的に孤立しているという状況があります。
- 本市では、15歳から39歳までの若者のうち、ひきこもり状態にある方が約15,000人いると推計されています。
- 家庭・社会環境の変化により、コミュニケーション能力や自己肯定感を育みにくくなっており、社会的・経済的に自立できない若者が増えるリスクが高まっています。
- 本人・家族ともに相談先があることを知らないなど、支援機関等に相談できずに抱え込んでしまうことで、青少年・若者の困難な状況が長期化・深刻化する前に、早期に発見し支援につなげることが求められています。
- 本人が再び社会参画に向けて歩き出すため、ひきこもり状態にある若者が困難を抱えるに至った背景を理解し、本人なりの自立を見守り、支える地域の力が必要です。
- 一旦進路や就職先が決まった後も、再び困難に陥ることがないよう、支援機関や地域での見守りが必要です。

目標・方向性

1. 若者自立支援機関などによる支援の充実
2. 社会全体で見守る環境づくり

指標

指標名	直近の現状値（平成30年度）	目標値（令和6年度）
若者自立支援機関における自立に向けて改善がみられた人数	1,038人／年	1,800人／年
寄り添い型生活支援事業の利用により生活習慣に改善がみられた子どもの人数	160人（累計）	1,830人（累計）

主な事業・取組

- 青少年相談センター事業
- 地域ユースプラザ事業
- 若者サポートステーション事業
- 生活困窮状態の若者に対する相談支援事業
- よこはま型若者自立塾
- 寄り添い型生活支援事業
- 寄り添い型学習支援事業
- 身近な地域に出向いた相談等の実施
- 若者自立支援に係る人材育成、関係機関支援及びネットワーク構築　　など

横浜市・大和市・伊勢原市・茅ヶ崎市の公立保育士

基本施策4　障害児への支援の充実

施策の概要

- 増加傾向にある発達障害など、障害児が早期に支援を受けられるよう、地域療育センターを中心とした支援の充実を図るとともに、障害児通所支援のサービスの質の維持・向上を図ります。
- 医療的ケア児等が在宅生活において必要とする、医療・福祉・教育分野等の総合的な相談体制の構築及び受入体制の充実に取り組みます。

目標・方向性

1. 地域療育センターを中心とした支援の充実
2. 療育と教育の連携等による切れ目のない支援
3. 学齢障害児に対する支援の充実
4. 障害児施設の整備と在宅支援機能の強化
5. 医療的ケア児や重症心身障害児の在宅生活における支援の充実
6. 障害への理解促進

現状と課題

- 軽度の知的障害児や知的な遅れのない発達障害児の増加が顕著になっています。また、地域療育センターの新規利用児も増加しており、そのうち約7割が発達障害児となっています。
- 障害児通所支援事業所数が増加しており、サービスの質の維持・向上が課題となっています。
- 障害児相談支援事業所の不足等により、障害児に必要なサービス利用を選択できる支援体制の確立が課題となっています。
- 医療的ケア児や重症心身障害児が増えており、医療・福祉・教育分野等の支援を総合的に調整する体制の構築が求められています。
- 療育と教育の連携により、障害の状態や特性に応じた支援を充実させるとともに、切れ目のない一貫した支援が求められています。
- 幼少期・学齢期から障害のある人たちに出会いつながることで、障害への理解を深めていくことが重要です。

指標

指標名	直近の現状値 （平成30年度）	目標値 （令和6年度）
● 地域療育センターの初診待機期間	3.9か月	2.6か月
● 児童発達支援事業の延べ利用者数（地域療育センター含む）	245,283人／年	318,310人／年
● 放課後等デイサービスの延べ利用者数	772,894人／年	1,080,000人／年

主な事業・取組

- 地域療育センター運営事業
- 障害児通所支援事業所等の拡充と質の向上
- 学齢後期障害児支援事業の拡充
- 障害児入所施設の再整備
- 医療的ケア児・者等支援促進事業の推進
- メディカルショートステイ事業の推進
- 市民の障害理解の促進　　など

試験概要

基本施策 5 　生まれる前から乳幼児期までの一貫した支援の充実

施策の概要

- 全ての子育て家庭及び妊産婦が安心して子どもを産み育てられるよう、妊娠から出産・子育てまで切れ目のない支援を充実させます。
- 心身ともに不安定になりやすい妊娠中から出産後、乳幼児期にわたり必要な支援を受けられるよう、相談体制の強化等により、母子の健康の保持・増進を図ります。

目標・方向性

1. 妊娠・出産・不妊に関する正しい知識の普及啓発や相談支援の充実
2. 安全・安心な妊娠・出産に向けた産科医療及び小児医療の充実
3. 妊娠期からの切れ目のない支援の充実
4. 乳幼児の健やかな育ちのための保健対策の充実

現状と課題

- 子どもが生まれる前に赤ちゃんの世話をした経験がない人が約75%となっており、子どもを産み育てるイメージを持ちにくくなっています。また、本市では出産する女性の3人に1人が35歳以上の高齢出産となっています。
- 若い世代が主体的にライフプランを選択することができるよう、妊娠・出産・子育てに関する正しい知識の普及啓発を行うことが重要です。
- 出産後、約1割の産婦が「産後うつ」を発症すると言われています。心の不調を抱える妊産婦を早期に把握するとともに、妊娠期からの適切な支援を行う必要があります。
- 妊娠期から乳幼児期を通じて母子の健康を確保し、切れ目のない保健対策を充実させるとともに、地域の子育て支援に関わる人や医療機関等とネットワークを築き、包括的な支援ができる環境づくりが重要です。
- より安全で安心な出産ができる環境づくりや、小児救急医療体制の安定的な運用など、産科・周産期医療、小児医療の充実が求められています。

指標

指標名	直近の現状値 （平成30年度）	目標値 （令和6年度）
● 妊娠届出者に対する面接を行った割合	96.2%	98.7%
● 産婦健康診査の受診率	78.7%	89.0%

主な事業・取組

- 不妊相談・治療費助成事業
- 妊娠・出産相談支援事業
- 妊婦健康診査事業
- 横浜市版子育て世代包括支援センターによる支援の充実
- 妊娠届出時の面接（母子保健コーディネーター）
- 産後母子ケア事業
- こんにちは赤ちゃん訪問事業
- 産婦健康診査事業
- 育児支援家庭訪問事業　　など

横浜市・大和市・伊勢原市・茅ヶ崎市の公立保育士

基本施策 6 地域における子育て支援の充実

施策の概要

● 安心して出産・子育てができるよう、地域における子育て支援の場や機会の拡充を図るとともに、子育てに関する情報提供・相談対応の充実や、地域ぐるみで子育てを温かく見守る環境づくり等、子どもの健やかな育ちを支える取組を進めます。

目標・方向性

1. 妊娠期からの支援と親子が集える場や機会の充実
2. 地域ぐるみで子育てを温かく見守る環境づくり
3. 地域における子育て支援の質の向上
4. 一時的に子どもを預けることができる機会の充実

現状と課題

● 子育てに関して日常的に感じる小さな疑問や困り事を、気軽に相談し解決できる場を、身近な場所につくることが求められています。

● 地域での子育て支援の場を利用している親子の割合は増加傾向にあります。利用目的として、「保護者同士の交流」も多く、妊娠期から仲間づくりを支援することも、子育て支援の役割として求められています。

● 地域における様々な世代、立場の方に子育て家庭に目を向けてもらい「子育てを温かく見守る地域づくり」を進めていくことが必要です。

● 地域子育て支援拠点における相談件数は増加しています。支援者のスキルアップや支援者同士の連携による質の向上が求められています。さらに、これまで地域の支援を利用していなかった方にも利用して頂けるよう、新たな支援方法の検討も必要です。

● 一時的な預かりニーズに応えることで、子育てに伴う身体的・精神的な負担感の軽減を図ることができる預かりの場の充実が求められています。

指標

指標名	直近の現状値 (平成30年度)	目標値
● 地域での子育て支援の場を利用している親子の割合	44.2%	50.0%※令和5年度

主な事業・取組

● 地域子育て支援拠点事業

● 地域子育て支援拠点における利用者支援事業

● 親と子のつどいの広場事業

● 横浜市版子育て世代包括支援センターによる支援の充実

● 保育所子育てひろば、幼稚園はまっこ広場

● 地域子育て支援スタッフの育成

● 子育て家庭応援事業(愛称「ハマハグ」)

● 乳幼児一時預かり事業

● 横浜子育てサポートシステム事業　など

試験概要

基本施策7 ひとり親家庭の自立支援／配偶者等からの暴力(DV)への対応と未然防止

施策の概要

- ひとり親家庭の生活の安定・向上のため、個々の家庭に応じた子育て、生活、就業の支援及び子ども自身へのサポートなど総合的な自立支援を進めます。
- DVの防止に向け、広報・啓発を行うとともに、DV等の被害者に対し、相談から保護、自立に向けた切れ目のない支援の充実を図ります。

目標・方向性

1. ひとり親家庭への総合的な自立支援と子どもへのサポート
2. DV被害者や困難を抱える女性とその子どもへの安全・安心の確保、自立支援
3. DV被害者等の支援に関わる職員の資質向上、体制の強化及び啓発等

現状と課題

- 本市のひとり親家庭は、母子家庭が22,803世帯、父子家庭が3,588世帯(平成27年国勢調査)となっています。母子家庭では生活費に関すること、父子家庭では家事や相談相手に関する悩みが多い傾向にあります。
- ひとり親家庭の背景として、DVや児童虐待、疾病・障害などの課題を抱えている場合があり、自立に向けて、個々の家庭の状況に応じた対応が必要です。
- 行政による支援だけでなく、民間支援や地域のつながりなどの多面的なアプローチが重要です。また、支援情報について、分かりやすく、身近で利用しやすい情報提供を行う必要があります。
- 平成30年度のDV相談件数は4,842件であり、ほぼ横ばいで推移しています。男性からの相談は全体の約1割ですが、年々増加傾向にあります。
- DVと児童虐待は相互に重複することも多く、国においてもDV対応と児童虐待対応の連携強化が掲げられていることから、本市においても子どもへの支援や児童相談所と区役所との連携強化が必要です。
- 女性緊急一時保護件数は平成25年度をピークに減少傾向にあり、相談者が一時保護に至らなかった場合、相談後の危険性が高まることが懸念されるため、相談者のニーズに合った、適切な支援策の検討が必要です。

指標

指標名	直近の現状値 (平成30年度)	目標値 (令和6年度)
● 支援により就労に至ったひとり親の数	460人／年	2,300人(5か年)
● ひとり親家庭等自立支援事業の利用者数	4,971人／年	6,000人／年

主な事業・取組

- ひとり親家庭等自立支援事業
- 日常生活支援事業(ヘルパー派遣)
- 母子・父子家庭自立支援給付金事業
- ひとり親の自立支援に関する連携協定
- 女性相談保護事業
- DV被害者支援
- 女性緊急一時保護施設補助事業
- 母子生活支援施設緊急一時保護事業

横浜市・大和市・伊勢原市・茅ヶ崎市の公立保育士

基本施策 8 児童虐待防止対策と社会的養護体制の充実

施策の概要

- 子どもの命と権利を守るため、児童虐待の発生防止に向けた取組を一層強化するとともに、児童相談所及び区役所の機能強化、職員の専門性の向上、地域や関係機関との連携強化など児童虐待防止対策を総合的に推進します。

- 様々な理由により家庭で暮らすことのできない児童が、里親などのより家庭的な環境で生活できるよう、社会的養護体制の充実を図ります。

目標・方向性

1. 児童虐待防止対策の総合的な推進
2. 児童虐待対応における支援策の充実
3. 社会的養護体制の充実
4. 児童虐待対応や代替養育に関わる職員等の人材育成と確保

現状と課題

- 児童虐待相談対応件数は年々増加しています。深刻化する前の早期発見・早期対応、発生時の迅速・的確な対応、継続支援等を適切に行える体制の充実、専門性の高い人材の育成と確保が急務となっています。

- 児童の権利擁護のため、一時保護所の環境改善や一時保護期間の短縮化に向けた取組が必要です。

- 区役所における子どもとその家庭への相談支援体制の強化に向け、「子ども家庭総合支援拠点」機能の検討を行う必要があります。

- 児童虐待死亡事例のうち、0歳児が約6割を占めています。産後の児童虐待を未然に防止するために、産前・産後の支援の取組強化が必要です。

- 家庭養育の推進に向け、里親や特別養子縁組等に関する制度の認知度を高めるとともに、関係機関が連携して里親を支援する体制の充実が必要です。

- 児童養護施設等の退所者に対して、就労・進学支援、生活相談等、安定した生活を送るための支援を計画的に提供する必要があります。

指標

指標名	直近の現状値 (平成30年度)	目標値 (令和6年度)
● 虐待死の根絶	0人	0人※毎年度
● 里親等への新規委託児童数	32人／年	170人(5か年)

主な事業・取組

- 区の要保護児童対策地域協議会の機能強化
- 「子ども家庭総合支援拠点」機能の検討
- 児童虐待防止の広報・啓発
- 児童相談所の相談・支援策の充実と人材育成
- 養育支援家庭訪問事業
- 子育て短期支援事業
- 里親等委託の推進
- 区役所における人材育成　　など

試験概要

基本施策 9 ワーク・ライフ・バランスと子ども・青少年を大切にする地域づくりの推進

施策の概要

- ワーク・ライフ・バランスと多様で柔軟な働き方の推進に向けた企業等への支援や、男女が共に家事や子育てを担うための啓発等を進めます。
- 社会全体で子どもを見守り、子どもを大切にする機運の醸成に取り組むとともに、事件・事故から子どもを守るための取組や、子育て家庭にも優しい環境整備の推進により、安全・安心な暮らしの確保に向けた地域づくりを目指します。

目標・方向性

1. ワーク・ライフ・バランスと多様で柔軟な働き方が実現できる環境づくり
2. 子どもを大切にする社会的な機運の醸成
3. 安全・安心の地域づくり

現状と課題

- 共働き世帯の増加や、子育て世代の男性の長時間労働の傾向が続く中、男女が共に働きやすく、希望した形で子育てに向き合うことができる環境づくりを進めることが求められています。
- 男性の育児休業取得について肯定的な考え方の割合が高い一方で、育児休業を取得した割合は依然として低い状況が続いています。
- 企業に対してワーク・ライフ・バランスを推進するための働きかけを継続的に行い、支援していくことが重要です。また、市民に対して、普及啓発や仕事と仕事以外の生活の両立に取り組むきっかけづくりが必要です。
- 子育てに不安を感じたり、自信を持てなくなったりしたことが「よくあった」という人の割合が増加傾向にあります。地域で安心して子育てができるよう、子育てを応援する社会的な機運を醸成していく必要があります。
- 不慮の事故による小児の死亡や、通学中や園外活動中等に事件・事故に巻き込まれる事案が発生しています。地域で安全に暮らしていくために、啓発等を進めるとともに、危険から子どもを守るための取組が必要です。

指標

指標名	直近の現状値 (平成30年度)	目標値 (令和6年度)
● よこはまグッドバランス賞認定事業所数	139事業所／年	1,170事業所(5か年)
● 市内事業所における男性の育児休業取得率	7.2%※平成29年度	13%

主な事業・取組

- 企業等の認定制度「よこはまグッドバランス賞」
- 企業を対象としたセミナー等の実施
- 共に子育てをするための家事・育児支援
- 祖父母世代に向けた孫育て支援
- 子どもの事故予防啓発事業
- 地域防犯活動支援事業
- 「トツキトウカ YOKOHAMA」プロジェクトの推進
- 地域における子どもの居場所づくりに対する支援

「第2期 横浜市 子ども・子育て支援事業計画(概要版)」より抜粋

■ 横浜市・大和市・伊勢原市・茅ヶ崎市の公立保育士

～ 共に創ろう　YAMATO の新時代を ～

令和６年度　大和市職員採用試験受験案内

```
┌─────────────────────────────────────────────────────────┐
│ ★ 試 験 区 分 ★   ①保育士　令和６年１０月１日採用予定    │
│ いずれかの試験区分を                                      │
│ 選択してください    ②保育士　令和７年４月１日採用予定    │
│ ★ 第一次試験日 ★   令和６年６月１６日（日）              │
└─────────────────────────────────────────────────────────┘
```

１．試験区分、採用予定人数及び職務内容

【令和６年１０月１日採用予定】

試験区分	採用予定	受 験 資 格
保育士	若干名	昭和５３年４月２日以降生まれで、保育士証が交付されている人、または９月までに交付される見込みの人

【令和７年４月１日採用予定】

試験区分	採用予定	受 験 資 格
保育士	若干名	昭和５４年４月２日以降生まれで、保育士証が交付されている人、または来年３月までに交付される見込みの人

＊２つ以上の区分に申し込むことはできません。

＊保育士は、市立保育園および市内行政機関等において保育士業務およびその他の一般行政事務に従事します。

＊保育士として採用されるためには、平成１５年１１月２９日の児童福祉法の改正に伴い、「保育士（保母）資格証明書」等ではなく、都道府県知事から交付される「保育士証」が必要となります。「保育士（保母）資格証明書」等のみをお持ちの方は必ず「保育士証」の交付を受けてください。

（詳しくは、https://www.nippo.or.jp/hoikushi/ をご確認ください。）

＊次のいずれか（地方公務員法第１６条に掲げる欠格条項）に該当する人は受験できません。

（１）　禁錮以上の刑に処され、その執行を終わるまで又はその執行を受けることがなくなるまでの人

（２）　大和市職員として懲戒免職の処分を受け、当該処分の日から２年を経過しない人

（３）　日本国憲法施行の日以後において、日本国憲法又はその下に成立した政府を暴力で破壊することを主張する政党その他の団体を結成し、またはこれに加入した人

＊受験資格の確認のため、保育士特定登録取消者管理システムのデータベースを検索します。

２．試験方法及び内容　　＊実施方法については予定のため、変更する場合があります。

（１）第一次試験

試験区分	試験科目	内　　　容
保育士	専門（択一式）１時間３０分	職務に必要な専門的知識【３０題】社会福祉、子ども家庭福祉（社会的養護を含む）、保育の心理学、保育原理・保育内容、子どもの保健等

（２）第二次試験

試験区分	試験科目	内　　　容
全職種	面 接 試 験	個別面接

（３）第三次試験

試験区分	試験科目	内　　　容
全職種	面 接 試 験	個別面接

試験概要

３．試験日程、場所及び合格発表

（１）第一次試験

日時・会場など	６月１６日（日）　受付時間：１１時２０分～１１時４０分（厳守） 試験時間：１２時００分～１３時３０分 会　　場：大和市役所　会議室（予定）
合格発表	６月２６日（水）　１４時　　大和市ホームページに掲示 ＜ホームページ＞下記のカテゴリページ内に合格発表ページを掲載します。 https://www.city.yamato.lg.jp/gyosei/shiseijoho/jinji_saiyo/shokuinboshu/saiyoshiken/index.html ＊電話による合否の問い合わせは受付しません。

（２）第二次試験

日時・会場など	■面接試験（個別面接） ７月上旬～中旬実施予定 ＊詳しい日時、会場等は、第一次試験合格者に通知します。
合格発表	７月下旬を予定 ＊第二次試験受験者には、合否に関わらず文書で通知します。

（３）第三次試験

日時・会場など	■面接試験（個別面接） ８月上旬～下旬実施予定 ＊詳しい日時、会場等は、第二次試験合格者に通知します。
合格発表	【１０月１日採用予定】８月下旬を予定 【　４月１日採用予定】９月上旬を予定 ＊第三次試験受験者には、合否に関わらず文書で通知します。 ＊１０月１日採用予定者には８月下旬以降、４月１日採用予定者には９月上旬以降に健康診断日時を別途お知らせします。

４．合格から採用まで

（１）最終合格者は、試験区分ごとに採用候補者名簿に１年に限り登載され、職員の欠員に応じて順次採用されます。

（２）採用は原則として令和６年１０月１日付もしくは令和７年４月１日付の予定です。

（３）受験資格がないこと、又は申込記載事項が正しくないことが明らかになった場合は合格を取消します。

（４）外国籍の人で、就労が可能でない在留資格の人は採用されません。

５．主な勤務条件（令和６年４月１日現在）

（１）初任給

試　験　区　分	給　　　　　　料	地　域　手　当	合　　　　　　計
保　育　士	１８７，３００円	１８，７３０円	２０６，０３０円

＊試験区分欄に記載した資格を取得した月後に職歴等のある場合は、一定の基準により加算されるほか、扶養手当、通勤手当、住居手当、時間外勤務手当、期末・勤勉手当等がそれぞれの支給条件に応じて支給されます。

（２）勤務時間
午前６時４５分～午後７時１５分のうち７時間４５分

（３）休日
完全週休２日（土・日。曜日は配属先によって異なる場合があります。）、祝日、年末年始

（４）休暇など
年次有給休暇が年間２０日あり、その他、病気療養休暇、妊娠・出産に関する休暇、慶弔休暇、夏季休暇、介護休暇などの休暇制度があります。また育児休業制度も整備されています。

29

横浜市・大和市・伊勢原市・茅ヶ崎市の公立保育士

> **大和市の自治体情報**

大和市こども計画
素案（概要版）
閲覧用

計画期間：2025（令和 7）年度～2029（令和 11）年度

大和市こども部
令和 7 年 3 月

1 計画の策定にあたって

1 計画策定の趣旨

　わが国では、急速な少子化の進行に伴い、労働力人口の減少や社会保障負担の増加、地域社会の活力低下など将来の社会・経済に対する深刻な影響が懸念されています。また、いじめや不登校、児童虐待、ひきこもりなど、こども・若者が抱える課題やこども・若者を取り巻く環境は、SNSをはじめとする急速な情報化社会の発展など社会情勢の変化に伴い多様化・複雑化しています。加えて、子育てにかかる経済的負担、仕事と子育ての両立の難しさをはじめ、地域とのつながりの希薄化に伴う子育てに関する悩みや不安の相談相手の減少など、子育てを取り巻く環境も様々な課題があることから多角的な支援が必要です。

　こうしたこどもや子育てを取り巻く社会情勢の変化を受け、国は2023（令和5）年4月には、こども家庭庁を発足させるとともに、こども施策に対する基本的な考え方を明らかにし、こども施策を総合的に推進するため「こども基本法」を施行し、同年12月には「こども大綱」を閣議決定させました。

　「こども大綱」では、すべてのこども・若者が日本国憲法、こども基本法及びこどもの権利条約の精神にのっとり、生涯にわたる人格形成の基礎を築き、自立した個人としてひとしく健やかに成長することができ、心身の状況、置かれている環境にかかわらず、ひとしくその権利の擁護が図られ、身体的・精神的・社会的に将来にわたって幸せな状態（ウェルビーイング）で生活を送ることができる「こどもまんなか社会」をめざすことが掲げられています。

　大和市（以下「本市」という。）では、2015（平成27）年3月に「やまと子育て応援プラン（大和市子ども・子育て支援事業計画）」を策定し、2020（令和2）年3月からは「ハートンプラン（第二期大和市子ども・子育て支援事業計画）」（以下「第二期計画」という。）により、子育て環境の整備とともに、計画の基本理念である「すべての子どもの健やかな成長を支えあうまち・やまと～地域と共に安心して子育て・親育ち～」を目指し、様々な子ども・子育て支援の取組を通じて、こどもたちが笑顔で健やかに成長するまちづくりを推進してきました。2023（令和5）年8月には、こども家庭庁が掲げる「こどもまんなか応援サポーター」として活動することを宣言し、改めて市として「こどもまんなか」に取り組む姿勢を示しています。

　第二期計画の計画期間が令和6年度で終期を迎えることや「こども基本法」が施行されたことを受け、こどもや子育てをめぐる様々な課題に適切に対応するため、こどもに関する総合的な計画として「大和市こども計画」（以下「本計画」という。）を策定します。

2 計画の位置づけ

　こども基本法第10条において、市町村はこども大綱・都道府県こども計画を勘案して「市町村こども計画」の作成に努めることとされています。
　市町村こども計画は、既存の各法令に基づく計画と一体のものとして作成することができるとされています。

本市の他の計画との関係

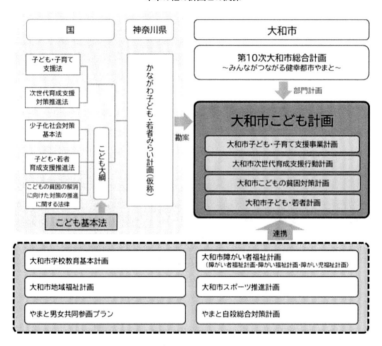

　以上を踏まえて本計画は、子ども・子育て支援法第61条に基づく「子ども・子育て支援事業計画」（策定義務）、次世代育成支援対策推進法第8条に基づく「次世代育成支援行動計画」（任意計画）、こどもの貧困の解消に向けた対策の推進に関する法律第10条に基づく「こどもの貧困対策計画」（任意計画）、子ども・若者育成支援推進法第9条に基づく「子ども・若者計画」（任意計画）と一体的に策定します。

3 計画の期間

　本計画の計画期間は、「こども大綱」の目標達成期間がおおむね5年とされていることや、神奈川県のこども計画の計画期間が2025（令和7）年度から2029（令和11）年度までの5年間を予定していること、また、法定計画である子ども・子育て支援法に基づく「子ども・子育て支援事業計画」の計画期間が5年を1期としていることから、2025（令和7）年度から2029（令和11）年度の5年間とします。

計画の期間

平成22年	平成23年	平成24年	平成25年	平成26年	平成27年	平成28年	平成29年	平成30年	令和元年	令和2年	令和3年	令和4年	令和5年	令和6年	令和7年	令和8年	令和9年	令和10年	令和11年

大和市次世代育成支援行動計画（後期計画）

第一期 大和市こども・子育て支援事業計画

第二期 大和市こども・子育て支援事業計画

大和市こども計画

4 計画策定の経緯

　こどもや若者、子育て当事者をはじめ、子育て支援事業の関係者や教育・保育関係者などの意見を反映するため、以下の経過を経てこの計画を策定しています。

（1）0〜5歳の子どもを持つ世帯へのニーズ調査の実施
（2）こどもの意見聴取
　　・アンケート調査（ハートンへの手紙）
　　・未来のやまと　こどもミーティング
（3）大和市子ども・子育て会議による審議
（4）パブリック・コメントの実施

横浜市・大和市・伊勢原市・茅ヶ崎市の公立保育士

2 こども・若者・子育て当事者を取り巻く状況

1 少子化の動向

　本市の総人口は市制施行以来、増加を続け、1975（昭和50）年の14万5,881人から2020（令和2）年には23万9,169人と約1.6倍になっています。一方、年少人口（0歳から14歳）は、1975（昭和50）年の4万1,622人から2020（令和2）年には2万8,937人と減少し、総人口に占める割合についても、1975（昭和50）年の28.5%から2020（令和2）年には12.1%となっています。

　本市の出生数は、1975（昭和50）年の3,150人から1985（昭和60）年の1,983人まで急激に減少し、その後は2,000人から2,200人台と横ばいで推移してきましたが、2020（令和2）年に1,780人まで減少し、その後は1,800人前後を推移しています。

出生数の推移

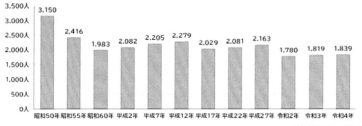

資料：神奈川県衛生統計年報

また、本市の出生率（人口 1,000 人に対する件数）は、全国や神奈川県を上回る水準で推移していますが、1975（昭和 50）年の 21.6 から減少を続けており、2020（令和 2）年以降は 7.5 程度で推移しています。

出生率（人口 1,000 人に対する件数）の推移

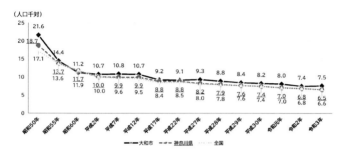

資料：神奈川県衛生統計年報

2　こども・若者・子育て当事者を取り巻く状況

　神奈川県において、2023（令和 5）年度の不登校数や児童虐待相談件数が過去最多となりました。

　また、全国においては、2023（令和 5）年には全国で約 800 人の 10 代のこども・若者が自殺しており、その数は 2021（令和 3）年から増加傾向にあります。

　2023（令和 5）年度に神奈川県が実施した「子どもの生活状況調査」においては、等価可処分所得の中央値の半分未満で生活する、いわゆる「貧困状態」の世帯は 10.1％でした。

　2023（令和 5）年度の本市ニーズ調査によれば、本市の 0～5 歳のこどもを持つ親の就労状況は、父親の 9 割以上がフルタイムで就労しており、母親の 44.0％が「フルタイム（育児休業中を含む）」で、24.6％が「パート・アルバイト（育児休業中を含む）」で就労しています。

　また、子育てについて日常的に頼ることができる祖父母等の親族や、友人・知人がいる方の割合は 20.4％で、5 人に 1 人程度となっている一方、10.2％の方は子育てをする上で気軽に相談できる人がいないと回答しています。

横浜市・大和市・伊勢原市・茅ヶ崎市の公立保育士

3 計画の基本的な考え方

1 基本理念

すべてのこどもが自分らしく健やかに成長するまち・やまと

～みんなでつなげるこどもまんなか地域の輪～

　未来を担うこどもの健やかな成長は、私たちの心に夢と希望を与えます。また、こどもたちの明るい笑顔や笑い声はまちの元気の源です。

　そうした存在であるこどもが多様な価値観を持って、生き生きと自分らしく、心身ともに健やかに成長できる環境を整えること、こどもの主体性を尊重し、時には手を差し伸べながらこどもの成長を支え、生きる力を育んでいくことは私たちおとなの責務です。

　核家族化の進展や共働き世帯の増加、地域のつながりの希薄化など家庭をめぐる環境が変化している中で、身近な人から子育てに関する助言や支援、協力を得ることが難しい状況です。こどもの成長をすぐそばで支える保護者が、子育てに対する不安感や孤立感を抱いたり、仕事との両立に悩んだりすることなく、また、過度な使命感や負担を感じることなく、前向きな気持ちでゆとりを持った子育てができるよう、地域がやさしく見守りながら、必要なサポートをするなど子育て家庭と地域が一緒になってこどもの成長を支えていくことが重要です。

　すべてのこどもが自立した個人として等しく健やかに成長し、身体的・精神的・社会的に幸せな状態（ウェルビーイング）で将来に渡って生活できるよう、家庭内のつながりはもちろんのこと、こども同士のつながりや地域のつながりなどの「横のつながり」を推進するとともに、こどものライフステージに応じた成長を皆でつなげていく「縦のつながり」を推進するなど、家庭と地域が支え合うまちの実現を目指します。

試験概要

2 施策の体系

　「すべてのこどもが自分らしく健やかに成長するまち・やまと　～みんなでつなげるこどもまんなか地域の輪～」を理念とする本計画の体系を以下のとおり定めました。

基本理念	主 要 施 策	個 別 施 策

基本理念

すべてのこどもが自分らしく健やかに成長するまち・やまと
～みんなでつなげるこどもまんなか地域の輪～

主要施策

1 ライフステージを通した取組

2 ライフステージ別の取組

3 子育て当事者を支える取組

4 こども施策を推進するために必要な事項

個別施策

1
① こども・若者が権利の主体であることの社会全体での共有等
② 多様な遊びや体験、活躍できる機会づくり
③ こどもや若者への切れ目のない保健・医療の提供
④ こどもの貧困対策
⑤ 障がい児支援・医療的ケア児等への支援
⑥ 児童虐待防止対策とヤングケアラーへの支援
⑦ こども・若者の自殺対策、犯罪などからこども・若者を守る取組

2
① こどもの誕生前から幼児期までの取組
② 学童期・思春期の取組
③ 青年期の取組

3
① 子育てや教育に関する経済的負担の軽減
② 地域子育て支援、家庭教育支援
③ 共働き・共育ての推進、男性の家事・子育てへの主体的な参画促進・拡大
④ ひとり親家庭への支援

4
① こども・若者の社会参画・意見反映
② こども、若者、子育て当事者に関わる人材の確保・育成・支援
③ 地域における包括的な支援体制の構築・強化
④ 子育てに係る手続・事務負担の軽減、必要な支援を必要な人に届けるための情報発信
⑤ こども・若者、子育てにやさしい社会づくりのための意識改革

「大和市こども計画 素案（概要版）」より抜粋

横浜市・大和市・伊勢原市・茅ヶ崎市の公立保育士

令和6年度 伊勢原市職員採用試験受験案内

エントリーシート
郵送提出不要！

【試験区分】
建築(上級)、電気(上級)、土木(上級)、保育士（中級）

選考方法がリニューアル より熱意・人物重視の選考に

🔥 専門試験を廃止！ 公務員試験専用の勉強は不要
🔥 選考回数が 3回 → 2回 に減り、試験期間が短縮
🔥 「伊勢原市を良くしたい！」「伊勢原市の取組を共に進めたい」という想いのある方を求めています

試験区分、募集人数、職務内容、受験資格

試験区分	募集人数	職務内容	受験資格
建築 ［上級・大学卒業程度］	5名程度	建築に関する専門的な業務等	昭和45年4月2日以降に生まれた人
電気 ［上級・大学卒業程度］	1名	電気に関する専門的な業務等	昭和45年4月2日以降に生まれた人
土木 ［上級・大学卒業程度］	若干名	土木に関する専門的な業務等	昭和45年4月2日以降に生まれた人
保育士 ［中級・短大卒業程度］	1名	保育及び保育行政に関する業務等	昭和55年4月2日以降に生まれた人で、保育士の資格を有する人 （令和6年度に実施される試験で取得見込みの場合を含む） ※神奈川県が実施する「国家戦略特別区域限定保育士試験」合格者を含む

＊地方公務員法第16条に掲げる次のいずれかの事由に該当する人は受験することができません。
・禁錮以上の刑に処せられ、その執行を終わるまで又はその執行を受けることがなくなるまでの人
・伊勢原市職員として懲戒免職の処分を受け、当該処分の日から2年を経過しない人
・日本国憲法施行の日以後において、日本国憲法又はその下に成立した政府を暴力で破壊することを主張する政党その他の団体を結成し、又はこれに加入した人

1 試験の方法等について

	試験科目	試験内容
第1次試験	事務能力検査	職務遂行上必要な素質及び適正についての検査
	人 物 試 験	集団面接
第2次試験	職場適応性検査【Web実施】	職務への対応や対人関係に関連する性格傾向についての検査
	人 物 試 験	個人面接

試験概要

2 試験日程等について

第1次試験	■事務能力検査 ■集団面接 （同日実施）
期日・場所	■事務能力検査 　期　日：令和6年11月3日（日） 　　　　〈受付〉午前8時30分～午前8時50分 　　　　〈試験〉午前9時～午前9時30分 　場　所：伊勢原市役所　伊勢原市田中348番地 ■集団面接　事務能力検査実施後に、面接を行います。 　期　日：令和6年11月3日（日） 　時　間：面接時間については、令和6年10月23日（水）に自治体求人サイト「パブリックコネクト」のメッセージ機能にて個別に通知します。（受験票には集合日時の記載がありませんので、必ずメッセージを確認してください。） 　場　所：伊勢原市役所　伊勢原市田中348番地 ＊受験番号は受験票に記載しています。パブリックコネクトでのエントリー後に発行される受験票は、「マイページ」内の「エントリー一覧」から確認できますので、ご自身で印刷の上、試験当日に持参してください。
合格発表	令和6年11月15日（金）（予定） ＊第1次試験の合否は、パブリックコネクトのメッセージ機能にて通知します。 ＊併せて、第1次試験の合格者には、第2次試験の職場適応性検査の案内メールを、令和6年11月22日（金）の午後5時頃までに次のメールアドレスからお送りしますので、メールを受信できるように設定をしておいてください。
	メールアドレス①（Web検査案内メール）　　　renraku@cbt-s.com
第2次試験	■職場適応性検査【Web実施】　■個人面接
試験日程	■職場適応性検査【Web実施】 　期　日：個人面接の日までの指定する期間 ■個人面接 　期　日：令和6年12月中旬のうち指定する1日（予定） 　場　所：伊勢原市役所　伊勢原市田中348番地
合格発表	令和6年12月下旬頃を予定 ＊合否にかかわらず受験者全員に文書で通知します。

＊職場適応性検査は、Webテストで行います。詳細は第1次試験合格者へメールで案内します。第2次試験の面接日までの指定する期間に各自で受検してもらいます。指定する日までにWebテストを受検したことが確認できない場合は、失格となります。
＊職場適応性検査は、面接の参考とするために実施し、配点はありません。
＊受験会場及び期日は、人数の関係から上記以外となる場合もあります。
＊会場には受験者用の駐車場・駐輪場はありませんので、公共交通機関や徒歩で来場してください.

39

| 横浜市・大和市・伊勢原市・茅ヶ崎市の公立保育士

3 合格から採用まで

（1）最終合格者は、採用予定者として試験区分ごとに作成される採用候補者名簿に記載され、職員の欠員に応じて順次採用されます。

（2）採用候補者名簿からの採用は、令和7年4月1日を予定しています。

（3）採用候補者名簿は、1年を経過すると失効します。

（4）日本国籍を有しない人で就労が制限される在留資格の人は採用されません。

（5）外国籍の人は、採用後、任命権者が定める一部の職務（公務員の基本原則にある公権力の行使または公の意思の形成に参画する職務）を除いた職務を担当します。

（6）第1次試験の合否は、パブリックコネクトのメッセージ機能にて通知します。選考期間中にパブリックコネクトを退会した場合には、通知等の連絡が出来かねますので、ご注意ください。

（7）電話等による合否の問い合わせにはお答えできません。

（8）受験資格を満たしていない場合や申込内容等に虚偽が認められた場合は採用されません。

4 給　与（令和6年4月1日現在）

伊勢原市職員の給与に関する条例等の規定により支給されます。

区　　　分	給料月額	地域手当	合　　計
上級［新卒］	200,700 円	20,070 円	220,770 円
上級［社会人経験有］	242,600 円	24,260 円	266,860 円
中級［短大卒業程度］	187,300 円	18,730 円	206,030 円

＊上級［新卒］は、大学卒業後、職務経験がない場合、上級［社会人経験有]は、年齢30歳で大学卒業後、民間企業における職務経験が8年である場合、中級［短大卒業程度］は、短期大学卒業後、職務経験がない場合の初任給の例です。学歴区分に応じ決定され、職務経験等がある場合は、個々の職務経験等によって所定の割合で加算されます。

このほか、扶養手当、住居手当、時間外勤務手当、通勤手当、期末・勤勉手当等が、それぞれの支給条件に応じて支給されます。

```
【問い合わせ先】
　伊勢原市総部職員課人事・研修係
　〒259-1188　　伊勢原市田中348番地
　電　話：0463-94-4873　　ＦＡＸ：0463-93-5575
```

伊勢原市の自治体情報

伊勢原市こども計画
〈令和7年度～令和11年度〉

こどもの育ちをみんなで支え こども・若者の未来をひらく
"こどもまんなか"のまち いせはら

©伊勢原市

令和7年3月
伊勢原市

第1章 計画策定に当たって

1 計画策定の背景と趣旨

（1）国のこども・子育て支援、若者支援の動向

取り巻く社会状況と課題

　我が国では、女性の就業率の上昇にあわせて、企業や自治体における仕事と子育ての両立のための支援が進みつつあり、子育てや仕事、その他の活動を通じて、自己実現の道が選択できる環境が整いつつあります。

　その一方、我が国では、人口減少と急速な少子化が進行しており、少子化の背景には、仕事と子育ての両立の難しさがあるほか、個人の結婚観の変化や、出産、子育ての希望の実現を阻む様々な要因が複雑に絡み合っていることが指摘されています。

　また、こども・若者を取り巻く社会全体の状況としては、情報化の進展に伴い、スマートフォンが広く普及するなど、私たちの生活利便性が向上する一方で、こどもの自殺などの生命・安全の危機、孤独・孤立の顕在化、幸福感の実感が低いことなどへの円滑な対応などが課題となっているほか、児童虐待、ひきこもり、地域のつながりの希薄化といった課題が指摘されています。

　さらに、経済的支援を必要とするような厳しい状況に置かれているこどもや家族が多く存在し、教育と福祉の連携促進やこども施策と若者施策の融合等、貧困の状態にあるこどもや家庭への支援に向けた、幅広い連携が求められている状況です。

国の法制度等の動向

　国においては、令和3年12月に「こども政策の新たな推進体制に関する基本方針」が閣議決定され、常にこどもの最善の利益を第一に考え、こどもに関する取組・政策を我が国社会の真ん中に据えて（「こどもまんなか社会」）、こどもの視点で、こどもを取り巻くあらゆる環境を視野に入れ、こどもの権利を保障し、こどもを誰一人取り残さず、健やかな成長を社会全体で後押しすることが示されました。

　また、こども施策を社会全体で総合的かつ強力に推進していくための包括的な基本法として、令和4年6月にこども基本法が成立・公布され、令和5年4月1日の施行に伴い、こども政策の新たな司令塔としてこども家庭庁が発足されています。

　さらに、令和5年12月には、こども施策に関する基本的な方針、重要事項を定めた「こども大綱」が閣議決定され、令和6年5月、こども政策推進会議において「こども大綱」に基づく幅広いこども政策の具体的な取組を一元的に示した初めてのアクションプランである「こどもまんなか実行計画2024」が決定されています。

　そのほか、若い世代が希望どおり結婚し、希望する誰もがこどもを持ち、安心して子育てできる社会、こどもたちが笑顔で暮らせる社会の実現を目指して、令和5年12月に「こども未来戦略」が策定され、「子育て世帯の家計を応援」、「全てのこどもと子育てを応援」、「共働き・共育てを応援」する施策が掲げられるなど、こども・子育て、若者を取り巻く環境や法制度等は目まぐるしく変化しています。

試験概要

●こども基本法について

　こども基本法は、日本国憲法及び児童の権利に関する条約の精神にのっとり、全てのこどもが、将来にわたって幸福な生活を送ることができる社会の実現を目指し、こども政策を総合的に推進することを目的としています。同法は、こども施策の基本理念のほか、こども大綱の策定やこども等の意見の反映などについて定めています。

〈6つの基本理念〉

1 全てのこどもは大切にされ、基本的な人権が守られ、差別されないこと。
2 全てのこどもは、大事に育てられ、生活が守られ、愛され、保護される権利が守られ、平等に教育を受けられること。
3 年齢や発達の程度により、自分に直接関係することに意見を言えたり、社会のさまざまな活動に参加できること。
4 全てのこどもは年齢や発達の程度に応じて、意見が尊重され、こどもの今とこれからにとって最もよいことが優先して考えられること。
5 子育ては家庭を基本としながら、そのサポートが十分に行われ、家庭で育つことが難しいこどもも、家庭と同様の環境が確保されること。
6 家庭や子育てに夢を持ち、喜びを感じられる社会をつくること。

（2）本市のこども・子育て支援、若者支援の動向

　本市では、こども・子育て支援に関しては、「第2期伊勢原市子ども・子育て支援事業計画」（令和2年3月）を策定し、“子ども一人一人の 健やかな成長と子育てをみんなで支えるまち いせはら”を基本理念として、こども・子育て支援に関する施策の実施とその充実に努めてきました。

　また、こどもの貧困対策に関しては、「伊勢原市子どもの貧困対策に関する取組方針」（令和3年1月）を策定し、目指す姿として“子どもがその生まれ育った環境などに左右されることなく、夢と希望を持って成長していくことができる社会を、地域や社会全体で実現するまち、いせはら。”を定めて、「教育の支援」「生活の支援」「保護者に対する就労の支援」「経済的支援」の4つの施策の実施とその充実に努めてきました。

　一方、こども・若者支援に関しては、「伊勢原市子ども・若者育成支援指針」（平成27年4月）を策定し、“子ども・若者が夢に向かって自立しながら成長するまち いせはら”を基本理念として、こども・若者の自立と成長への支援とともに、ひきこもり、いじめ、不登校等、困難を有するこども・若者やその家族を支援する施策の実施とその充実に努めてきました。

43

（3）計画策定の趣旨

　市町村には、こども基本法第 10 条において、国のこども大綱と都道府県こども計画を勘案して、市町村こども計画を策定するよう、努力義務が課せられています。

　また、市町村こども計画については、「他法令の規定により市町村が作成する計画であってこども施策に関する事項を定めるものと一体のものとして作成することができる」と規定されています。

　そこで本市は、令和6年度に「第2期伊勢原市子ども・子育て支援事業計画」の最終年度を迎えること、そして国の法制度等の動向を踏まえて、関連する計画を一体とする「伊勢原市こども計画」を策定し、国のこども大綱が示す「こどもまんなか社会」の実現に向けて、地域が抱える様々な課題やこどもを取り巻く状況を踏まえつつ、こども・子育て支援や若者支援の施策について、総合的かつ計画的に推進することとします。

●現計画等と次期計画の関係、計画策定の趣旨

現計画等

伊勢原市 子ども・子育て支援事業計画
（根拠）子ども・子育て支援法第61条
次世代育成支援対策推進法第8条

伊勢原市 子どもの貧困対策に関する取組方針
（根拠）こどもの貧困の解消に向けた対策の推進に関する法律第10条第2項

伊勢原市 子ども・若者育成支援指針
（根拠）子ども・若者育成支援推進法第9条第2項

その他、踏まえるべき国の方針等
- 成育医療等の提供に関する施策の総合的な推進に関する基本的な方針
- 放課後児童対策パッケージ

次期計画〈令和7年度～令和11年度〉

伊勢原市こども計画
（根拠）こども基本法第10条等

既存の3つの個別計画に加え、新たな2つの方針等を包含する一体的な計画として策定し、こども・子育て支援や若者支援の施策について、総合的かつ計画的に推進

●一体的に策定する計画の概要

計画	根拠	概要
市町村こども計画	こども基本法第10条	全てのこども・若者が身体的・精神的・社会的に幸福な生活を送ることができる社会を実現していくことを目指して、こども施策を総合的に推進するために、こども施策に関する基本的な方針、重要事項を一元的に定める計画
市町村子ども・子育て支援事業計画	子ども・子育て支援法第61条	質の高い幼児期の教育・保育の総合的な提供、地域子ども・子育て支援事業の一層の充実、保育の量的拡大・確保を図ることを目的とする計画
次世代育成支援市町村行動計画	次世代育成支援対策推進法第8条	次代の社会を担うこどもが健やかに生まれ、育成される社会を形成することを目指して、次世代育成支援対策の目標、実施する支援対策の内容及びその実施時期等を定める計画
こどもの貧困の解消に向けた対策についての市町村計画	こどもの貧困の解消に向けた対策の推進に関する法律第10条第2項	貧困により、こどもが適切な養育及び教育並びに医療を受けられないこと、こどもが多様な体験の機会を得られないこと、その他の権利利害を害されたり、社会から孤立したりすることがないよう、こどもの貧困の解消に向けた対策（教育の支援、生活の安定に資するための支援、保護者に対する職業生活の安定と向上に資するための就労の支援、経済的支援等）を定める計画
市町村子ども・若者計画	子ども・若者育成支援推進法第9条第2項	全てのこども・若者の健やかな成長と自立を目指して、総合的・体系的に推進するこども・若者育成支援施策を定める計画
成育医療等に関する計画	成育医療等の提供に関する施策の総合的な推進に関する基本的な方針	地域の母子の健康や生活環境の向上を図るための体制の確立に向けた、効果的な母子保健対策の推進施策を定めるとともに、成育医療等基本方針に基づく計画策定指針を踏まえて、成育医療等に関する評価指標を定める計画
放課後児童対策に関する計画	放課後児童対策パッケージ	放課後児童対策に関して、放課後児童健全育成事業の目標事業量や放課後子ども教室との連携に関する方策等を定める計画

2 計画の位置付け

　この計画は、前述の根拠法に基づき、国のこども大綱や県のこども計画を勘案し策定を行うとともに、市町村子ども・子育て支援事業計画については、国の「子ども・子育て支援法に基づく基本指針」に即して策定します。
　なお、この計画は「伊勢原市総合計画」を上位計画とし、「伊勢原市地域福祉計画」、「伊勢原市障がい者計画・障がい福祉計画及び障がい児福祉計画」等の保健福祉分野における関連計画のほか、「伊勢原市教育振興基本計画」等の教育分野における施策との整合を図りながら推進するものです。

●上位・関連計画との関係

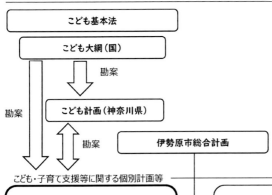

3 計画の期間

この計画の期間は、令和7年度から令和11年度までの5か年とします。

ただし、計画期間の中間年度を目安として、社会環境や情勢の変化を考慮し、必要な計画の見直しを行う予定です。

●計画期間

令和7年度	8年度	9年度	10年度	11年度
伊勢原市こども計画				
		中間見直し		改定

4 計画の対象

こども基本法では、18歳や20歳といった一定の年齢で必要な支援がとざれないよう、こどもの定義を「心身の発達の過程にある者」としています。

本市の計画では、一体として包含する各個別計画は主な対象の世代があるものの、こども計画としては一定の年齢上限は定めないものとし、それぞれの対象への施策を実施するものとします。

●こども基本法の「こども」の定義

> こども基本法第2条
> この法律において「こども」とは、心身の発達の過程にある者をいう。

第3章 基本理念と施策の体系

1 基本理念

国の「こども大綱」では、「こどもまんなか社会」の実現を目指しています。

国のこども施策に関する大綱	目指す社会
こども大綱	「こどもまんなか社会」 ～全てのこども・若者が身体的・精神的・社会的に幸福な生活を送ることができる社会～

本市の現個別計画の基本理念や目指す姿は、次のとおりです。

市の現個別計画	基本理念等
第2期伊勢原市子ども・子育て支援事業計画	子ども一人一人の健やかな成長と子育てをみんなで支えるまち いせはら
伊勢原市こども・若者育成支援指針	子ども・若者が夢に向かって自立しながら成長するまち いせはら
伊勢原市こどもの貧困対策に関する取組方針	子どもがその生まれ育った環境などに左右されることなく、夢と希望を持って成長していくことができる社会を、地域や社会全体で実現するまち、いせはら。

市の最上位計画である「伊勢原市第6次総合計画」（令和5年3月）では、基本政策の1つとして「子どもを産み育てやすく　豊かな学びで未来を拓くまちづくり」を掲げています。

市の上位計画	基本政策
伊勢原市第6次総合計画	子どもを産み育てやすく　豊かな学びで未来を拓くまちづくり

これらのことを踏まえつつ、新しい基本理念を次のとおり設定します。

【基本理念】

こどもの育ちをみんなで支え　こども・若者の未来をひらく
"こどもまんなか"のまち いせはら

2　5つの基本方針

（1）一人一人の意見や個性、多様性が尊重され、自己肯定感を持つことができる環境づくり

　こども・若者が権利の主体であるという認識を全ての市民が共有し、こども・若者一人一人の意見や個性、多様性が尊重され、自己肯定感を持つことができることで、その最善の利益と将来にわたる幸福な生活が実現される環境づくりを進めます。

（2）健やかに成長でき、自分の可能性を広げることができる環境づくり

　こども・若者が自立した個人として、健やかに成長でき、様々な遊びや学び、体験、チャレンジ等を通じて、夢や希望を持って自分の可能性を広げることができる環境づくりを進めます。

（3）全てのこども・若者の安全と安心が保障される環境づくり

　虐待、いじめ、体罰・不適切な指導、暴力、経済的搾取、性犯罪・性暴力、災害・事故などから守られ、困難な状況に陥った場合には助けられ、差別されたり、孤立したり、貧困に陥ったりすることがないような、こども・若者の安全と安心が保障される環境づくりを進めます。

（4）親としての成長や生きがいを支える環境づくり

　保護者自身が自己肯定感を持ちながらこどもと向き合える環境を整え、親としての成長を支援し、子育てやこどもの成長に喜びや生きがいを感じることができるような環境づくりを進めます。

（5）地域社会全体でこども・若者の自立と成長、子育てを支える環境づくり

　全てのこども・若者と家庭への支援を実現するため、社会のあらゆる分野における全ての構成員が、こども・若者支援、子育て支援の重要性に対する関心や理解を深め、協働し、それぞれの役割を果たしていくための環境づくりを進めます。

横浜市・大和市・伊勢原市・茅ヶ崎市の公立保育士

3 施策の体系（施策の方向）

　この計画は、国のこども大綱及び「こどもまんなか実行計画 2024」、県のこども計画を勘案しつつ、市民のライフステージを通して切れ目のないこども・若者、子育て支援を進める視点で、以下の体系に沿った施策の総合的な展開を図ります。

【基本理念】　　【施策の方向】　　　　　　　　　　　　　　　　【施策】

"こどもまんなか"のまちいせはら

こどもの育ちをみんなで支え　こども・若者の未来をひらく

1 ライフステージを通したこども・若者施策の推進

- （1）こども・若者が権利の主体であることの社会全体での共有等
- （2）多様な遊びや体験、活躍できる機会づくり
- （3）こどもや若者への切れ目のない保健・医療の提供
- （4）こどもの貧困対策
- （5）障がい児支援・医療的ケア児等への支援
- （6）児童虐待防止対策と社会的養護の推進及びヤングケアラーへの支援
- （7）こども・若者の自殺対策、犯罪などからこども・若者を守る取組

2 ライフステージ別のこども・若者施策の推進

- （1）こどもの誕生前から幼児期まで
　産前産後の支援の充実と体制強化、幼児教育・保育の質の向上　等
- （2）学童期・思春期
　多様な居場所づくり、いじめ防止対策の強化、不登校のこどもへの支援体制の整備・強化　等
- （3）青年期
　若者にとって魅力ある地域づくり、就職を希望する方への支援、結婚を希望する方への支援　等

3 子育て当事者への支援施策の推進

- （1）子育てや教育に関する経済的負担の軽減
- （2）地域子育て支援、家庭教育支援
- （3）共働き・共育ての推進、男性の家事・子育てへの主体的な参画促進・拡大
- （4）ひとり親家庭への支援

4 施策推進の基盤となる取組

- （1）こども・若者の社会参画・意見反映
- （2）こども・若者、子育て当事者に関わる人材の確保・育成・支援
- （3）こども・若者、子育てにやさしい社会づくりのための気運醸成

50

第6章　計画の推進

1　計画の推進体制

　本計画は、全てのこども・若者と子育て当事者を対象とする計画であり、市民と幅広い分野の関係者が連携・協力して施策に取り組むことが必要不可欠です。

　今後も、公募による子育て当事者、幼稚園・保育所の関係者、学識経験者などで構成する「伊勢原市子ども・子育て会議」を通じて、現状や課題の情報共有を図りつつ、計画の推進を図ります。

　また、計画の推進に当たっては、本計画の基本理念や様々な事業・取組について、広く市民に共感・協力してもらうことが重要であることから、広報やホームページ、窓口等を通じて、計画の実施状況やこども・子育て支援に関わる施設や事業の情報について周知を図ります。

2　計画の実施状況の点検・評価と公表

　本計画の実施状況を適切に管理するため、「伊勢原市子ども・子育て会議」において、基本目標、個別事業ごとに毎年度点検、評価を行います。

　なお、点検、評価の基準については、市民にとってわかりやすい基準となるよう、必要に応じて見直しを図ります。

　また、PDCAサイクルに基づき、年度ごとに事業の進行管理を行いながら、その時々の課題に対応した事業の方向性について、伊勢原市子ども・子育て会議の意見を聴き必要に応じて見直すものとし、個別事業の評価結果については、広く市民に公表し、透明性を図ることとします。

　教育・保育及び地域子ども・子育て支援事業については、必要に応じて中間年度に量の見込みと確保の方策を見直し、計画の修正を行う予定とします。

「伊勢原市こども計画〈令和7年度～令和11年度〉」より抜粋

横浜市・大和市・伊勢原市・茅ヶ崎市の公立保育士

令和6年度　茅ヶ崎市職員採用試験案内

申込期間　●インターネット申込み　令和6年11月1日(金)8:30 ～ 12月12日(木)10:00

未来に向けて 市民のために 「ともに」「考え、行動する」 ことができる人を求めます！

ともに　面接を通じて、市民や他の職員とともに茅ヶ崎の未来を創造していく協調性やコミュニケーション能力を確認します。

考え、行動する　エントリーシートや面接を通じて、「茅ヶ崎市をもっとよい街にしたい」という強い思いや、その実現に向けて主体的に行動することができる人物かを確認します。

※茅ヶ崎市の職員採用試験は公務員用の特別な試験対策は必要ありません。面接を通じて、質問の意図を理解し的確な意思表示ができるのかを確認するほか、ご自身の経験、そこで培われた多様な能力についてPRしていただきます。

1　募集職種・採用予定人員及び受験資格等

※申込み時点で本市職員採用試験を受験中（申込み中を含む）及び職員採用候補者名簿登載中の方は併願できません。

募集職種	採用予定人員	採用予定日	職務内容	受験資格	
事務	若干名	令和7年4月1日	市長部局（企画、財政、税務、産業、福祉、まちづくり等）や行政委員会事務局等での、事業の企画・調整・実施、各種申請等の受付・処理、文書起案や財務、窓口対応等の一般行政事務	学校教育法による大学を卒業した人（卒業見込みを含む）、または同程度の学力（職務経験）を有する人	平成6年4月2日以降に生まれた人
保育士	10名程度		公立保育園での乳児・幼児などの保育業務	保育士の資格を有する人（採用予定日の前日までに取得見込みの人を含む）	昭和45年4月2日以降に生まれた人
保健師	若干名		乳幼児から高齢者まで幅広い世代を対象とした保健相談等や健康管理、公衆衛生活動	保健師の資格を有する人（採用予定日の前日までに取得見込みの人を含む）	昭和54年4月2日以降に生まれた人
建築	若干名		都市計画や開発行為に関する業務、景観街づくり施策に関する業務、建築確認に関する事務や耐震相談、学校や庁舎などの公共施設の工事設計や工事監理・維持管理業務など	学校教育法による大学（建築に関する学部学科）を卒業した人（卒業見込みを含む）、または同程度の学力（職務経験）を有する人	昭和59年4月2日以降に生まれた人
機械	若干名		公共建築物の機械設備設計や工事監理、公共施設の維持管理や改修計画等に関する業務など	学校教育法による大学（機械に関する学部学科）を卒業した人（卒業見込みを含む）、または同程度の学力（職務経験）を有する人	昭和59年4月2日以降に生まれた人
電気	若干名		公共建築物の電気設備設計や工事監理、公共施設の維持管理や改修計画等に関する業務など	学校教育法による大学（電気に関する学部学科）を卒業した人、採用予定日までに卒業見込みの人、または同程度の学力（職務経験）を有する人	昭和59年4月2日以降に生まれた人
土木	若干名		市の道路・下水の設計、監督及び都市計画等、まちづくりにおける専門技術を要する業務	学校教育法による大学（土木に関する学部学科）を卒業した人（卒業見込みを含む）、または同程度の学力（職務経験）を有する人	昭和59年4月2日以降に生まれた人
栄養士	若干名		保育園、学校、市保健所等における栄養指導、調理指導、栄養指導等に関する業務	管理栄養士の資格を有する人（採用予定日の前日までに取得見込みの人を含む）	昭和59年4月2日以降に生まれた人

※ 外国籍の人も受験できます。ただし、外国人の人で就職が制限されている在留資格の人は採用されません。また、次のいずれかに該当する人は受験できません。
○義務教育を修了していない人（義務教育修了者と同等と認める人を除く）
○次に掲げる地方公務員法第16条の欠格事項に該当する人
・日本国憲法施行の日以後において、日本国憲法又はその下に成立した政府を暴力で破壊することを主張する政党その他の団体を結成し、又はこれに加入した人
・禁錮（こ）以上の刑に処せられ、その執行を終わるまで又はその執行を受けることがなくなるまでの人
・茅ヶ崎市職員として懲戒免職の処分を受け、当該処分の日から2年を経過しない人

2　申込方法

インターネットのみ	受付期間　令和6年11月1日(金)8:30～令和6年12月12日(木)10:00 受信分 ○専用サイト（パブリックコネクト）よりお申し込みください。 https://public-connect.jp/employer/66　（QRコードでもアクセス可） ※茅ヶ崎市公式ホームページの「職員採用試験情報」のページにも掲載 https://www.city.chigasaki.kanagawa.jp/ ※受付期間最終日は、アクセス集中により申し込みサイトに繋がりにくくなる場合がございます。 この場合も受付期間は延長いたしませんので、余裕をもってお申し込みください。

52

試験概要

3 試験について

第1次試験	内容	書類選考（エントリーシート）　※申し込みサイト内で入力していただきます。 ※申込時にエントリーシートの設問にお答えいただきます。 ※A4・1ページ分の「自己PR」を提出していただきます。 ※設問等の詳細は、申し込みサイト（パブリックコネクト）をご覧ください。		
	合格発表	令和6年12月25日（水）に市公式HPの「職員採用試験情報」のページに合格者の受験番号を掲載（時間未定）。 ※合格者には第2次試験日程等を文書でも通知します。		
第2次試験	内容：日時	適性検査：令和7年1月8日（水）～1月13日（月）WEBテスト ※自宅などのパソコンからインターネット上で受検していただきます。 ※詳細は第1次試験合格者への通知にてご案内します。		
		個人面接：令和7年1月20日（月）～1月24日（金）の指定する時間 ※事務職のみ、個人面接に加えグループワークを実施します。	会場	茅ヶ崎市役所分庁舎
	合格発表	令和7年1月29日（水）に市公式HPの「職員採用試験情報」のページに合格者の受験番号を掲載（時間未定）。 ※合格者には第3次試験日程等を文書でも通知します。		
第3次試験	内容：日時	個人面接：令和7年2月3日（月）～2月7日（金）の指定する時間	会場	茅ヶ崎市役所本庁舎
	合格発表	個人面接の結果は、合否に関わらず令和7年2月14日（金）に受験者全員に文書で通知予定。 （合格者については、健康診断（指定項目）を受験者負担で受け、結果を提出していただきます。）		

※最終合格者は、職員採用候補者名簿に登載され、欠員状況等により順次採用されます。

※採用の時期は、原則として採用予定日のとおりですが、状況によりそれ以外の日に採用される場合があります。

4 給与・勤務条件

		大学新規卒業者	27歳：大学卒（職歴5年）の例	37歳：大学卒（職歴15年）の例
給与	給料月額 （地域手当を含む）	224,180 円	252,560 円	297,990 円
	昇給	あり		
	期末勤勉手当	年2回（6月・12月）		
	その他手当	通勤手当、扶養手当、住居手当、時間外勤務手当、退職手当など		
勤務条件	勤務時間	8：30～17：15の間の7時間45分 ※保育士は、7：00～19：00の間の7時間45分		
	休日・休暇	◆休日／土曜日、日曜日、国民の祝日、年末年始（12月29日～1月3日）　※変則勤務の場合あり ◆休暇／年次有給休暇が1年間に20日（採用1年目は採用月による）。 　このほか特別休暇、介護休暇など		

※勤務条件については配属先によって異なる場合があります。

なお、給与・勤務条件は令和6年11月1日現在のものです。採用までに条例等の改正が行われた場合はその定めるところによります。

5 試験結果の情報提供

試験の結果については、受験者本人から提供依頼があった場合に限り、次のとおり情報提供をいたします。

電話、はがき等による提供はできませんので、受験票をご持参のうえ受験者本人が直接お越しください。

【提供内容等】

情報提供を受けることができる人	提供方法	提供内容	提供場所等
各試験不合格者	口頭	当該試験の総合順位・得点	通知日から1ヶ月間、職員課窓口（市役所本庁舎5階）

6 その他

(1) 申込受付後は、受験申込書等の書類は一切お返しいたしません。
(2) 関係書類が整っていない場合及び受付期限後の受付はいたしません。
(3) 電話での合否のお問合せはできません。
(4) 受験資格がないこと又は申込書等の記載事項が正しくないことが明らかになった場合は、合格を取り消すことがあります。
(5) その他、詳細は茅ヶ崎市公式ホームページの「職員採用試験情報」のページにも記載してあります。併せてご確認ください。

■　受験に関するお問合せ先　■

茅ヶ崎市　経営総務部　職員課　人財育成担当

〒253-8686　神奈川県茅ヶ崎市茅ヶ崎一丁目1番1号　電話 0467（81）7112

横浜市・大和市・伊勢原市・茅ヶ崎市の公立保育士

茅ヶ崎市の自治体情報

第2期 茅ヶ崎市子ども・子育て支援事業計画

概要版

1 計画策定の趣旨

　平成27年度から推進してきた茅ヶ崎市子ども・子育て支援事業計画が令和元年度で計画期間終了となります。それに伴い、茅ヶ崎市子ども・子育て支援事業計画の検証を行い、新たに「子どもの貧困対策」についての取り組みの推進を加えることとし、保育ニーズの増加や今後の社会状況の変化に効果的に対応できる「第2期茅ヶ崎市子ども・子育て支援事業計画」を策定するものです。本計画に基づき、これまで以上に子どもや保護者の視点に立ち、子ども・子育て支援施策を総合的に推進します。

2 計画の位置づけ

- ◆子ども・子育て支援法と次世代育成支援対策推進法に基づく法定計画を一体的に策定するものです。
- ◆子どもの貧困対策の推進に関する法律に基づく「茅ヶ崎市子どもの貧困対策推進計画」として位置づけます。
- ◆児童福祉法による市町村整備計画を包括するとともに、「母子保健事業計画」の施策を含みます。
- ◆茅ヶ崎市総合計画を上位計画とするとともに、子ども・子育てに関する分野の部門別計画として、関連計画と整合を図ります。

3 計画の期間と対象

　計画期間は、令和2年度から令和6年度までとします。主たる対象は、子どもと保護者（子育て家庭）とし、本計画における「子ども」は、胎児から乳幼児期、学童期、思春期を含む18歳までの子どもとします。

4 基本目標

　本計画では、茅ヶ崎市子ども・子育て支援事業計画の理念を継承するとともに、茅ヶ崎市子ども・子育て会議、アンケート調査等の結果を踏まえ、茅ヶ崎市の目指す将来像として次のように基本目標を定めます。

すべての子どもの成長を喜びあえるまち

試験概要

5 計画の体系

　本計画は、基本目標を実現するため、6の基本施策で構成されています。「子どもの貧困対策」として、新たに「6　子どもの今と未来を応援する取り組みの推進」を設定し、推進していきます。

［基本目標］	［基本的な視点］	［基本施策］	［施策の方向］
すべての子どもの成長を喜びあえるまち	（1）「子育ち」できる環境づくり　（2）「親育ち」が促進される地域の体制づくり　（3）人と人とのつながりのある地域づくり	1　地域における子育ての支援	① 地域における子育ての支援サービスの充実 ② 子育て支援のネットワークづくり ③ 子どもの健全育成 ④ 世代間交流・市民活動の推進 ⑤ 経済的負担の軽減
		2　乳幼児期の教育・保育の充実	① 就学前教育・保育の体制の確保 ② 認定こども園・幼稚園・保育所・小学校の連携の推進 ③ 保育サービスの充実 ④ 仕事と子育ての両立を図るための環境の整備
		3　親と子の健康の確保及び増進	① 親と子の健康の確保 ② 食育の推進 ③ 思春期保健対策の充実 ④ 小児医療にかかるサービスの充実
		4　子育てを支援する生活環境・安全の確保	① 安心して外出できる環境の整備 ② 子どもの交通安全を確保するための活動の推進 ③ 子どもを犯罪被害から守るための活動の推進 ④ 被害に遭った子どものための相談の実施
		5　要保護・要支援児童への対応などきめ細かな取り組みの推進	① 児童虐待防止対策の充実 ② ひとり親家庭等の自立支援の推進 ③ 障害児施策の充実
		6　子どもの今と未来を応援する取り組みの推進（新規）	① 教育の支援の充実 ② 生活の安定に資するための支援の充実 ③ 保護者に対する職業生活の安定と向上に資するための就労の支援の充実 ④ 経済的支援の充実

6　施策の展開

基本施策1　地域における子育ての支援

すべての人が、子育てに対する不安や負担を抱え込むことなく、ゆとりをもって子育てができるようにしていくためには、身近な地域や学校等との関わりの中で、子育ての喜びや楽しみを共有できる仲間や援助者がいることが重要なことから、子育てに対する理解を進めるための交流の場の設置や協力者の育成などを通じた地域のつながりづくりを推進します。また、地域に密着したきめ細かな子育て支援活動が展開されるよう、関係機関等との連携を図りながら、子どもや子育てに関するあらゆる相談に迅速・適切に対処できる体制を強化し、地域における総合的な子育て支援体制の充実を図ります。

重点事業
- 育児支援家庭訪問事業
- ファミリー・サポート・センター事業
- 子育て短期支援事業
- 子育て支援センター事業
- 子育て練習講座「ほしつ☆メソッド」の実施
- 巡回相談事業　など

基本施策2　乳幼児期の教育・保育の充実

乳幼児期は、生涯にわたる人格形成の基礎が培われる大切な時期であり、この時期における教育・保育は、子どもの心身の健やかな成長を促す上で、大変重要な役割を担っていることから、「内面的な能力（非認知能力）」の展開に重点を置きつつ、認定こども園・幼稚園・保育所・小学校・中学校の連携を深めていきます。

また、引き続き、保育の量の拡大と、保育人材の確保、教育・保育の質の向上に向けた取り組みを推進するとともに、ニーズに合った多様な教育・保育サービスを行います。

重点事業
- 待機児童解消のための保育所等の整備拡充（通常保育事業）
- 保育士等研修事業
- 延長保育事業
- 一時預かり事業
- 放課後児童健全育成事業（児童クラブ）　など

基本施策3　親と子の健康の確保及び増進

各成長発達段階での健康診査や相談を通して、親子の健康維持に努めるとともに、妊娠期から子育て期の切れ目のない支援を行い、個々の状況に寄り添ったタイムリーな福祉サービスの提供や専門相談機関との連携による適切な支援を行います。

また、子どもたちは、学童期から思春期と、成長過程の中で心と体がアンバランスになりやすく、その結果、性的な悩みや精神的な不安等を抱えることも考えられることから、小児期にかかるサービスの充実とともに、子どもたちの成長を支えていくための思春期保健対策の充実に努めます。

重点事業
- 妊婦の健康管理の充実
- 乳幼児の健康管理の充実
- 予防接種の推進
- 妊産婦、新生児、乳幼児などへの訪問指導
- 小児医療費助成事業　など

基本施策4　子育てを支援する生活環境・安全の確保

子どもや子ども連れでの行動に心理的な負担感や不安感を持つことなく、のびのびと自由に行動できるよう、生活環境の安全確保、防犯のための活動の充実に努めるとともに、被害に遭った子どもへの相談体制の充実を図ります。

重点事業
- 子どもの安全を守る都市の推進

基本施策5　要保護・要支援児童への対応などきめ細かな取り組みの推進

児童虐待への対応については、関係機関等の連携により、困難を抱える児童の早期発見及び児童虐待の予防的支援を行っていますが、その対応件数は年々増加傾向にあることから、子どもが安心して生活できるよう、さらなる相談体制の強化を図ります。

ひとり親家庭においては、子どもの養育や経済面の不安など、さまざまな問題を抱えることが少なくないため、今後もひとり親家庭の自立促進と、ひとり親家庭の親と子が安心して暮らしていけるような精神的、経済的支援に関する取り組みを推進します。

障害のある子どもが健やかに成長していくために、それぞれの発達段階において、障害の特性に応じた支援や教育が受けられるよう、関係機関等と連携した取り組みを行うとともに、障害のある子どもやその家庭を、地域全体で温かく見守り、支えていくための環境整備を進めます。

重点事業
- 家庭児童相談事業
- 茅ヶ崎市要保護児童対策地域協議会
- 児童扶養手当の支給
- 児童発達支援（児童発達支援センター含む）
- 放課後等デイサービス　など

試験概要

基本施策6　子どもの今と未来を応援する取り組みの推進

　子どもの貧困は、経済的な困窮だけでなく、子どもの学習意欲の低下や生活習慣への影響、自己肯定感の欠如など、子どもの健やかな成長に大きな影響を及ぼすことから、すべての子どもが安心して自分らしく生きていけるよう、子どもとその家庭への支援の充実を図ります。
　子どもの現在と将来が生まれ育った環境に左右されることなく、また、貧困が世代を超えて連鎖することのないよう、子どもの貧困対策を総合的に推進します。

- 生活困窮者自立支援事業
  （子ども健全育成推進事業）
- 母子・父子自立支援員による支援
- 母子家庭父子家庭高等職業訓練促進給付金等事業　など

7　量の見込みと確保方策

①認定こども園、幼稚園、保育所、地域型保育事業の量の見込みと確保方策

	令和6年度（量の見込み）	令和6年度（確保方策）
1号認定	2,575人	3,220人
2号認定	3,173人	3,198人
3号認定（1・2歳）	1,841人	1,707人
3号認定（0歳）	319人	360人

②地域子ども・子育て支援事業の量の見込みと確保方策

事　業	令和6年度（量の見込み）	令和6年度（確保方策）
時間外保育事業（延長保育事業）	2,177人	2,177人
放課後児童健全育成事業（児童クラブ）	2,284人	2,255人
子育て短期支援事業（ショートステイ事業）	214人日	320人日
地域子育て支援拠点事業	30,941人日	41,600人日
一時預かり事業（幼稚園型）	29,458人日	89,298人日
一時預かり事業（幼稚園型以外）	13,907人日	30,820人日
病児保育事業（病児・病後児保育事業）	265人日	720人日
子育て援助活動支援事業（ファミリー・サポート・センター事業）（小学生のみ）	3,000人日	3,700人日
利用者支援事業	3か所	3か所
乳児家庭全戸訪問事業	1,720人	保健師・助産師等の専門職員や主任児童委員が、生後4か月までの乳児がいるすべての家庭へ訪問します。
養育支援訪問事業	75人回	・保健師、家庭児童相談員の継続訪問による育児相談等の支援 ・ヘルパー（委託）による家事・育児の援助
妊婦健康診査	（届出数）1,747人 （受診数）20,265件	・神奈川県産婦人科医会が委託している医療機関及び市が委託している助産所で健康診査を受ける際に、健康診査費用の負担の軽減を受けることができます。 ・市ホームページ・広報紙を活用し、妊娠届出申請を早期にすることを勧め、健康診査費用の助成があることや妊娠期からの健康管理の必要性について周知をしていきます。

※上記以外に、「実費徴収にかかる補足給付を行う事業」「多様な主体が本制度に参入することを促進するための事業」を実施します。

第2期茅ヶ崎市子ども・子育て支援事業計画　概要版　　令和2年3月
発行：茅ヶ崎市　こども育成部　保育課　〒253-8686　茅ヶ崎市茅ヶ崎一丁目1番1号
　　　Tel　0467-82-1111（代表）　　FAX　0467-82-1435

「第2期茅ヶ崎市子ども・子育て支援事業計画（概要版）」より

第2章

専門試験
社会福祉

専門試験

≡ POINT ≡

1. 社会福祉の意義
▶ 社会福祉とは何か

　日本国憲法第25条には，「すべて国民は，健康で文化的な最低限度の生活を営む権利を有する」とある。この基本的人権は，すべての国民に保障される「侵すことのできない永久の権利」にして，「現在及び将来の国民に与へられる」(第11条)ものである。

▶ 社会福祉の基本理念

　社会福祉は，全ての国民に対して，下記の各種の基本理念を実現する。

〈リハビリテーション〉

　全ての障害者に対して，人間たるにふさわしい状態を回復することである。私たちは，障害があっても，その人らしい生き方が実現できるよう，生活全般にわたって，つまり機能障害や能力障害の可能な限りの回復と同時に，社会的不利の回復を権利として保障しなければならない。

〈ノーマライゼーション〉

　全ての障害者に対して，健常者と同様に普通の生活条件・様式・環境を提供する社会を実現していくこと，誰もがごく当たり前に日常生活を送れることを目指す。

〈メインストリーミング〉

　アメリカにおける障害者福祉の理念として，特に1950年代の教育現場で起こった障害があるために教育の「本流」(mainstream)からはずされることがあってはならないとする考え方である。つまり，「心身に障害のある子どもを可能な限り制約の少ない環境の中で障害のない子どもと共に教育しようという動き」である。

〈自立生活運動〉

　重度の障害者が主体となって，1970年代に展開された障害者の新しい体系的な自立論であり，社会的影響力をもった思想でもある。新しい自立観は，自立困難とされた重度の障害者までもその主たる対象として含み得るような

体系的な自立概念を提起した。

〈インクルージョン〉

　障害者(障害児を含む)，つまり特別なニーズをもつ人びとの教育を実現するために必要とされる基本理念。障害者のみならず，特別な教育的ニーズをもつ人びとをも「包含」できるような学校を創設し，そうした学校を含む社会のあり方の基本理念となっているのがインクルージョンである。

〈QOL(quality of life)〉

　生活の質ともいう。自分らしい生活や人生の満足感を高めることであり，より良い生活に焦点をあてた考え方のこと。

〈ウェルビーイング〉

　「個人の権利を保障し，自己実現を目指し，理想的な目標として掲げる福祉」を意味する。「ウェルフェア」が救貧的・慈恵的・恩恵的な思想を背景とし，社会的弱者への制度や援助観を指すのに使用されるのに対して，「ウェルビーイング」は，QOLの豊かさを示す概念としてウェルフェアよりも充実している。

2. 社会福祉の制度と法体系

　社会福祉関連法規は多数ある。ここでは代表的なものだけに限定して取り上げるが，法改正には常に目を配り，またその他の福祉関連法規についても概念や用語をよく理解しておきたい。

〈社会福祉法〉

　日本の社会福祉の目的・理念・原則と対象者別の各社会福祉関連法に規定されている福祉サービスに共通する基本的事項を規定した法律。従来の行政主導により措置の対象者及び内容を判断し，保護・救済を行ってきた仕組みとしての措置制度を一部改正し，社会福祉を利用者本位の制度として確立するため，福祉サービスの利用者の利益を保護し，地域福祉を推進することを可能にする目的を有する。1951年に社会福祉事業法として制定され，2000年に名称改正された。

専門試験

〈生活保護法〉

　日本国憲法第25条の生存権の理念に基づいて，国が生活困窮者に対して，その困窮度に応じた必要な保護を行ない，健康で文化的な最低限度の生活維持を保障するとともに，その自立を助長することを目的とした法律。1950年制定。

〈児童福祉法〉

　児童の健全育成と福祉の増進を図ることを目的とする法律。1947年制定。その後，法改正により，「全て国民」から「全て児童」に主語が書き換えられた。改正第1条では，「全て児童は，児童の権利に関する条約の精神にのっとり，適切に養育されること，その生活を保障されること，愛され，保護されること，その心身の健やかな成長及び発達並びにその自立が図られることその他の福祉を等しく保護される権利を有する。」と示され，児童の権利として保障されることになった。

〈母子及び父子並びに寡婦福祉法〉

　母子家庭の福祉を図るため，母子福祉法として1964年7月に公布・施行された。その後は法改正を行い，母子家庭に加えて，配偶者のない女子(寡婦)に対しても，そして現在では父子家庭にまで福祉の措置を講じるため，現行の名称に改められた。

〈介護保険法〉

　要支援や要介護状態の者のために，保健医療サービスや福祉サービスの給付を目的とした法律。1997年12月に制定，2000年4月に施行された。

〈身体障害者福祉法〉

　身体障害者の自立と社会経済への参加を促進することを目的とした法律。1949年制定。わが国の法律の名称として初めて「障害者福祉」を用いたのが同法であった。

〈知的障害者福祉法〉

　知的障害者の自立と社会経済への参加を促進することを目的とした法律。1960年に精神薄弱者福祉法として公布，1998年名称変更。

社会福祉

〈障害者総合支援法〉

　障害者の日常生活及び社会生活を総合的に支援するための法律。2005年，障害者自立支援法として制定。2012年に改正・改題。2013年度から難病のある人も同法の対象に含められた。

〈その他の重要な福祉関連法規〉

　日本赤十字社法，民生委員法，子ども・子育て支援法，児童虐待の防止等に関する法律，いじめ防止対策推進法，老人福祉法，高齢者の医療の確保に関する法律，障害者基本法，障害を理由とする差別の解消の推進に関する法律，発達障害者支援法，身体障害者補助犬法などがある。

3. 社会保障の制度

　社会保障制度とは，「社会保険」，「社会福祉」，「公的扶助」，「保健医療・公衆衛生」からなり，国民の生活を生涯にわたって支えるものである。

〈社会保険〉

　国民が病気，けが，出産，死亡，老齢，障害，失業など生活の困窮をもたらすいろいろな事故に遭遇した場合に一定の給付を行い，その生活の安定を図ることを目的とした強制加入の保険制度。病気やけがをした場合に誰もが安心して医療にかかることのできる医療保険，老齢・障害・死亡等に伴う稼働所得の減少を補填し，高齢者，障害者及び遺族の生活を所得面から保障する年金制度，加齢に伴い要介護状態となった者を社会全体で支える介護保険のことである。なお，広義の社会保険は，健康保険，介護保険，厚生年金保険，雇用保険，労災保険の5種類を指すが，狭義では健康保険，厚生年金保険，介護保険の3種類の総称として使われる。

〈社会福祉〉

　生活上の障害や困難を克服したり，緩和・予防することを社会的責任において援助し，社会構成員としての自立的な生活の回復をはかり，維持し，さらには向上させることを目的とした制度・政策・実践などの諸活動の総体。

〈公的扶助〉

　生活に困窮する国民に対して，最低限度の生活を保障し自立を助けようとする制度。

〈保健医療・公衆衛生〉

　公衆衛生は，日本国憲法第25条第1項の生存権(健康で文化的な最低限度の生活を営む権利)を保障するために，同条第2項で規定されている生存権保障の柱の一つである。公衆衛生は個人だけではなく，集団及び社会全体を対象に，①直接国民に健康診断，予防接種，保健指導，特定の疾患の治療の援助，②保健医療従事者の教育体制の整備，保健医療機関の整備，③薬事行政，④食品衛生，⑤上下水道やごみ処理などの生活環境整備，⑥労働衛生，学校衛生，衛生統計など，健康の維持増進に関する活動分野は多岐にわたる。

4. 社会福祉の専門職・従事者

　福祉業務に従事する国家資格や専門職の中で代表的なものを掲載する。なお，国家資格は名称独占(資格を持っている人だけがその名称を名乗ることができる)であることに注意したい。

〈社会福祉士〉

　専門的知識及び技術をもって，身体上もしくは精神上の障害があること，または環境上の理由により日常生活を営むのに支障がある者の福祉に関する相談に応じ，助言，指導，福祉サービスを提供する者，または医師その他の保健医療サービスを提供する者その他の関係者との連絡及び調整その他の援助を行うことを業とする専門職。国家資格。

〈介護福祉士〉

　専門的知識及び技術をもって，身体上または精神上の障害があることにより日常生活を営むのに支障がある者につき心身の状況に応じた介護を行い，並びにその者及びその介護者に対して介護に関する指導を行うことを業とする専門職。国家資格。

〈精神保健福祉士〉

　専門的知識及び技術をもって，精神科病院その他の医療施設において精神障害の医療を受け，若しくは精神障害者の社会復帰の促進を図ることを目的とする施設を利用している者の地域相談支援の利用に関する相談その他の社会復帰に関する相談又は精神障害者及び精神保健に関する課題を抱える者の精神保健に関する相談に応じ，助言，指導，日常生活への適応のために必要な訓練その他の援助を行うことを業とする専門職。国家資格。

〈介護支援専門員（ケアマネージャー）〉

　要介護者や要支援者の相談や心身の状況に応じるとともに，サービス(訪問介護，デイサービスなど)を受けられるようにケアプラン(介護サービス等の提供についての計画)の作成や市町村・サービス事業者・施設等との連絡調整を行う専門職。また，要介護者や要支援者が自立した日常生活を営むのに必要な援助に関する専門的知識・技術を有するものとして介護支援専門員証の交付を受けた者。

5. 援助技術

　社会福祉の援助活動を「ソーシャルワーク(相談援助)」と総称することができる。専門職としての社会福祉援助者には責任をもって職務を遂行するための専門性が求められる。この専門性は，福祉倫理，専門知識，専門技術から構成される。人間のウェルビーイングの増進を目指し，社会変革を進め，人間関係における問題解決を図り，人びとのエンパワメントと解放を促進する。人権と社会正義の原理がソーシャルワークの基本である。

〈バイステックの7原則〉

　バイステックの提唱したケースワークの7原則である。①個別化，②受容，③意図的な感情表出，④統制された情緒的関与，⑤非審判的態度，⑥利用者の自己決定，⑦秘密保持

〈コノプカのソーシャルグループワーク理論〉

　コノプカによれば，ソーシャルグループワークとはソーシャルワークの一つの方法であり，意図的なグループ経験を通じて，個人の社会的に機能する力を高め，また個人，集団，地域社会の諸問題により効果的に対処しうるよう人びとを援助するものである。

〈ロスのコミュニティ・オーガニゼーション理論〉

　ロスは，コミュニティ・オーガニゼーションの実践において，地域住民の共通の問題を発見し，住民が参加して計画的にその対策を図るプロセスを強調した。加えて，具体的に達成すべきタスク・ゴール(課題目標)とともに，住民参加の自己決定や協力的活動，そしてコミュニティの問題解決能力を向上させるプロセス・ゴール(過程目標)の設定を論及した。

専門試験

6. 利用者保護制度
〈第三者評価制度〉

　社会福祉事業者の提供するサービスの質について，当事者以外の公正・中立な第三者機関が専門的かつ客観的な立場から評価する制度。法的根拠：社会福祉法第78条。

〈苦情解決制度〉

　福祉サービスの利用者がより快適なサービスを受けられるようにするため，利用者からの苦情を適切に解決する制度。法的根拠：社会福祉法第82条。

〈運営適正化委員会〉

　福祉サービス利用者の苦情などを適切に解決し，利用者の権利を擁護する目的のために設置されている組織。法的根拠：社会福祉法第83条。

社会福祉

Q 演習問題

1 日本の社会福祉の歴史に関する記述として適切なものを，次の①〜⑤から1つ選びなさい。　　　　　　　　　　　　　　　　　　(難易度■■■□□)

① 日本における慈善救済の始まりは，光明皇后が四天王寺に建てたと伝承されている四箇院であるといわれている。

② 国民すべてを対象とした国による救済としての社会福祉は，1874(明治7)年に制定された恤救規則に始まる。

③ 1929(昭和4)年，恤救規則を補強するため，恤救規則に代わり救護法が制定され，社会福祉はさらに充実したものとなった。

④ 1946(昭和21)年，GHQから出された「社会救済に関する覚書」によって，現行の生活保護法が制定された。

⑤ 1961(昭和36)年，国民健康保険が完全普及し，国民年金法が施行されたことにより，国民皆保険・皆年金が実現した。

2 次のア〜オのうち，社会福祉法に関する記述として正しいものの組み合わせを，あとの①〜⑤から1つ選びなさい。　　　　　　(難易度■■■■□)

ア 1951(昭和26)年に公布された社会福祉事業法を，2000(平成12)年に改正・改称したものである。

イ 社会福祉法の成立を受けて，2000(平成12)年，介護保険法が成立，施行された。

ウ 社会福祉法は社会福祉基礎構造改革の一環として成立した。

エ 社会福祉法における社会福祉事業とは，第1種社会福祉事業及び第2種社会福祉事業をいう。

オ 赤い羽根共同募金は，社会福祉法の共同募金の規定に基づいて，都道府県が行っている事業である。

① ア，イ，ウ　　② ア，オ　　③ ア，ウ，エ
④ イ，ウ　　　　⑤ イ，エ，オ

3 社会福祉援助技術に関する記述として正しいものを，次の①〜⑤から1つ選びなさい。　　　　　　　　　　　　　　　　　　　　(難易度■■■□□)

① 社会福祉援助技術のうち，集団援助技術(グループワーク)は間接援助技術である。

専門試験

② 社会福祉援助技術のうち，個別援助技術(ケースワーク)は直接援助技術である。

③ 社会福祉援助技術のうち，地域援助技術(コミュニティワーク)は関連援助技術である。

④ 社会福祉援助技術のうち，ケアマネジメントは直接援助技術である。

⑤ 社会福祉援助技術のうち，社会福祉調査法(ソーシャルワーク・リサーチ)は関連援助技術である。

4 次のア〜オの社会福祉に関する専門職のうち，国家資格であり，かつ名称独占資格であるものの組み合わせとして正しいものを，あとの①〜⑤から1つ選びなさい。　　　　　　　　　　　　　(難易度■■□□□)

ア　社会福祉士　　イ　社会福祉主事　　ウ　児童福祉司

エ　介護福祉士　　オ　保育士

　① ア，イ，ウ　　② ア，ウ，オ　　③ ア，エ，オ

　④ イ，ウ，エ　　⑤ イ，ウ，オ

5 社会福祉の基礎的理念に関する記述として適切なものを，次の①〜⑤から1つ選びなさい。　　　　　　　　　　　　　(難易度■■■□□)

① 日本国憲法第25条では，個人の尊重と国民の幸福追求権等について規定している。

② 国民の生存権保障のための国の責務は憲法では規定されていない。

③ ウェルビーイングとは，個人の権利や自己実現が保障され，身体的，精神的，社会的に良好な状態のことをさす。

④ ナショナルミニマムとは，一人の市民としての生活という視点から捉えた最低限度の生活のことである。

⑤ シビルミニマムとは，国家の政策的判断において保障される国民の最低限度の生活のことである。

6 次のア〜オのうち，社会福祉の理念に関する記述として正しいものの組み合わせを，あとの①〜⑤から1つ選びなさい。　　　(難易度■■■□□)

ア　QOLとは「生活の質」と翻訳され，個人の生活に関する主観的な満足感をいう。

イ　ソーシャルインクルージョンとは，社会の中で孤立しやすい立場にあ

68

社会福祉

る人々を社会連帯の中へ積極的に組み込もうとする考え方。

ウ　バリアフリーとは，すべての人にとって使いやすい製品，環境，情報づくりをめざす考え方のことである。

エ　ノーマライゼーションとは，発育に遅れがある者に適切な療育を与えることである。

オ　ユニバーサルデザインとは，すべての人に普通の生活を保障しようとする考え方である。

① ア，イ　　② ア，ウ　　③ ア，オ　　④ ウ，エ

⑤ ウ，オ

7 社会福祉の対象と主体に関する記述として適切なものを，次の①〜⑤から1つ選びなさい。　　　　　　　　　　　　　　（難易度■■■□□）

① 社会福祉の援助の対象者は健康で文化的な最低限度の生活に欠く者と憲法に規定されている。

② わが国において社会福祉の対象の拡大にともない，福祉サービスの利用料は応能負担から応益負担へと変わりつつある。

③ 社会福祉の対象は，普遍主義から選別主義へと変わってきた。

④ 国や地方公共団体は社会福祉の実践主体とされている。

⑤ 社会福祉法人や社会福祉の専門職は，社会福祉の運動主体とされている。

8 次のア〜エは，イギリスの社会福祉の歴史に関する記述である。年代の古いものから順に並べた場合に正しいものを，あとの①〜⑤から1つ選びなさい。　　　　　　　　　　　　　　（難易度■■■■□）

ア　ベヴァリッジを委員長とした「社会保険および関連サービスに関する委員会」が国民の生活安定を確保するためのベヴァリッジ報告を提案した。

イ　慈善事業を地域単位で組織化しようとした慈善組織化協会運動によって，慈善事業が社会事業に変化する契機となった。

ウ　生活困窮者に対する救済を目的としてエリザベス救貧法が定められた。

エ　イギリスの医療制度である国民保健サービスとコミュニティケアとよばれる在宅福祉サービスの総合的な調整を図ることを目的に，国民保健サービス及びコミュニティケア法が定められた。

① ア−イ−ウ−エ　　② ア−ウ−イ−エ　　③ ウ−ア−イ−エ

④ ウ−イ−ア−エ　　⑤ ウ−イ−エ−ア

専門試験

9 次のア〜エのうち，日本の社会福祉にかかわった人物に関する記述として正しいものの組み合わせを，あとの①〜⑤から1つ選びなさい。

（難易度■■□□□）

ア　石井十次──日本の「知的障害者教育・福祉の父」と呼ばれる。
イ　留岡幸助──非行少年のための感化教育施設を開設した。
ウ　野口幽香──貧困児童のための幼稚園という名称で保育所を開設した。
エ　石井亮一──岡山に日本最初の孤児院を創設した。

　①　ア，イ　　②　イ，ウ　　③　ウ，エ　　④　ア，エ
　⑤　イ，エ

10 福祉六法に該当しない法律を，次の①〜⑤から1つ選びなさい。

（難易度■■□□□）

①　知的障害者福祉法
②　社会福祉法
③　児童福祉法
④　母子及び父子並びに寡婦福祉法
⑤　生活保護法

11 社会福祉基礎構造改革の目的として適切でないものを，次の①〜⑤から1つ選びなさい。

（難易度■■□□□）

①　利用者の立場に立った社会福祉制度の構築
②　サービスの質の向上
③　社会福祉事業の拡充と活性化
④　地域福祉の推進
⑤　介護保険法の成立

12 福祉事務所に関する記述として適切なものを，次の①〜⑤から1つ選びなさい。

（難易度■■■□□）

①　都道府県福祉事務所は，福祉六法を所管している。
②　町村福祉事務所の設置は，義務ではなく任意である。
③　福祉事務所には，社会福祉士の配置が義務である。
④　福祉事務所の所員は，職務上援護を要する者の家庭を訪問しなければならない。

社会福祉

⑤　福祉事務所は，保健医療に関する事務はしてはならない。

⑬ 次のア〜オのうち，社会福祉事業の種類に関する記述として正しい記述の組み合わせを，あとの①〜⑤から1つ選びなさい。

(難易度■■■□□)

ア　第1種社会福祉事業は，行政及び社会福祉法人が行うのが原則である。

イ　第2種社会福祉事業は，社会福祉法人が行うのが原則である。

ウ　第1種社会福祉事業を経営しようとする時は，都道府県知事等の許可が必要である。

エ　老人居宅介護等事業は，第2種社会福祉事業とされる。

オ　共同募金は，第2種社会福祉事業とされる。

①　イ，ウ　　②　イ，エ　　③　ア，ウ　　④　ア，エ
⑤　ア，オ

⑭ 次は「全国保育士会倫理綱領」の一部である。空欄（　A　）〜（　C　）に当てはまる語句の組み合わせとして正しいものを，あとの①〜⑤から1つ選びなさい。　　　　　　　　　　　　　　(難易度■■■□□)

　私たちは，子どもが現在(いま)を幸せに生活し，未来(あす)を生きる力を育てる保育の仕事に誇りと責任をもって，自らの（　A　）の向上に努め，一人ひとりの子どもを心から尊重し，次のことを行います。

　私たちは，子どもの育ちを支えます。

　私たちは，（　B　）の子育てを支えます。

　私たちは，子どもと子育てに（　C　）をつくります。

①　A−人間性と専門性　　B−親　　　　C−やさしい社会

②　A−倫理観と技術　　　B−保護者　　C−安心できる社会

③　A−倫理観と技術　　　B−親　　　　C−安心できる社会

④　A−人間性と専門性　　B−保護者　　C−やさしい社会

⑤　A−人間性と専門性　　B−親　　　　C−安心できる社会

⑮ 社会福祉従事者とその根拠法令として誤っているものを，次の①〜⑤から1つ選びなさい。　　　　　　　　　　　　　　(難易度■■□□□)

①　保育士　————　児童福祉法

②　婦人相談員　———　売春防止法

71

専門試験

③ 介護福祉士 ─── 社会福祉士及び介護福祉士法
④ 介護支援専門員 ─ 介護保険法
⑤ 児童福祉司 ─── 社会福祉法

⑯ 社会福祉援助技術を展開した人物とその記述として適切でないものを，次の①〜⑤から1つ選びなさい。　　　(難易度■■■■□)

① ホリス ───── システム論的アプローチを提唱
② ハミルトン ─── 診断主義個別援助技術の理論を体系化
③ リッチモンド ── 友愛訪問員の活動をケースワークとして理論的に体系化
④ パールマン ─── 問題解決アプローチを提唱
⑤ アダムス ───── ケースワークの要素として4つのPを提唱

⑰ 集団援助技術に関する記述として適切なものを，次の①〜⑤から1つ選びなさい。　　　(難易度■■■■□)

① 集団援助技術は，利用者と支援者とが面接を通じて利用者の立場から環境を調整する。
② 集団援助技術の働きかけは，大きな集団を対象とする。
③ 集団援助技術では，メンバーの相互作用は援助の媒体にはならない。
④ 集団援助技術は，地域の診断，組織化，連絡調整等を行い，住民を援助する。
⑤ 集団援助技術は，集団の持つ諸特性を活用して構成員個々の成長や発達を図る。

⑱ 間接援助技術として適切でないものを，次の①〜⑤から1つ選びなさい。
　　　(難易度■■■■□)

① ソーシャルアクション
② ソーシャルアドミニストレーション
③ ソーシャルワーク・リサーチ
④ ケアマネジメント
⑤ ソーシャルプランニング

社会福祉

⑲ 少子高齢社会に関する記述として適切なものを，次の①〜⑤から1つ選びなさい。　　　　　　　　　　　　　　　　　　(難易度■■■□□)

① 合計特殊出生率とは，一世帯における子どもの平均数である。

② 65歳以上の高齢者人口が7％を超えた社会は「高齢社会」とされる。

③ 晩婚化は出生数減少の一因とされる。

④ 働く女性の晩産化は，少子化の原因には該当しない。

⑤ 育児の心理的負担は，主観的な理由のため少子化の原因とはならない。

⑳ 次は少子化社会対策基本法第2条(施策の基本理念)の一部である。空欄(A)〜(C)に当てはまる語句の組み合わせとして正しいものを，あとの①〜⑤から1つ選びなさい。　　　　　　　　　　(難易度■■■□□)

少子化に対処するための施策は，(A)が子育てについての第一義的(B)を有するとの認識の下に，国民の意識の変化，生活様式の多様化等に十分留意しつつ，(C)の形成とあいまって，家庭や子育てに夢を持ち，かつ，次代の社会を担う子どもを安心して生み，育てることができる環境を整備することを旨として講ぜられなければならない。

① A－父母と家族　　　　　　B－権利　　C－持続可能な社会

② A－父母その他の保護者　　B－義務　　C－男女共同参画社会

③ A－父母と家族　　　　　　B－義務　　C－持続可能な社会

④ A－父母その他の保護者　　B－責任　　C－持続可能な社会

⑤ A－父母その他の保護者　　B－責任　　C－男女共同参画社会

専門試験

1 ⑤
【解説】
① 光明皇后ではなく，聖徳太子。四箇院とは敬田院，施薬院，療病院，悲田院の4つの施設で，このうち悲田院が今日の社会福祉施設である。ただし，聖徳太子の悲田院は伝承で，記録上最古は723年，皇太子妃時代の光明皇后が建てたものである。
② 恤救規則は国民の相互扶助が基本で，国による救済の対象は「無告ノ窮民」すなわちどこにも頼るところのない人々に限定されていた。
③ 恤救規則では対応できなくなったため，救護法が制定されたが，働く力のある困窮者は対象とされない制限扶助主義がとられた。
④ 1946(昭和21)年の生活保護法(旧生活保護法)は不十分な点があったため，1950(昭和25)年，現行法が制定された。
⑤ 正しい。しかし，今後は医療も年金も制度改革が必至である。

2 ③
【解説】
ア 社会福祉法は日本の社会福祉事業に共通する基本事項を定めており，他の社会福祉に関する法律にも影響を与えることから，改正，改称した。
イ 誤り。社会福祉法の成立と介護保険法は直接的な関係はない。介護保険法の成立は1997(平成9)年，施行が2000(平成12)年。
ウ 少子高齢社会の進展や核家族化による家族機能の低下など，社会状況の変化に対応するため，社会福祉基礎構造改革が実施された。従来の措置制度から，サービス利用者が契約する制度となったことから，権利擁護制度も設けられた。
エ 社会福祉法第2条に規定されている。
オ 誤り。「赤い羽根」として知られる共同募金を行うのは，都道府県ではなく共同募金会である。規定は社会福祉法第113条第2項，第3項による。

3 ②
【解説】
① 集団援助技術(グループワーク)は直接援助技術。社会福祉援助技術は，直接援助技術，間接援助技術，関連援助技術に分けられる。集団援助技術は，グループでの討議などを通して問題解決を目指す技術。

社会福祉

② 正しい。個別援助技術(ケースワーク)は利用者(クライアント)とケースワーカーが面接を行うことで，利用者が抱えている問題を解決していく技術。

③ 地域援助技術(コミュニティワーク)は間接援助技術。地域援助技術は，地域社会で共通する福祉課題の解決を目指す技術。

④ ケアマネジメントは関連援助技術。ケアマネジメントとは，利用者と多様な社会資源を結びつける技術。

⑤ 社会福祉調査法(ソーシャルワーク・リサーチ)は間接援助技術で，いわゆる社会調査の1つ。

4 ③
解説

ア 社会福祉士及び介護福祉士法を根拠法令とする国家資格で，名称独占資格。なお，名称独占資格とはその資格を有しない者はその名称を使用できないというもので，業務を行うことはできる。業務も禁止されているのは，医師などの業務独占資格。

イ 社会福祉主事は国家資格ではなく，行政の社会福祉の業務を行うための任用資格である。根拠法令は社会福祉法。

ウ 児童福祉司は児童相談所に置かなければならない職員で，国家資格ではないが，社会福祉主事の資格より専門的かつ高度なものと言われている。

エ 社会福祉士及び介護福祉士法を根拠法令とする国家資格で，名称独占資格。

オ 児童福祉法を根拠法令とする国家資格で，名称独占資格。

5 ③
解説

① 個人の尊重と国民の幸福追求権等は，日本国憲法第13条において規定している。

② 日本国憲法第25条では国民の生存権とその保障のための国の努力義務について規定している。第25条は法律用語として「社会福祉」を初めて用いている点で重要である。

③ 正しい。福祉とは，従来は貧困者に対する救済(ウェルフェア)を意味していたが，近年では，個人の権利や自己実現が保障され，身体的，精神的，社会的に良好な状態(ウェルビーイング)が福祉の思想として考え

られている。
④ ナショナルミニマムとは，国家の政策的判断において保障される国民の最低限度の生活のこと。今日の社会福祉の制度や政策は，ナショナルミニマムの保障を基本としている。
⑤ シビルミニマムとは，一人の市民としての生活という視点から捉えた最低限度の生活のこと。

解説

ア 正しい。QOL(生活の質)とは，自己の生活に関する主観的な満足感をいい，患者の自立性の尊重や，慢性疾患および障害との共存等の疾病構造の変化を背景に重要な理念となっている。
イ 正しい。ソーシャルインクルージョンとは，すべての人々を孤立や排除等から援護し，社会の構成員として包み，支えあう理念である。EUやその加盟国では社会的排除に対処する戦略として位置づけられ，日本でも社会的に弱い立場にある人々へのソーシャルインクルージョンの必要性が提言されている。
ウ 誤り。バリアフリーとは，障害者の社会参加推進のため，障害のある人の生活に影響を及ぼす障壁を取り除くこと。すべての人にとって使いやすい製品，環境，情報づくりをめざす考え方はユニバーサルデザイン。
エ 誤り。ノーマライゼーションは，障害等の有無に関係なく，すべての人に普通の生活を保障しようとする考え方。
オ 誤り。ユニバーサルデザインについて記述しているのはウである。

解説

① 日本国憲法では社会福祉の援助の対象者は具体的には規定されていない。歴史的には，障害者等の限定された者から社会福祉ニーズのある国民全体へと社会福祉の援助の対象者は拡大してきている。
② 正しい。日本においては，福祉サービスの利用料は，介護保険のように応能負担から応益負担へと変化する傾向が認められる。
③ 社会福祉の対象は，世界的にも選別主義から普遍主義へと変わってきている。
④ 国や地方公共団体は社会福祉の政策主体として社会福祉政策の形成を

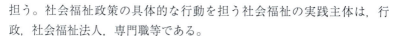

担う。社会福祉政策の具体的な行動を担う社会福祉の実践主体は，行政，社会福祉法人，専門職等である。
⑤　社会福祉の運動主体は地域住民等のことであり，制度の改変や改革を求めて，社会福祉政策主体に対し問題提起や各種提案を行う。

 ④
解説

　イギリスでは，1601年に世界初の救貧法であるエリザベス救貧法が，1834年に改正救貧法が制定された。両者ともに貧困を怠惰の結果として捉えたため，厳しい制限主義であった。1870年代前後から，慈善組織化協会運動，セツルメント活動，貧困調査等が行われ，貧困の原因が，資本主義社会の構造的な問題であることを明らかにした。世界的大恐慌の1920年代には，イギリスは深刻な失業者の増大に陥り，1934年に失業法が制定され，1601年以来の救貧法は実質的に廃止になった。第二次世界大戦中の1942年，ベヴァリッジ報告が公表され，戦後にはその提言を基に社会保険を軸とした世界的に模範となる社会保障体制が確立された。1970年代後半の経済的危機の時代より，福祉見直し論が唱えられ，1980年代の保守党のサッチャー政権下では社会福祉政策は大きく転換した。1990年代にはグリフィス報告を受けて，国民保健サービス及びコミュニティケア法が成立してコミュニティケア改革が行われた。

 ②
解説

ア　石井十次(1865～1914)は，1887年，岡山に日本最初の孤児院を創立し，1910年には宮崎県に孤児院を移転し孤児の労働による自立を指導した。大阪のスラム街にも保育所や夜間学校を開設した。
イ　留岡幸助(1864～1934)は，感化院(現在の児童自立支援施設)教育を実践した日本の社会福祉の先駆者。1899年，東京に非行少年のための感化教育施設を開設した。
ウ　野口幽香(1866～1950)は，1900年に森島美根とともに日本最初の貧民のための保育所二葉幼稚園を創設し，1922年に母子寮を付設した。
エ　石井亮一(1867～1937)は，後の滝乃川学園となる日本最初の知的障害児の教育・福祉施設を創設し，日本の「知的障害児教育・福祉の父」と呼ばれる社会事業家である。

②
解説

　福祉六法とは，現行の生活保護法(1950年)・児童福祉法(1947年)・身体障害者福祉法(1949年)・知的障害者福祉法(1960年に精神薄弱者福祉法として成立。1998年名称変更)・老人福祉法(1963年)・母子及び父子並びに寡婦福祉法(1964年に母子福祉法として成立。2014年名称変更)をいう。

① 該当する。知的障害者福祉法は知的障害者の援助と必要な保護を行うことにより，その福祉の増進を図ることを目的とする法律。
② 該当しない。社会福祉法は1951年制定の社会福祉事業法を前身とし，社会福祉基礎構造改革により2000年に同法が全面改正され法律名が改称された。社会福祉の目的や理念，原則を定め，各種の社会福祉関連法における基本的事項も規定している。
③ 該当する。児童福祉法は児童が心身ともに健やかに生まれると同時に育成されるよう，保育，母子保護，児童虐待防止対策を含むすべての児童の福祉を目的とする法律。
④ 該当する。母子及び父子並びに寡婦福祉法は母子・父子家庭及び寡婦(配偶者と離婚・死別などした女子であって，かつて配偶者のいない女子として民法第877条の規定により児童を扶養していたことのあるもの)の福祉に関する原理を明らかにし，その生活の安定と向上のため必要な援助を目的とする法律。
⑤ 該当する。生活保護法は最低限度の生活を保障し，自立した生活を送るための支援を目的とする。

 ⑤
解説

　社会福祉基礎構造改革とは，2000年に「社会福祉の増進のための社会福祉事業法等の一部を改正する等の法律」として成立した福祉分野の法改正を指す。同法の成立前に，児童福祉法の改正(1997年)による新しい保育所利用手続の導入(行政との契約方式)や介護保険法の成立(1997年)が行われているため⑤は誤り。社会福祉基礎構造改革により，社会福祉事業法は社会福祉法へと改められ，また社会福祉各法における措置制度の多くが利用者による契約制度に変えられ，また利用者保護制度(「地域福祉権利擁護事業」「苦情解決システム」)が整えられ，福祉サービスの質の向上のための規定も改正に盛り込まれた。また社会福祉事業活性化のための社会福祉法人設

立要件の見直しや，都道府県・市町村が主体となり住民参加のもとで地域福祉計画を作成することを明文化し，地域福祉の推進を企図した。

 ②

解説

① 1993(平成5)年4月に老人及び身体障害者福祉分野で，2003年(平成15年)4月には知的障害者福祉分野で，それぞれ施設入所措置事務等が都道府県から市町村へ移譲されたため，都道府県福祉事務所は従来の福祉六法から福祉三法(生活保護法，児童福祉法，母子及び父子並びに寡婦福祉法)を所管することになった。

② 適切である。都道府県及び市(特別区を含む)は設置が義務付けられ，町村は任意で設置することが可能。

③ 福祉事務所には社会福祉士の配置が義務ではなく，社会福祉法第15条において指導監督を行う所員と現業を行う所員は，社会福祉主事でなければならない，と規定されている。

④ 福祉事務所の現業を行う所員は，所の長の指揮監督を受けて，援護，育成又は更生の措置を要する者等の家庭を訪問し，又は訪問しないで，これらの者に面接し，本人の資産，環境等を調査し，保護その他の措置の必要性の有無及びその種類を判断し，本人に対し生活指導を行う等の事務を司る。

⑤ 指導監督を行う所員及び現業を行う所員は，職務の遂行に支障がない場合に，他の社会福祉又は保健医療に関する事務を行うことを妨げない。

⑬ ④

解説

ア 正しい。第1種社会福祉事業とは，利用者への影響が大きいために，経営安定を通じた利用者の保護の必要性が高い事業(主として入所施設サービス)とされる。経営主体は行政及び社会福祉法人が原則。

イ 誤り。第2種社会福祉事業とは，比較的利用者への影響が小さいために，公的規制の必要性が低い事業(主として在宅サービス)とされる。経営主体に制限はなく，すべての主体が届出をすることにより事業経営が可能。

ウ 誤り。行政および社会福祉法人が施設を設置して第1種社会福祉事業を経営しようとする時は，都道府県知事等への届出が必要になる。その他

の者が第1種社会福祉事業を経営しようとする時には都道府県知事等の許可が必要。
- エ　正しい。老人居宅介護等事業(ホームヘルプサービス)，老人福祉センター，身体障害者福祉センター等は第2種社会福祉事業とされる。
- オ　誤り。共同募金は，社会福祉法第113条にて第1種社会福祉事業と規定されている。

14 ④
解説

Aには「人間性と専門性」，Bには「保護者」，Cには「やさしい社会」が当てはまる。保育士の倫理については「保育所保育指針」(平成29年3月告示)において，保育士は倫理観に裏付けられた専門的知識，技術及び判断をもって，子どもを保育する，と明記されていることから，高い専門性と人間性が求められ，子どもの育ちや子育てに対する社会的支援の担い手として，保育士の責務は重要になっている。2003(平成15)年に全国保育士会によって発表された「全国保育士会倫理綱領」は保育士の倫理についての行動規範であり，子どもの最善の利益の尊重，利用者の代弁，地域の子育て支援，チームワークと自己評価等が記されている。

15 ⑤
解説

① 正しい。保育士は以前は保母や保父の名称であったが，1999(平成11)年4月の児童福祉法施行令の改正により「保育士」という名称に変更された。
② 正しい。婦人相談員は，売春防止法第35条により，社会的信望があって熱意と識見を持っている者から都道府県知事又は市長が委嘱し，要保護女子等の発見・相談・指導等を行う。
③ 正しい。介護福祉士は，社会福祉士及び介護福祉士法に基づく名称独占の国家資格。
④ 正しい。介護支援専門員は，ケアマネジャー(略称「ケアマネ」)とも呼ばれ，介護保険法に規定された専門職で，居宅介護支援事業所や介護保険施設に必置とされ，介護サービス計画(ケアプラン)の立案を担う。
⑤ 誤り。児童福祉司は，児童福祉法に規定されている児童相談所に任用され，児童の福祉に関する事務を担当する者である。

16 ⑤

解説

① 適切。ホリス(1907～87)は「状況の中の人」という視点から心理社会的アプローチを提唱した。
② 適切。ハミルトン(1892～1967)はアメリカの社会福祉研究者であり、『ケースワークの理論と実際』を著した。診断主義による個別援助技術の理論を体系化し、その確立と発展に大きく貢献した。
③ 適切。リッチモンド(1861～1928)は、ケースワークという言葉を用い、個別援助技術の過程を、情報の収集・調査、社会診断、社会治療の3つに分け、個別援助技術を専門的・科学的なものへと発展させた。「ケースワークの母」と称される。
④ 適切。パールマン(1905～2004)は問題解決アプローチの提唱者として知られる。4つのPである、Person(利用者)・Problem(問題)・Place(施設・機関)・Process(過程)を提唱し、問題(Problem)を抱えた利用者(Person)に対し面接や指導を行う施設・機関(Place)が必要とし、ワーカーとクライエントが問題解決の過程(Process)を展開するとした。
⑤ 適切ではない。4つのPはパールマンの学説。アダムス(1860～1935)はアメリカのソーシャルワークの先駆者。世界最大規模のセツルメントハウスとなったハルハウスをシカゴに設立した。1931年、ノーベル平和賞を受賞する。

17 ⑤

解説

① 利用者と支援者とが面接を通じて利用者の立場から環境を調整し、また社会福祉諸サービスの提供により利用者自身の対処能力を支援することで課題の解決を図ることは個別援助技術である。
② 集団援助技術は、主に小集団を対象として行う。利用者と支援者とが参加する小さなグループ活動の展開を通じて、対象となる人々の課題解決を支援することが特徴。
③ 集団援助技術では、メンバーの相互作用、プログラム、社会資源が援助の媒体となり、個々のメンバーの成長と社会的な目標の達成に貢献する。
④ 地域の診断や組織化、福祉資源の開発、連絡調整等は住民の地域福祉活動を援助するコミュニティ・ワーク(地域援助技術)である。
⑤ 適切。集団援助技術とは、グループ内活動を通じ、集団の持つ諸特性

専門試験

を活用することで，グループ構成員の変容や成長を図る。

⑱ ④

解説

① 　適切。ソーシャルアクション(社会活動法)は，世論の喚起，行政対応の促進や立法を目的に，制度の改善や新たな制度・サービスの拡充を行政や議会に働きかけ，社会福祉を推進する組織的活動。

② 　適切。ソーシャルアドミニストレーション(社会福祉運営管理)は社会福祉サービスを合理的・効率的に展開する方法。

③ 　適切。ソーシャルワーク・リサーチ(社会福祉調査)は社会調査により福祉の実態と問題点を明らかにし，利用者への問題の把握とニーズの発見，援助の評価，援助者への提案を行う。

④ 　適切ではない。ケアマネジメントは，関連援助技術とされ，最適な社会福祉サービスを効果的・迅速に提供することを目的とした援助技術。

⑤ 　適切。ソーシャルプランニング(社会福祉計画法)は地域社会のノーマライゼーションを目指し社会福祉を増進するための目標や方法等を設定する。

⑲ ③

解説

① 　合計特殊出生率とは，人口動態統計による15歳から49歳までの女性の年齢別出産率の合計であり，一人の女性が生涯に生む平均の子どもの数に相当する。この値が人口の置換水準(2.08)を下回ると人口の減少が始まる。日本の2022年の合計特殊出生率は，史上最低を記録した2005年と同じ1.26で過去最低であった。2023年は1.20となり，統計をとり始めて以来最も低くなっている。

② 　国際連合の基準では，高齢者(65歳以上)人口が7％を超えた社会を「高齢化社会」，14％を超えた社会を「高齢社会」と規定している。

③ 　適切。20〜30代の未婚率は1975年から上昇傾向であり，晩婚化が出生数減少の一因として指摘されている。

④ 　働く女性にとっては，仕事と子育てを両立できる環境が十分整っていなかったため晩婚化や晩産化につながり，出生率の動向に影響を与えたとされる。出産・育児と仕事の両立が大きな課題である。

⑤ 　夫婦が希望する子どもの数よりも実際の子どもが少ない理由としては，

子育ての費用や教育費の問題が最も多く，そのほかには育児の心理的負担や子どもの育つ社会環境の問題があるとされている。

 ⑤

解説

Aには「父母その他の保護者」，Bには「責任」，Cには「男女共同参画社会」が当てはまる。2003年7月に「少子化社会対策基本法」及び「次世代育成支援対策推進法」が制定され，保育関係事業のみならず，若者の自立や働き方の見直し，地域の子育て支援を含めた総合的な取組を進める枠組みが作られた。2004年6月には，少子化社会対策基本法に基づき少子化に対処するために政府が講じるべき指針として「少子化社会対策大綱」が閣議決定され，2004年12月には，大綱の具体的な実施計画として，少子化社会対策会議において，新エンゼルプランに代わる「子ども・子育て応援プラン」を作成し，「若者の自立とたくましい子どもの育ち」「仕事と家庭の両立支援と働き方の見直し」「生命の大切さ，家庭の役割等についての理解」「子育ての新たな支え合いと連帯」の4つの重点課題について取組が進められた。さらに，2007年12月には「子どもと家族を応援する日本」重点戦略が取りまとめられるとともに，「仕事と生活の調和(ワーク・ライフ・バランス)憲章」及び「仕事と生活の調和推進のための行動指針」が，仕事と生活の調和推進官民トップ会議で決定された。2010年1月には「子ども・子育てビジョン」が閣議決定された。2012年は，子ども・子育て関連3法と呼ばれる「子ども・子育て支援法」，「認定こども園法の一部改正」，「子ども・子育て支援法及び認定こども園法の一部改正法の施行に伴う関係法律の整備等に関する法律」が成立し，これらに基づく制度を「子ども・子育て支援制度」という。2013年は，「待機児童解消加速化プラン」を策定し，2017年度末までに50万人分の保育の受け皿を確保した。2015年には，「子ども・子育て新制度」が施行され，幼児教育・保育・地域の子ども・子育て支援を総合的に推進することを目的としている。2016年，「ニッポン一億総活躍プラン」が閣議決定され，少子高齢化の問題に対して，日本経済が更なる好循環を形成するために，三本の矢の経済政策を一層強化するとともに，広い意味での経済政策として，子育て支援や社会保障の基盤を強化し，新たな経済社会システムづくりに挑戦するとした。2019年，「幼児教育・保育の無償化」が始まり，3～5歳までの幼稚園，保育所，認定こども園などを利用する子供たちの利用料が無償化された。なお，0～2歳の住民税非課税

世帯の子供たちも対象とされている。2020年は，第４次少子化社会対策大綱が作成され，「希望出生率1.8」の実現に向け，結婚・子育て世代が将来にわたる展望を描ける環境をつくることや，多様化する子育て家庭の様々なニーズに応えることなどが基本的な考え方である。

第3章

専門試験
子ども家庭福祉

■■ 専門試験

≡ POINT ≡

1. 現代社会における子ども家庭福祉の意義
▮▶ 子ども家庭福祉の理念と概念

　子ども家庭福祉は，社会福祉分野の中でもとくに「子ども」と「家庭」を対象とした福祉を意味している。今日のわが国の子ども家庭福祉は，**ウェルビーイング**という社会福祉の基本理念のもと，**基本的人権の尊重**，**ノーマライゼーション**，**子どもの最善の利益**など，子どもと家庭を取り巻く各種の理念や概念を踏まえた取り組みを目指している。

▮▶ 現代社会と子ども家庭福祉
〈1.57ショック〉

　1989年に，合計特殊出生率が直近の丙午の年(1966年)の1.58を下回り1.57を記録した際にマスコミ等が中心となって用いた言葉である。その後，合計特殊出生率は下がり続け，2005年には最低の1.26を記録した。2020年は1.34，2021年は1.30，2022年は1.26と低水準の状態が続いていたが，2023年には過去最低の1.20となった。

〈少子化の原因〉

　少子化の原因としては，女性の高学歴化と社会進出による晩婚化，結婚をしない人の増加(非婚化)，夫婦が子どもを産まない選択をするようになったこと(夫婦の出生率の低下)などがある。いずれも，子どもが欲しくても産むことのできない環境の要因が影響しており，単に制度や政策による取り組みだけでなく，民間レベルの取り組みや従来の子育て観の変容など，少子化の原因をめぐる問題には社会全体の取り組みが求められている。

〈家族の規模の縮小〉

　地域社会のつながりが希薄化する中，**核家族化やひとり親世帯**では，かつての三世代家庭のように，子育て経験のある相談相手が身近にいないために，保護者の育児への不安が高い状況を作り出している。

子ども家庭福祉

2. 子どもの人権擁護
▶ 子どもの人権擁護にかかわる制度
〈第三者評価制度〉

　社会福祉法では，福祉事業者が自らのサービスを自己評価することや，提供するサービスの質を当事者(事業者及び利用者)以外の公正・中立な第三者機関が専門的かつ客観的な立場から評価する**第三者評価**を受けることの努力義務を定めている。

〈子どもの権利ノート〉

　児童養護施設などに入所する子どもが自身に認められている権利を知り，施設生活の中で自分の権利を主張できることが当たり前であることを理解してもらうために活用されるものとして，「**子どもの権利ノート**」がある。

3. 子ども家庭福祉の制度と実施体系
▶ 子ども家庭福祉の制度と法体系
〈児童福祉六法〉

　子ども家庭福祉の主要関連法規である

- ・児童福祉法
- ・児童手当法
- ・児童扶養手当法
- ・特別児童扶養手当法
- ・母子及び父子並びに寡婦福祉法
- ・母子保健法

の6つを総称して「**児童福祉六法**」と呼ぶ。児童福祉六法については，それぞれ詳しく学習しておきたい。

〈子ども家庭福祉に関連するその他の法律〉

　子ども家庭福祉に関係する法律としては，児童福祉六法の他に，「障害者基本法」「児童買春，児童ポルノに係る行為等の規制及び処罰並びに児童の保護に関する法律」「児童虐待の防止等に関する法律(児童虐待防止法)」「配偶者からの暴力の防止及び被害者の保護等に関する法律(DV防止法)」「発達障害者支援法」「障害者の日常生活及び社会生活を総合的に支援するための法律(障害者総合支援法)」「障害を理由とする差別の解消の推進に関する法律

■ 専門試験

(障害者差別解消法)」などがある。それぞれの法律と子ども家庭福祉の関連について，十分に学習しておきたい。

▶▶ 子ども家庭福祉の実施体系

〈子ども家庭福祉の行政〉

　子ども家庭福祉の行政は，こども家庭庁，都道府県・指定都市，市町村の3つのレベルで実施されている。

　こども家庭庁は，「こどもまんなか」社会を実現することを目標に掲げている。長官官房，成育局，支援局から構成される。長官官房は，こども政策全体の司令塔として，予算編成や政策の立案，広報活動など庁全体の代表窓口的な役割を果たしている。成育局は，保育所や認定こども園などの教育・保育給付の充実等，全てのこどもが健やかで安全・安心に成長できる環境の実現を目指している。支援局は，児童虐待防止対策，社会的養護，こどもの貧困の解消に向けた支援や障害児支援など，様々な困難を抱えるこどもや家庭に包括的な支援を行う。また，都道府県・指定都市は各地方の広域的にわたる行政施策に関する機能を，市町村は地域住民に密着した行政施策を担っている。

〈子ども家庭福祉の実施機関〉

　子ども家庭福祉の実施機関としては「児童相談所」「福祉事務所」「保健所・保健センター」「児童福祉審議会」などがある。それぞれ詳しく学習しておきたい。

▶▶ 児童福祉施設

　児童福祉施設については，児童福祉法第7条に，「この法律で，児童福祉施設とは，助産施設，乳児院，母子生活支援施設，保育所，幼保連携型認定こども園，児童厚生施設，児童養護施設，障害児入所施設，児童発達支援センター，児童心理治療施設，児童自立支援施設及び児童家庭支援センター及び里親支援センターとする」と規定されている。これら施設については，「児童福祉施設の設備及び運営に関する基準」なども参照して，その機能や役割，設置基準について十分に理解しておきたい。

子ども家庭福祉

4. 子ども家庭福祉の現状と課題

▶ 少子化と地域子育て支援

　少子化対策は，核家族化や共働き夫婦の一般化，地域社会の子育て機能の低下等の問題への対応とともに，従来から次のような施策による取り組みが行われている。それぞれについて確認をしておきたい。

- ・エンゼルプラン(1994年)
- ・新エンゼルプラン(1999年)
- ・少子化対策プラスワン(2002年)
- ・少子化社会対策基本法(2003年)
- ・次世代育成支援対策推進法(2003年)
- ・子ども・子育て応援プラン(2004年)
- ・子ども・子育てビジョン(2010年)
- ・子ども・子育て関連3法(2012年)
- ・少子化社会対策大綱～結婚，妊娠，子供・子育てに温かい社会の実現を
  めざして～閣議決定(2015年)
- ・ニッポン一億人総活躍プラン(2016年)
- ・子育て安心プラン(2017年)
- ・新子育て安心プラン(2020年)

▶ 母子保健と児童の健全育成

〈母子保健〉

　母子保健は，「母性並びに乳幼児に対する保健指導，健康診査，医療その他の措置を講じ，母子の保健の向上を目指すもの」であり，市町村の保健センターなどがサービスを提供している。母子に関する健康診査，保健指導，療養援護等，医療対策や母子保健関連施策の動向について，それぞれ学習しておきたい。

〈児童の健全育成〉

　児童の健全育成のための施設として児童厚生施設(児童館，児童遊園)が，健全育成にかかる取り組みとして放課後児童健全育成事業(放課後児童クラブ)がある。また，文部科学省と厚生労働省では，新・放課後子ども総合プランを策定し，放課後児童クラブと放課後子供教室の一体的な実施等を推進している。

専門試験

▶️ 児童虐待・DV(ドメスティック・バイオレンス)とその防止

〈児童虐待の動向と種類〉

児童虐待は増加の一途をたどっている。児童虐待をめぐる動向としては,2000年に「児童虐待の防止等に関する法律(児童虐待防止法)」が成立し,児童相談所を中心に虐待への対応の強化が図られている。

児童虐待の分類については,児童虐待防止法第2条に次のように定められている。

身体的虐待	児童の身体に外傷が生じ,又は生じるおそれのある暴行を加えること。
性的虐待	児童にわいせつな行為をすること又は児童をしてわいせつな行為をさせること。
ネグレクト	児童の心身の正常な発達を妨げるような著しい減食又は長時間の放置,保護者以外の同居人による前二号又は次号に掲げる行為と同様の行為の放置その他の保護者としての監護を著しく怠ること。
心理的虐待	児童に対する著しい暴言又は著しく拒絶的な対応,児童が同居する家庭における配偶者に対する暴力,その他の児童に著しい心理的外傷を与える言動を行うこと。

〈ドメスティック・バイオレンス(DV)の動向〉

ドメスティック・バイオレンス(DV)とは「配偶者など親密な関係にある者から振るわれる暴力」のことで,DVの被害は近年高水準で推移している。

〈DVの形態と対応〉

DVの形態について内閣府は,①身体的暴力,②精神的暴力,③性的暴力の3つの形態を示している。近年ではこのほかにも④経済的暴力,⑤社会的暴力(社会的隔離)などの形態がある。

DVの被害にあっている場合,恐怖や不安のため自ら相談できなくなることが少なくない。保育所等においてDVの被害を確認した場合は,福祉事務所,配偶者暴力相談支援センター,警察など関連機関との連携をとり対応することが大切である。

子ども家庭福祉

▶ 少年非行等への対応

〈少年法による少年の定義〉

　少年法では「少年」を満20歳未満としている(令和4年度から成年年齢が18歳に引き下げられた後も，18，19歳の者は少年の定義に含まれるが「特定少年」の扱いとなり，検察官送致(送検)後の対応が原則20歳以上の者と同様になるなど，17歳以下の者とは異なる取り扱いがなされる)。

〈非行少年の種類〉

- ・犯罪少年：罪を犯した14歳以上20歳未満の少年
- ・触法少年：犯罪に触れる行為をした満14歳未満の少年
- ・虞犯少年：その性格又は環境に照らして，将来，罪を犯し，または刑罰法令に触れる行為をする恐れのある少年

〈家庭裁判所の対応〉

　少年の非行に対して家庭裁判所では以下のような判断が行われる。

審判による決定事項	内容
保護処分	・保護観察所による保護観察 ・児童自立支援施設・児童養護施設への送致 ・少年院への送致
児童相談所送致	・「児童福祉法」に基づく支援が相当と判断された場合
試験観察	・処分の決定のために家庭裁判所調査官が適当な期間観察すること
不処分	・保護処分が必要ないと認められた場合

▶ 貧困家庭，外国籍の子どもとその家庭への対応

〈貧困家庭への対応〉

　厚生労働省の調査によると，2021年のわが国の子どもの貧困率は11.5％，さらにひとり親家庭の貧困率は44.5％と子どもの貧困が問題となっている。なお，2014年には，「子どもの貧困対策の推進に関する法律」が施行されている。

〈外国籍の子どもへの対応〉

　グローバル化が進む今日のわが国では，あらゆる地域で外国人の姿が見ら

専門試験

れるようになった。こうした中で，保育士にも外国籍の子どもや保護者と身近にかかわる機会が増え，とくに，日本語を母語としない子ども・保護者との意思疎通の問題や，文化や教育方法の違いなどに対応する力が求められている。

地域における連携・協働とネットワーク

〈要保護児童対策地域協議会〉

2004年の児童福祉法改正により法定化された，要保護児童の適切な保護を図るために，関係機関等により構成される協議会。

〈次世代育成支援対策地域協議会〉

2003年に制定された次世代育成支援対策推進法に基づき，地方公共団体等が「次世代育成支援対策の推進に関し必要な措置についての協議会を組織する」ものである。2015年までの時限立法であったが，2025年3月まで延長されることになった。

子ども家庭福祉

Q 演習問題

1 児童福祉施設の中で措置施設でないものを，次の①～⑤から1つ選びなさい。　　　　　　　　　　　　　　　　　　　　　（難易度■■■□□）
① 児童自立支援施設　　② 児童養護施設　　③ 乳児院
④ 児童心理治療施設　　⑤ 児童家庭支援センター

2 次の文は，「児童虐待の防止等に関する法律」の第1条である。（　ア　）～（　オ　）に当てはまる語句の組み合わせを，あとの①～⑤から1つ選びなさい。　　　　　　　　　　　　　　　　　　　　（難易度■■□□□）

　この法律は，児童虐待が児童の（　ア　）を著しく侵害し，その心身の成長及び（　イ　）に重大な影響を与えるとともに，我が国における将来の世代の育成にも懸念を及ぼすことにかんがみ，児童に対する虐待の禁止，児童虐待の予防及び（　ウ　）その他の児童虐待の防止に関する国及び地方公共団体の責務，児童虐待を受けた児童の保護及び（　エ　）のための措置等を定めることにより，児童虐待の防止等に関する施策を促進し，もって児童の権利利益の（　オ　）に資することを目的とする。

	ア	イ	ウ	エ	オ
①	人権	発達	通告	自立の支援	監護
②	身体	人格の形成	早期発見	保護者	擁護
③	人権	人格の形成	通告	自立の支援	監護
④	身体	発達	早期発見	保護者	擁護
⑤	人権	人格の形成	早期発見	自立の支援	擁護

3 次は「児童虐待の防止等に関する法律」の「第5条　児童虐待の早期発見等」に関する条文である。（　A　）～（　D　）に当てはまる語句を語群から選ぶとき，正しい組み合わせを，あとの①～⑤から1つ選びなさい。　　　　　　　　　　　　　　　　　　　　　　　　　（難易度■■□□□）

　（　A　），児童福祉施設，病院，都道府県警察，女性相談支援センター，教育委員会，配偶者暴力相談支援センターその他児童の（　B　）に業務上関係のある団体及び学校の教職員，児童福祉施設の職員，医師，歯科医師，（　C　），助産師，看護師，弁護士，警察官，女性相談支援員その他児童の福祉に職務上関係のある者は，児童虐待を発見しやすい立場にあることを自覚し，児童虐待の（　D　）に努めなければならない。

93

専門試験

〔語群〕

ア　保育所　　　　イ　地域　　　ウ　学校

エ　福祉　　　　　オ　保育　　　カ　教育

キ　保育士　　　　ク　保健師　　ケ　民生委員・児童委員

コ　学校の教職員　サ　防止　　　シ　早期発見

ス　通告

① A－ウ　　B－エ　　C－ク　　D－シ

② A－ウ　　B－カ　　C－キ　　D－サ

③ A－イ　　B－オ　　C－ケ　　D－ス

④ A－イ　　B－エ　　C－コ　　D－シ

⑤ A－ア　　B－オ　　C－キ　　D－サ

4 児童生活支援員の説明について適切なものを，次の①〜⑤から1つ選びなさい。　　　　　　　　　　　　　　　　　　（難易度■■■□□）

① 福祉事務所内にある家庭児童相談室において，問題を抱える親に助言や指導を行う。

② 母子家庭や寡婦の福祉に関して実情を把握し，自立に必要な相談や指導を行う。

③ 児童自立支援施設で不良行為等により生活指導を必要とする児童に支援を実施する。

④ 児童相談所で心理検査や面接を行い問題を明らかにし，助言・指導を実施する。

⑤ 児童の福祉に関する相談に応じ，専門的技術に基づいて必要な指導を行う。

5 次は「児童憲章」の一部である。空欄（　A　）〜（　C　）に当てはまる語句を語群から選ぶとき，正しい組み合わせを，あとの①〜⑤から1つ選びなさい。　　　　　　　　　　　　　　　　　　（難易度■■□□□）

　われらは，（　A　）の精神にしたがい，児童に対する正しい観念を確立し，すべての児童の幸福をはかるために，この憲章を定める。

　児童は，（　B　）として尊ばれる。

　児童は，社会の一員として重んぜられる。

　児童は，よい（　C　）の中で育てられる。

94

子ども家庭福祉

〔語群〕

ア　家庭　　　　イ　人　　　　ウ　児童福祉法

エ　環境　　　　オ　国民　　　カ　児童の権利に関する条約

キ　地域社会　　ク　子ども　　ケ　日本国憲法

① Ａ－ウ　　Ｂ－ク　　Ｃ－キ

② Ａ－カ　　Ｂ－イ　　Ｃ－ア

③ Ａ－ケ　　Ｂ－オ　　Ｃ－ア

④ Ａ－ウ　　Ｂ－オ　　Ｃ－エ

⑤ Ａ－ケ　　Ｂ－イ　　Ｃ－エ

6 次の法律を年代の古い順に左から並べたものとして正しい組み合わせを，あとの①～⑤から1つ選びなさい。　　　　　　（難易度■■■■■）

ア　児童手当法　　イ　児童福祉法　　ウ　児童扶養手当法

エ　母子保健法　　オ　特別児童扶養手当等の支給に関する法律

　① アーウーエーオーイ

　② アーエーウーイーオ

　③ イーオーウーアーエ

　④ イーウーオーエーア

　⑤ イーウーアーエーオ

7 子どもの権利を定めた条約や法律について適切でないものを，次の①～⑤から1つ選びなさい。　　　　　　（難易度■■■■□）

① 児童憲章は，すべての児童の幸福が図られるよう，1951年5月5日に制定されたものである。

② 児童憲章の前文には，児童が「人として尊ばれる」「社会の一員として重んぜられる」「よい環境の中で育てられる」ことが述べられている。

③ 「児童の権利に関する条約(子どもの権利条約)」は，1989年に国際連合総会で採択された，子どもの人権に関する世界で最初の国際的な条約である。

④ 「児童の権利に関する条約(子どもの権利条約)」では，15歳未満を「児童(子ども)」と定義している。

⑤ 「児童の権利に関する条約(子どもの権利条約)」全体では，「生きる権利」「守られる権利」「育つ権利」「参加する権利」が守られることが述べられている。

■ 専門試験

8 「児童の権利に関する条約」について，条約の内容として適切でないもの
を，次の①〜⑤から1つ選びなさい。　　　　　（難易度■■■□□）
　① 18歳未満の人を子どもとする。
　② 全ての子どもは人種，皮膚の色，性，言語，宗教，出身，財産，心身
　　の障害などによって差別されない。
　③ 国は，18歳未満の子どもを戦争に参加させてはならない。
　④ 子どもが身体的にも精神的にも，いかなる暴力や虐待を受けないよう，
　　国が対策をとらなければならない。
　⑤ 子どもは無理矢理働かされたり，そのために教育を受けられない仕事
　　や健康を害する仕事をさせられたりしない。

9 子どもの権利の擁護者として「児童の権利に関する条約」の成立に影響
を与えた人物を，次の①〜⑤から1つ選びなさい。　　（難易度■■■□□）
　① 石井十次
　② ヤヌシュ・コルチャック
　③ 留岡幸助
　④ トーマス・ジョン・バーナード
　⑤ エレン・ケイ

10 次の記述に該当する児童福祉の実施機関を，あとの①〜⑤から1つ選び
なさい。　　　　　　　　　　　　　　　　　　　（難易度■■■□□）
　　児童及び妊産婦の福祉に関し，家庭その他からの相談に応じ，必要な調
　査及び指導を行うこと並びにこれらに付随する業務を行う。
　　① 保健所　　② 都道府県　　③ 児童相談所　　④ 市町村
　　⑤ 児童福祉審議会

11 次の文は，児童相談所に関わる「児童福祉法」第12条の記述である。
（　　）にあてはまる語句として正しいものを，あとの①〜⑤から1つ選びな
さい。　　　　　　　　　　　　　　　　　　　　（難易度■■□□□）
　　（　　）は，児童相談所を設置しなければならない。
　　① 市町村　　② 市町村長　　③ 都道府県　　④ 都道府県知事
　　⑤ 保健所

子ども家庭福祉

12 「児童福祉法」に規定されている保育士の業務として適切なものを，次の①〜⑤から1つ選びなさい。　　　　　　　　　　(難易度■■■□□)

① 保育士は，児童の健康相談に応じ又は健康診査を行い，必要に応じ保健指導を行う。

② 保育士は，その担当区域内における児童に関し，その担当区域を管轄する児童相談所長又は市町村長にその状況を通知し，意見を述べる。

③ 保育士は，児童及び妊産婦の福祉の増進を図るための活動を行う。

④ 保育士は，児童の保護その他児童の福祉に関する事項について，相談に応じる。

⑤ 保育士は，児童の保育及び児童の保護者に対する保育に関する指導を行う。

13 次の文は，専門職者に関する「児童福祉法」第13条第4項の記述である。(　　)にあてはまる語句として正しいものを，あとの①〜⑤から1つ選びなさい。　　　　　　　　　　(難易度■■■□□)

(　　)は，児童相談所長の命を受けて，児童の保護その他児童の福祉に関する事項について，相談に応じ，専門的技術に基づいて必要な指導を行う等児童の福祉増進に努める。

① 民生委員　　② 児童委員　　③ 保育士　　④ 社会福祉士

⑤ 児童福祉司

14 次の児童福祉の事業の名称として適切なものを，あとの①〜⑤から1つ選びなさい。　　　　　　　　　　(難易度■■■□□)

保護者の疾病その他の理由により家庭において養育を受けることが一時的に困難となつた児童について，内閣府令で定めるところにより，児童養護施設その他の内閣府令で定める施設に入所させ，又は里親その他の内閣府令で定める者に委託し，当該児童につき必要な保護を行う事業。

① 地域子育て支援拠点事業

② 乳児家庭全戸訪問事業

③ 放課後児童健全育成事業

④ 児童自立生活援助事業

⑤ 子育て短期支援事業

専門試験

⓯ 2019(令和元)年6月に改正された児童福祉法の「児童相談所の体制強化及び関係機関間の連携強化等」に当てはまらないものを，次の①〜⑤から1つ選びなさい。　(難易度■■■■□)

①　都道府県は，児童相談所が措置決定その他の法律関連業務について，常時弁護士による助言・指導の下で適切かつ円滑に行うため，弁護士の配置又はこれに準ずる措置を行うものとするとともに，児童相談所に医師及び保健師を配置する。

②　児童福祉司の数は，人口，児童虐待相談対応件数等を総合的に勘案して政令で定める基準を標準として都道府県が定めるものとする。

③　児童虐待を行った保護者について指導措置を行う場合は，児童虐待の再発を防止するため，医学的又は心理学的知見に基づく指導を行うよう努めるものとする。

④　児童福祉司及びスーパーバイザーの任用要件の見直し，児童心理司の配置基準の法定化により，職員の資質の向上を図る。

⑤　都道府県は，児童相談所の行う業務の質の評価を行うことにより，その業務の質の向上に努めるものとする。

⓰ 児童福祉施設の設備及び運営に関する基準において，保育士の設置が義務づけられていない施設を，次の①〜⑤から1つ選びなさい。

(難易度■■■□□)

①　障害児入所施設
②　児童養護施設
③　児童発達支援センター
④　児童心理治療施設
⑤　児童厚生施設

⓱ 児童福祉に関して市町村の事務とされていないものを，次の①〜⑤から1つ選びなさい。　(難易度■■■□□)

①　保育の実施
②　要保護児童発見者からの通告受理
③　障害児福祉手当の支給
④　補装具の交付
⑤　保育士試験の実施及び保育士の登録

子ども家庭福祉

⑱ 「児童の権利に関する条約」に関する記述として適切なものを，次の①〜
⑤から1つ選びなさい。　　　　　　　　　　　　　　(難易度■■■□□)

① 1959年11月に国連で採択された。

② 国際的機関が採択した最初の児童権利宣言である。

③ 日本は1994年(平成6年)に批准した。

④ 親は，子に与える教育の種類を選択する優先的権利を有することが規
定された。

⑤ 前文で「児童は，人として尊ばれる」「児童は，社会の一員として重
んぜられる」「児童は，よい環境の中で育てられる」と示している。

⑲ 次の説明の(　　)にあてはまる名称として正しいものを，あとの①〜⑤
から1つ選びなさい。　　　　　　　　　　　　　　(難易度■■■□□)

待機児童の解消を目指し，女性の就業率の上昇を踏まえた保育の受け皿
整備，幼稚園やベビーシッターを含めた地域の子育て資源の活用を進める
ため，(　　)が取りまとめられた。

(　　)では，4年間で約14万人の保育の受け皿を整備するほか，「地域の
特性に応じた支援」「魅力向上を通じた保育士の確保」「地域のあらゆる子
育て資源の活用」を柱として，各種取組を推進している。

① 次世代育成支援対策推進法

② 新子育て安心プラン

③ 少子化社会対策基本法

④ 新エンゼルプラン

⑤ 緊急保育対策等5か年事業

⑳ 次の文は，児童福祉施設の設備及び運営に関する基準に定められる，認
可保育所に関する児童福祉施設最低基準についての記述である。
(　A　)〜(　D　)にあてはまる数字として正しいものを，あとの①〜⑤
から1つ選びなさい。　　　　　　　　　　　　　　(難易度■■■□□)

保育士の数は，乳児おおむね(　A　)人につき1人以上，満1歳以上満
(　B　)歳に満たない幼児おおむね6人につき1人以上，満3歳以上満4歳に満
たない幼児おおむね(　C　)人につき1人以上，満4歳以上の幼児おおむね(
D　)人につき1人以上とする。ただし，保育所1につき2人を下ることはで
きない。

99

専門試験

① A-2　　B-2　　C-10　　D-20

② A-2　　B-3　　C-10　　D-25

③ A-3　　B-3　　C-15　　D-25

④ A-3　　B-2　　C-15　　D-20

⑤ A-3　　B-3　　C-30　　D-25

21 近年のわが国における少子化の要因として考えにくいものを，次の①～⑤から1つ選びなさい。　　　　　　　　　　　　（難易度■□□□□）

① 婚姻年齢の上昇

② 夫婦の出生力の低下

③ 子育てや教育への経済的負担

④ 非婚傾向の増加

⑤ 労働時間の減少

22 児童の年齢の定義とその根拠法令の組み合わせについて適切でないものを，次の①～⑤から1つ選びなさい。　　　　　　　（難易度■■■□□）

① 18歳未満――母子及び父子並びに寡婦福祉法

② 満15歳に達した日以後の最初の3月31日が終了するまで――労働基準法

③ 18歳に達する日以後の最初の3月31日までの間にある者―児童手当法

④ 満18歳に満たない者――児童福祉法

⑤ 6歳以上13歳未満の者――道路交通法

23 児童生活支援員の任用資格として適切なものを，次の①～⑤から1つ選びなさい。　　　　　　　　　　　　　　　　　　（難易度■■■□□）

① 保育士の資格を有する者

② 都道府県知事の指定する児童福祉施設の職員を養成する学校その他の養成施設を卒業した者

③ 学校教育法の規定による大学において，社会福祉学，心理学，教育学若しくは社会学を専修する学科又はこれらに相当する課程を修めて卒業した者

④ 3年以上児童福祉事業に従事した者であって，都道府県知事が適当と認めた者

⑤ 医師であって，精神保健に関して学識経験を有する者

子ども家庭福祉

㉔「子供の貧困対策に関する大綱」が令和元年11月29日に閣議決定された。その中に示されている基本的な方針として誤っているものを，次の①〜⑤から1つ選びなさい。　　　　　　　　　　　（難易度■■■■□）

① 貧困の連鎖を断ち切り，全ての子供が夢や希望を持てる社会を目指す。

② 親の妊娠・出産期から子供の社会的自立までの切れ目のない支援体制を構築する。

③ 支援が届いていない，又は届きにくい子供・家庭に配慮して対策を推進する。

④ 経済的な支援では，世帯の経済的自立につながる保護者の就労支援を中心に位置付け，金銭等の給付は行わないこととする。

⑤ 地方公共団体による取組の充実を図る。

解答・解説

1 ⑤
解説
① 児童自立支援施設は，不良行為等の理由により生活指導を要する児童に必要な指導を行って自立を支援する。都道府県知事の委任を受けた児童相談所長が入所及び通所措置を行う。
② 児童養護施設は，主に行政から委託された社会福祉法人が運営している公的な措置施設である。
③ 乳児院は，乳児や孤児を養育し，相談その他の援助を行う。乳児の入所措置は，都道府県の知事の委任を受けた児童相談所長が親権者の同意を得て行う。
④ 児童心理治療施設は，家庭環境など環境上の理由により社会生活への適応が困難である児童を，短期間入所又は通所させ，治療及び生活指導を主として行うことを目的とする。また，退所した者について相談その他の援助も行う。平成29年4月1日より，情緒障害児短期治療施設から改称された。
⑤ 児童家庭支援センターは，児童福祉に関する相談支援活動を行う。

2 ⑤
解説
児童虐待事件の増加に伴い，2000年に「児童虐待の防止等に関する法律」が制定された。この法律では，児童虐待を明確に定義し，虐待の防止と早期発見，虐待を受けた子どもの適切な保護などが定められた。また，その後の改正で，国及び地方公共団体の責務の強化，児童虐待にかかわる通告義務の範囲の拡大などの規定が整備された。2007年の改正では，立ち入り調査の強化，保護者に対する面会・通信等の制限の強化がなされた。2017年の改正で，児童の保護に関して司法関与の強化が行われ2019年の改正では，親による体罰も禁止された。

3 ①
解説
児童相談所は児童の福祉増進のため，児童福祉法に基づいて指定都市及び児童相談所設置市に設置され，児童の生活全般に関して保護者や学校からの相談に応じ，児童や家庭について調査や判定を行って，必要な指導や

子ども家庭福祉

措置をとる機関である。児童虐待の防止等に関する法律第6条第1項で「児童虐待を受けたと思われる児童を発見した者は、速やかに、これを市町村、都道府県の設置する福祉事務所若しくは児童相談所又は児童委員を介して市町村、都道府県の設置する福祉事務所若しくは児童相談所に通告しなければならない。」とされていることについての出題が多い。

4 ③
解説
① 家庭児童相談室の家庭相談員のこと。
② 母子・父子自立支援員のこと。福祉事務所において母子家庭や父子家庭などの実情把握と生活全般にわたる相談や指導を行う。
③ 児童生活支援員のことで適切。児童自立支援施設において、保育士は児童生活支援員の任用資格とされている。
④ 児童心理司のこと。2005年(平成17年)に従来の心理判定員から児童心理司に呼称が変更された。
⑤ 児童福祉司のこと。児童福祉法第13条第3項により、児童福祉司は社会福祉主事より専門的な資格と考えられる(都道府県知事の指定する養成校等卒業者や講習会修了者、大学で心理学・教育学・社会学を修めて卒業後実務経験を経た者、医師、社会福祉士、社会福祉主事として2年以上児童福祉事業に従事した者等)。

5 ⑤
解説
　児童憲章は1951(昭和26)年5月5日に制定された。5月5日はこどもの日(1948〈昭和23〉年の国民の祝日に関する法律で制定)であり、児童憲章制定記念日でもある。制定したのは、当時の厚生省中央児童福祉審議会の提案に基づき日本国民各層・各界の代表で構成された児童憲章制定会議である。法令ではないものの、一定の公的規範としての性格を有している。引用文は前半部分で、後半は「すべての児童は」で始まる一から十二までの文章が列記されている。児童憲章は、わが国で最初の子どものための権利宣言である。**A**にはケの日本国憲法が当てはまる。**B**にはイの人が当てはまる。**C**には、エの環境が当てはまる。

6 ④
解説

ア 児童手当法は1971(昭和46)年に制定され，翌年1月から施行された。2010(平成22)年度から2011(平成23)年度まで「児童手当」に代わり「子ども手当」が支給され，2012(平成24)年度からは改正された児童手当に移行している。

イ 児童福祉法は1947(昭和22)年に制定され，翌年1月から施行された。

ウ 児童扶養手当法は1961(昭和36)年に制定され，翌年1月から施行された。父又は母と生計を同じくしていない児童が育成される家庭に児童扶養手当を支給する。

エ 母子保健法は1965(昭和40)年に制定され，翌年1月から施行された。

オ 特別児童扶養手当等の支給に関する法律は1964(昭和39)年7月2日に制定され，同年9月1日から施行された。心身に障害を持つ児童の保護者に対して支給される。

7 ④
解説

「子どもの権利条約」では，児童は，18歳未満のすべての人としている。なお，この条約は，平成元(1989)年に国際連合で採択され，日本が批准したのは，平成6(1994)年である。

8 ③
解説

「児童の権利に関する条約」(子どもの権利条約)は，世界的な視野から，児童の人権の尊重，保護の促進を目指し54の条項から成り立っている。その内容は，生きる権利(生存権)，育つ権利(発達権)，保護される権利(虐待・放任・搾取からの保護)，参加する権利(自由に意見を表明したり活動したりする権利)に分類することもできる。なお，①は第1条(子どもの定義)，②は第2条(差別の禁止)，④は第19条(虐待放任からの保護)，⑤は第32条(経済的搾取・有害労働からの保護)に規定されている。

9 ②
解説

① 石井十次(1865〜1914)は社会事業家。日本で最初の孤児院である岡山孤児院を創設した。

子ども家庭福祉

② ヤヌシュ・コルチャック(1878〜1942，本名：ヘンリク・ゴルトシュミット)はポーランドの医師・児童文学作家。孤児救済と子どもの教育に献身。「児童の権利に関する条約」は，コルチャックによる「子どもの権利」のアイディアに基づき，ポーランド政府が提案した。
③ 留岡幸助(1864〜1934)は牧師，社会事業家。感化教育を実施し非行少年の救護に努めた。
④ トーマス・ジョン・バーナード(1845〜1905)はイギリスの社会事業家。1870年にロンドンで孤児院のバーナード・ホームを開設，また里親制度や小寮舎制度に先駆的に取り組んだ。
⑤ エレン・ケイ(1849〜1926)はスウェーデンの女性教育家。著書『児童の世紀』において「教育の最大の秘訣は教育しないことにある」と説き，子どもの自由な創造性を重視した。

 ④
解説
① 保健所は，相談に関しては，児童福祉法第12条の6第1項第二号において「児童の健康相談に応じ，又は健康診査を行い，必要に応じ，保健指導を行うこと」と規定されている。
②，③ 都道府県は，児童福祉法第11条第1項第二号のロにおいて「専門的な知識及び技術を必要とするものに応ずる」とされている。また同法第12条で都道府県は児童相談所を設置することを規定している。
④ 児童福祉法第10条第1項第三号の規定である。同条第1項第一号では「児童及び妊産婦の福祉に関し，必要な実情の把握に努めること」，同条第1項第二号では「児童及び妊産婦の福祉に関し，必要な情報の提供を行うこと」とされる。
⑤ 児童福祉審議会は，児童・妊産婦等の福祉，母子保健等に関して調査・審議し，行政庁に答申や意見具申を行う。

 ③
解説
児童相談所は，児童福祉行政の第一線の専門行政機関であり，児童福祉法第12条及び第59条の4により，都道府県・指定都市には義務設置され，市町村は任意設置できると規定されている。2006年から中核市等も設置できることになった。児童相談所の業務は，市町村や家庭からの相談に応じ

専門試験

て，調査・診断・判定の上で，効果的な援助を行うことであり，児童の一時保護，児童福祉施設入所，里親等委託等の措置を実施したり，民法上の業務である，親権者の親権喪失宣告請求，児童の後見人の選任等も行う。児童福祉司，児童心理司，児童指導員，保育士，医師等の専門職のチームによって業務にあたる。

12 ⑤
解説

① 保健所の業務(第12条の6第1項第二号)。
② 児童福祉司の業務(第14条第2項)。
③ 児童委員の業務(第17条第1項第六号)。
④ 児童福祉司の業務(第13条第4項)。
⑤ 保育士の業務(第18条の4)。児童福祉法第18条の4において，保育士とは，「第18条の18第1項の登録を受け，保育士の名称を用いて，専門的知識及び技術をもつて，児童の保育及び児童の保護者に対する保育に関する指導を行うことを業とする者」と規定されている。2001年の児童福祉法改正によって名称独占の資格として法制化された。保育所勤務のほかには，乳児院，児童養護施設，知的障害児施設等の児童福祉施設に配置されている。

13 ⑤
解説

児童福祉法第13条第4項の規定。児童福祉司は，児童の福祉に関して，親や児童からの相談業務にあたる。任用の要件は，(1)都道府県知事の指定する児童福祉司若しくは児童福祉施設の職員を養成する学校その他の施設を卒業し，又は都道府県知事の指定する講習会の課程を修了した者，(2)学校教育法に基づく大学又は旧大学令に基づく大学において，心理学，教育学若しくは社会学を専修する学科又はこれらに相当する課程を修めて卒業した者であつて，内閣府令で定める施設において1年以上相談援助業務(児童その他の者の福祉に関する相談に応じ，助言，指導その他の援助を行う業務をいう)に従事したもの，(3)医師，(4)社会福祉士，(5)精神保健福祉士，(6)公認心理士，(7)社会福祉主事として，2年以上相談援助業務に従事した者であって，内閣総理大臣が定める講習会の課程を修了した者，(8)その他内閣府令で定めるもの。

子ども家庭福祉

 ⑤
解説

　子育て短期支援事業とは，保護者が病気や仕事により家庭で児童の養育が困難な場合や，冠婚葬祭，出張など社会的な事由により一時的に家庭で児童を養育できない場合，また夫等の暴力等により，緊急一時的に保護を必要とする母子等を原則として一週間を限度として児童福祉施設で一時的に養育することで，児童及びその家庭への子育て支援を図る事業。対象の児童福祉施設には，実施施設市町村が指定した児童養護施設，母子生活支援施設，乳児院，里親等があり，利用者の課税状況により負担金が必要となる。児童福祉法第6条の3第3項で規定されている。

15 ③
解説

　児童福祉法は昭和22(1947)年に公布され，平成16(2004)年の改正では児童虐待に対応するための措置が盛り込まれた。また，平成28(2016)年に行われた改正では，第1条及び第2条が大幅に改正され，さらに，第1条及び第2条は「児童の福祉を保障するための原理」であり，児童に関する全ての法令の施行に当たって，常に尊重されなければならない，という条文が同法第3条として加えられた。令和元(2019)年の改正では，国，都道府県及び市区町村における体制の強化を進めるための改正が行われた。③は，同じく改正された「児童虐待の防止等に関する法律」に当てはまるものである。

 ⑤
解説

　児童福祉施設の設備及び運営に関する基準とは児童福祉法第45条に基づいて制定された厚生省令で，児童福祉施設の設備・運営に関する最低基準が規定されている。この最低基準が遵守されるよう，行政による監査が実施される(最低基準の遵守は当然のことであり，基準を上回るように努める必要がある)。同基準の第38条において，児童厚生施設には児童の遊びを指導する者の設置が義務化され，児童の遊びを指導する者の任用要件として第38条第2項第二号に保育士があげられているが，社会福祉士等でも可能であるため義務づけられているとまでは言えない。この他には，児童自立支援施設，母子生活支援施設では，保育士の設置が義務づけられていない。

⑤
解説

　保育士試験の実施及び保育士の登録は市町村の事務ではない。保育士となるには，都道府県知事の指定する保育士を養成する学校その他の施設を卒業した者や保育士試験に合格した者が，都道府県の備える保育士登録簿に氏名，生年月日その他厚生省令で定める事項の登録を行う。保育士試験は，都道府県が実施する試験制度であるが，平成16年から都道府県知事が指定する指定試験機関に試験事務を行わせることが可能となった。保育士登録に関しては，都道府県から委託を受けて登録事務処理センターが保育士登録の事務を実施している。

 ③
解説

① 1959年11月に国連で採択されたのは「児童の最善の利益」を基本理念に掲げた，「児童の権利宣言」である。
② 国際的機関が採択した最初の宣言は，1924年に国際連盟が第5回総会で採択した「児童の権利に関するジュネーヴ宣言」である。
③ 「児童の権利に関する条約」は，国連において1989年11月に採択され，18歳未満の子どもを児童とし，児童の生存・養育・保護，意見表明，良心・思想の自由等の諸権利とその保護を認めている。
④ 1948年12月に国連で採択された「世界人権宣言」第26条のこと。
⑤ 1951年5月5日に制定された「児童憲章」。国と地方自治体が，保護者とともに児童を健やかに育成する責任を負うことを定めた。

19 ②
解説

① 次世代育成支援対策推進法により，101人以上の労働者を雇用する事業主は，従業員の仕事と家庭の両立を図るために必要な雇用環境の整備などについて「一般事業主行動計画」を策定し届けることになった。
② 2020(令和2)年12月に発表された新子育て安心プランは，女性の就業率の上昇を踏まえた保育の受け皿整備，幼稚園やベビーシッターを含めた地域の子育て資源の活用。
③ 2003(平成15)年7月制定された少子化社会対策基本法は，子育て支援のため，雇用環境の整備，保育サービスの充実，地域社会の子育て支援の

強化等を定めた。
④　新エンゼルプランは2000(平成12)年度から5か年の少子化対策。
⑤　緊急保育対策等5か年事業は1994(平成6)年のエンゼルプランの一環として策定された。

解説

児童福祉施設の設備及び運営に関する基準第33条第2項によると，認可保育所における保育士の数は，乳児が3人に対して保育士が1人以上，1～2歳児が6人に対して保育士が1人以上，3歳児が15人に対して保育士が1人以上，4歳以上児が25人に対して保育士が1人以上とされている。職員はこの保育士の他に嘱託医，調理員を置かなければならない。保育所における保育時間は，1日に8時間が原則とされ，その地方における乳児又は幼児の保護者の労働時間その他家庭の状況等を考慮して，保育所の長がこれを定めるとしている(同法第34条)。

解説

近年のわが国における少子化の要因としては，婚姻年齢の上昇，夫婦の出生力の低下，子育てや教育への経済的負担，非婚傾向の増加の点が指摘されている。また，その他の要因の1つとしては，30代男性を中心とした育児世代の長時間労働もあげられている。長時間労働によって育児期に子どもに向き合う十分な時間を持つことができず，育児休業制度の利用も少ないため，子育てと就業の両立が困難となっている環境が問題である。この点で，これまでの働き方を見直し，仕事と生活の調和を実現することが重要となっている。

解説

①　母子及び父子並びに寡婦福祉法第6条第3項において「この法律において『児童』とは，20歳に満たない者をいう。」と規定されている。
②　労働基準法では，児童は満15歳に達した日以後の最初の3月31日が終了するまでと定義している。
③　児童手当法では，児童の年齢の定義は，手当の支給を年度途中で切らない考え方に基づいている。

④　児童福祉法第4条に規定される児童は満18歳未満の者である。
⑤　道路交通法では児童は6歳以上13歳未満の者と定義されている。

 ①
解説

　児童自立支援施設は，犯罪などの不良行為を行い，または行うおそれがある児童や，生活指導を要する児童を入所・通所させて，必要な指導を行い自立を支援する児童福祉施設。児童福祉施設の設備及び運営に関する基準第83条において，児童生活支援員は，保育士の資格を有する者，社会福祉士の資格を有する者，3年以上児童自立支援事業に従事した者のいずれかに該当する者でなければならないと規定されている。②，③，④は，児童指導員の任用資格の条件の一部であり，⑤は児童自立支援専門員の任用資格の条件の1つである。

 ④
解説

　出題の資料では，「経済的支援に関する施策は，様々な支援を組み合わせてその効果を高めるとともに，必要な世帯への支援の利用を促していく」とされており，経済的支援についても，母子父子寡婦福祉資金貸付金等や養育費の確保に関する支援などが示されている。

第4章

専門試験
保育の心理学

専門試験

≡POINT≡

1. 子どもの発達と理解

　子どもに対してより良い保育を行うためには，目の前の子どもの発達についての見通しをもつことが不可欠である。そのためには，乳幼児期はもちろん老年期までの各発達段階の特徴や課題について理解をしておく必要がある。

　また，発達を取り巻く環境についても把握をし，子どもの理解に役立てていくことが大切である。

▶ 発達

　発達とは，出生から死に至るまでの身体的・精神的機能を変えていく過程である。

　発達の考え方には

成熟優位説(遺伝の影響を重視)──ゲゼル

環境有位説(環境の影響を重視)──ワトソン

相互作用説(遺伝と環境両方の影響を重視)──ジェンセン

がある。代表的な研究者とあわせて覚えておきたい。

▶ 発達理論

〈ピアジェの認知発達段階説〉

　子どもは生まれたときから環境と相互作用しており，環境に対する認識の枠組みが段階的に(質的に)変化していくという説。

第1段階(0～2歳)を感覚運動期

第2段階(2～7歳)を前操作期

第3段階(7～12歳)を具体的操作期

第4段階(12歳～)を形式的操作期

と分けられる。幼児期に該当する第2段階は表象(イメージ)を用いて頭の中で考えることができるようになるが，論理的思考はまだ難しく，自己中心性(自分と他人の視点を区別できず，自分の視点からしか物事を理解できない性質)が強い時期としている。

〈エリクソンの心理社会的発達段階説〉

　生涯発達の観点で乳児期から老年期までを8つの段階に区分し，各段階の発達課題(心理社会的危機)を乗り越えることが次の課題に向かう力になるとい

112

保育の心理学

う説。各段階に直面する発達課題は次のように整理される。

発達段階	発達課題
乳児期(0〜1歳)	基本的信頼 対 不信
幼児前期(1〜3歳)	自律性 対 恥・疑惑
幼児後期(3〜6歳)	自主性 対 罪悪感
学童期(6〜12歳)	勤勉性 対 劣等感
青年期(12〜22歳)	同一性 対 同一性拡散
成人前期(22〜35歳)	親密性 対 孤立
成人後期(35〜65歳)	生殖性 対 自己陶酔
老年期(65歳〜)	統合性 対 絶望

そのほかの発達理論として，**ヴィゴツキーの発達理論**や**バルテスの生涯発達理論**，また，発達を取り巻く環境については**ブロンフェンブレンナーの生態学的システム理論**なども覚えておきたい。

2. 各発達段階の特徴

ここでは大まかな内容とキーワードのみ記すが，各発達段階の特徴や課題について，実際の子どもの姿や他者との関わりを含めて理解をしておきたい。また，発達の連続性を意識することも大切である。

〈新生児期・乳児期〉
・誕生時の視力は0.02程度，複雑な図形，顔図形への選好注視
・世界中の音韻に対する弁別能力(〜生後6ヶ月)→母語への適応(〜1歳)
・物理的環境との関わり(原始反射→循環反応)，対象の永続性の理解
・他者との関わり(共鳴動作，エントレインメント)
・愛着の形成(安全基地の確立・基本的信頼感の獲得)
・二項関係→三項関係(共同注意)の成立(9ヶ月革命)，社会的参照
〈言語発達の目安〉
泣き・叫喚(1ヶ月)→クーイング(2〜3ヶ月)→過渡的喃語(4ヶ月)→規準喃語(6ヶ月)→会話様喃語(10ヶ月)→初語(1歳)

〈幼児期〉
・自我の芽生えと第一反抗期，基本的生活習慣の獲得
・表象(イメージ)の使用，ふり遊び，見立て遊び，ごっこ遊びの展開

113

専門試験

・内的作業モデル(愛着表象)の発達，分離不安の低下と探索活動の活発化
・言葉によるコミュニケーションの確立，内言の発達(ひとり言)
・心の理論の獲得(4〜5歳)，社会的な遊びの発達(パーテンによる分類)

〈学童期・青年期〉
・学校社会への適応(一次的ことば→二次的ことば)，小1プロブレム
・認知発達(前操作期→具体的操作期→形式的操作期)，メタ認知の発達
・仲間集団の形成と発達(ギャングエイジ，チャムグループ→ピアグループ)
・他者視点の取得，自己意識の高まり，社会的比較，9歳(10歳)の壁
・思春期(第二次性徴に伴う心理的変化の時期)，第二反抗期，心理的離乳
・アイデンティティの探索，モラトリアム

〈成人期・老年期〉
・他者やパートナーとの親密性の確立(就職や結婚，子育て)
・社会的役割と責任，ライフスタイルの確立(燃え尽き症候群)
・社会的な役割の変化に伴うアイデンティティの再構成(空の巣症候群)
・身体機能の低下と喪失経験，サクセスフルエイジング

3. 現代の子どもを取り巻く環境の理解と家庭支援

　子どもを理解し，適切な援助をするためには，家庭との連携が重要であるが，現代社会は価値観やライフスタイルが多様化し，家庭のあり方は一様ではない。また，子育てをめぐる社会的状況が変化する中で，子育てに悩み，苦しむ家庭も少なくない。保育者は，子どものより良い援助のためにもそうした家庭の理解や支援をしていくことが求められている。

▶ 家族関係や親子関係の理解

　家族関係や親子関係は社会的な文脈の中に埋め込まれていて，ダイナミックに(動的に)変化するものであることをについて，以下のキーワードを押さえておきたい。

・発達の相乗的相互作用モデル，気質と環境の適合の良さ
・養育行動のプロセスモデル(親要因，子ども要因，社会文化的要因)
・システムとしての家族(直線的因果律ではなく，円環的因果律での理解)
・ブロンフェンブレンナーによる生態学的システム理論(マイクロシステム，

メゾシステム，エクソシステム，マクロシステム)

▶ 子育て家庭に関する現状や課題

　女性の就業率の高まりにより共働き家庭が増える一方で，いまだ子育ての負担は女性に偏っているのが現状である。子育ては性別ではなく，経験によるところが大きい。また，ヒトという種はそもそも血縁に関わらずさまざまな個体が協力して子育てをする性質をもっている，ということを念頭に家庭の子育て支援をしていく必要がある。ここでは，以下のキーワードをぜひ押さえておきたい。

- ・共働き世帯の増加と性別役割分業の問題，M字カーブ，3歳児神話
- ・少子化に伴う親準備性の不足と孤立した育児→育児不安
- ・マタニティーブルーズと産後うつの特徴と違い
- ・虐待とマルトリートメントについての理解と，保育士としての対応
- ・多様な家族(ひとり親家庭，貧困家庭，ステップファミリー，里親家庭，外国にルーツをもつ家庭)の理解と必要な支援

4. 子どもの発達の理解に基づく保育

　子どもの発達は個人差が大きく，また，子どもが生まれもつ気質や家庭の状況によっても異なる。また，実際の子どもの発達は連続したものであり，理論は参考にはなるが，そのまま当てはまるものではない。さらに，一人ひとりに向き合うだけでなく，子ども同士の関わりを促していくことも保育者の役割である。

　そうした保育の実践には正解と呼べるものはなく，保育者は自らの保育実践を常に振り返り，評価していくことが必要である。そのためには，他の保育者との協働，対話も欠かすことができないだろう。

　ここでは，そうした実際の保育場面における子どもの姿や保育士としての役割を意識したキーワードを記す。

▶ 子ども相互の関わり・集団での育ち

- ・集団で過ごすことの意義(観察学習，発達の最近接領域を刺激する存在としての仲間)
- ・いざこざやけんかの意味，自己制御能力(自己主張・自己抑制)の発達，いざこざやけんかへの介入

115

専門試験

▶ 保育実践とその評価

・保育士の役割(安全基地として，子どもの環境から学びを促す環境設定)

・発達の連続性を意識した援助，小学校との連携と接続

・カリキュラムマネジメント，PDCAサイクル，全体的な計画

・保護者や他の保育者との対話，協働

保育の心理学

Q 演習問題

1 発達について述べた記述として不適切なものを，次の①～⑤から1つ選びなさい。　　　　　　　　　　　　　　　　(難易度■■■□□□)

① ポルトマンによれば，ヒトは進化の過程で大脳が発達した一方，直立二足歩行によって骨盤の形状が変化し，産道が狭くなったため，未熟な状態で子どもを出産するようになった。

② バルテスによれば，発達は生涯にわたる獲得と喪失のダイナミックな相互作用であり，加齢とともに獲得はなくなり，喪失のみとなる。

③ エリクソンやピアジェは，発達には量的な変化だけでなく，質的な変化があると考え，発達段階を設定している。

④ 発達には遺伝要因と環境要因がともに関わるが，近年，特定の遺伝的傾向をもつ人は，特定の環境にさらされやすいという遺伝・環境間相関を考える必要性も指摘されている。

⑤ ヴィゴツキーは，子どもに対する教授・学習においては，子どもが自力で達成できる水準だけでなく，子どもが他者との共同や，他者からの援助によって達成できる水準を把握する必要性を指摘し，発達の最近接領域という概念を提唱した。

2 アタッチメント(愛着)について述べた記述として適切なものを，次の①～⑤から1つ選びなさい。　　　　　　　　　　　(難易度■■■□□)

① ボウルヴィは，子どもが安定したアタッチメントを形成し，心身とも健やかに発達するためには，母親による養育の重要性を主張した。

② アタッチメントとは，不安や恐れなどネガティブな情動を解消するために重要な心理機能である。

③ ハーロウは，ストレンジシチュエーション法により養育者と子どものアタッチメント形成の質の個人差を調べた。

④ アタッチメント形成のタイプが回避型やアンビバレント型であった場合には，その後の心身の発達に深刻な影響がある。

⑤ 初期の養育者とのアタッチメント形成は，その後も内的作業モデルとして心的に機能し，その後の対人関係のすべてを決める。

専門試験

❸ 次の0歳児クラスの事例と特に関連が深い用語の組み合わせとしてもっとも適切なものを，あとの①〜⑤から選びなさい。　　**(難易度■■■□□)**

【事例】

　　保育士の膝に座って絵本を読んでいたAちゃんは，絵本の中に描かれたごみ収集車を指さしながら保育士の顔を見上げた。保育士は「ごみ収集車あったね」と応じてから，ついさっき保育所の前にごみ収集車が止まっていたことを思いだし，「ごみ収集車，Aちゃん，さっき見たねえ」と声をかけると，Aちゃんはにっこり笑って絵本に視線を戻した。

【語群】

　選好注視　　　共同注意　　　三項関係　　　二項関係
　叙述の指差し　　要求の指差し

① 　選好注視，三項関係，叙述の指差し
② 　選好注視，二項関係，要求の指差し
③ 　共同注意，三項関係，叙述の指差し
④ 　共同注意，二項関係，要求の指差し
⑤ 　共同注意，三項関係，要求の指差し

❹ ピアジェの認知発達段階説に関するA〜Eの年齢と，ア〜オの発達段階の組み合わせとして正しいものを，あとの①〜⑤から1つ選びなさい。

(難易度■■□□□)

A　0〜2歳　　　　　　B　2〜4歳　　　　　　C　4〜7，8歳
D　7，8〜11，12歳　　E　11，12〜14，15歳
　　ア　前概念的思考期　　　イ　感覚運動期
　　ウ　具体的操作期　　　　エ　形式的操作期
　　オ　直観的思考期

① 　A−イ　　B−ア　　C−エ　　D−オ　　E−ウ
② 　A−オ　　B−ウ　　C−エ　　D−ア　　E−イ
③ 　A−オ　　B−ア　　C−イ　　D−ウ　　E−エ
④ 　A−イ　　B−ア　　C−オ　　D−ウ　　E−エ
⑤ 　A−イ　　B−ウ　　C−オ　　D−エ　　E−ア

❺ 言葉の発達に関する記述として不適切なものを，次の①〜⑤から1つ選びなさい。　　**(難易度■■■■□)**

保育の心理学

① 新生児期は不快を表す泣き声が主であるが，生後2ヶ月頃から機嫌のよい時にクーイングと呼ばれる，「アー」「クー」とのどの奥を鳴らすような音を出すようになる。

② 生後6ヶ月頃には，規準喃語と呼ばれる，「マンマンマン…」のように子音と母音を組み合わせたリズミカルな発声ができるようになる。

③ 生後1歳になるまでには，「バブバブ」のように異なる音を組み合わせ，母語のイントネーションを備えた会話様喃語(ジャーゴン)を発するようになり，その中に特定の意味を伴う語が現れるようになる。

④ 初語が出現して半年ほどは語の獲得速度が遅く，過大汎用(動物はすべて「ワンワン」と呼ぶ)や過大縮小(自分の家の犬だけを「ワンワン」と呼ぶ)といった現象が見られる。

⑤ 多語文が話せるようになると，遊び場面ではひとりごとが増える。ピアジェはこの現象を，コミュニケーション手段として獲得された言葉が，思考の手段としての機能をもつようになる過程で生じるものと考え，理論化した。

6 排泄の自立に関する記述として不適切なものを，次の①～⑤から1つ選びなさい。 (難易度■■■□□)

① 排泄の自立には，尿を膀胱に2時間以上ためておけるようになっていること，歩けること，言葉で尿意を知らせることができるようになっていることなど，一人ひとりのレディネスを見極め，無理なく進めることが必要である。

② 排泄の自立に向けては，絵本を読んだり，動物の排泄を観察したり，生活の中で排泄やトイレに対する興味関心をもつところから始め，トイレに行き，次に便器に座るなど，スモール・ステップで進めることが大切である。

③ 保育者が子どもの好きなシールと台紙を用意して，子どもが便器で排泄できたらシールを貼れるようにするのは，子どもの便器での排泄に対する内発的動機づけを高めるための正の強化子である。

④ 他児が自分からトイレに行き，排泄を済ませてすっきりした様子で戻ってくる姿を見ることは，子どもにとって観察学習のモデルになる。

⑤ 排泄の自立の過程において，子どもは自らの主体感や有能感とともに，時には甘え，受容される経験を通して，他者への基本的信頼感を深めて

119

専門試験

いると考えられる。

7 学童期から青年期の発達に関する記述として不適切なものを，次の①〜⑤から1つ選びなさい。　　　　　　　　　　（難易度■■■□□）

①　学童期は対人関係において友人の比重が高まり，中・高学年の頃にはギャングエイジと呼ばれる同年代，同性からなり，役割分担のはっきりした排他的な仲間集団を形成する。

②　割り算や小数・分数など，具体的に操作しづらい学習が始まることで「9歳の壁」などと呼ばれるように，学習へのつまずきが増えてくる時期である。

③　第二次性徴など身体的な成熟とともに，心理的変化を経験する思春期は，親からの心理的離乳を試みる時期であり，不安なことにもひとりで立ち向かうことが必要である。

④　青年期において，友人は親に代わる重要な存在となるが，青年期前期は同調性が高く，互いの異なる部分を積極的に理解し合うことが難しいため，いじめの問題も起こりやすい。

⑤　メタ認知とは，自らの認知活動を客観的にとらえ，評価したり，修正したりする機能であるが，これは学童期から青年期を通して発達する。

8 成人期から老年期の発達に関する記述として不適切なものを，次の①〜⑤から1つ選びなさい。　　　　　　　　　　（難易度■■■■□）

①　エリクソンによれば，成人期の発達課題は「生殖性の獲得」である。これは，親となって自らの子どもを育てることにより人間的に成熟することを意味している。

②　青年期に形成されたアイデンティティは，その後も役割の変化に伴って再び揺れ動き，「自分はどう生きていくか」についての問い直しが起こる。

③　加齢とともに新しい情報を処理する流動性知能は低下するが，結晶性知能は維持され，経験で培った知識や習慣が日常生活を支えてくれる。

④　老年期は一般に主観的幸福感が高くなるが，それは，人生が有限であることを理解し，既存の人間関係を深めることで，情動的な満足感を得やすくなるためである。

⑤　ユングは40歳を「人生の正午」ととらえ，40代以降の成人期は，身体的には衰え始めるが，人格的には成熟が進む時期であると考えている。

保育の心理学

9 子育てと家族に関する記述として不適切なものを，次の①～⑤から1つ選びなさい。　　　　　　　　　　　　　　　　　（難易度■■□□□）

① 子どもが生まれもつ気質が「扱いにくい」場合，親の子どもに対する関わりが難しく，親としての自信や養育への意欲が失われることで，結果として子どもの問題行動が結実していくという「発達的悪循環」が生じる可能性がある。

② 子どもの問題行動が生じた際には，例えば「母親の愛情が足りないから(原因)子どもが問題行動を起こす(結果)」など直線的因果律で考えがちだが，「子どもが問題行動を起こすから，母親が子どもに愛情を注げない」ともいえ，原因と結果が相互に影響し合っている円環的因果律を用いることが必要である。

③ アロマザリングとは，子育て中の母親の周りにいるさまざまな個体が子育てに関わり，共有するシステムであり，ヒトにおいても見られる行動だが，今はそのシステムが失われ孤育てになっている現状がある。

④ ファミリーアイデンティティ(FI)とは，自分が家族とみなす範囲のことであり，これは，血縁関係や法的関係，同居の有無によって規定される。

⑤ コペアレンティングとは，子育てに関わる者同士が，子育てに関して互いに支え合い，調整し合う関係のことであり，コペアレンティングが良好でも夫婦関係が良好とは限らない。

10 多様な家庭・配慮の必要な家庭とその支援に関する記述として不適切なものを，次の①～⑤から1つ選びなさい。　　　　　　　　　　（難易度■■■■□）

① マルトリートメント(不適切な養育)とは，虐待を含め，それが子どものためであるという認識に基づくものであっても，子どもの心やからだを傷つけるような行為すべてを指す。

② ステップファミリーとは，主に子どもを連れた再婚などで血縁関係のない親子関係やきょうだい関係を含む家庭のことであるが，大人に比べて子どもは適応が早いため，新しい家族を受け入れ，家族としての一体感を感じられるようになるまでほとんど時間を要さない。

③ 虐待を受けている子どもが無気力で抑うつ的になってしまうメカニズムは，不快な状況から逃げ出そうとしても逃げ出せない状況に長くいると，そこから逃げ出そうとする努力さえしなくなってしまう学習性無力感が考えられる。

専門試験

④ 近年，外国にルーツをもつ子どもが増えているため，保育者が積極的に異なる文化に関心や学ぶ姿勢をもち，異なる文化的背景をもつ者同士が尊重し合える保育の場を作る必要がある。

⑤ 日本では相対的貧困率の高さが問題であり，子どもたちが家庭で得られる経験に家庭の経済状況による格差が生じているため，保育所では家庭で不足した子どもの経験不足を補う役割がある。

⑪ 子どもの心の健康に関わる問題に関する記述として適切なものを，次の①〜⑤から1つ選びなさい。 (難易度■■■■■)

① 選択性緘黙とは，他の状況では年齢相当に話せるのに対し，特定の社会状況で一貫して話をすることを自らの意志で拒否する状況が，1ヶ月以上持続している状態をいう。

② 性器いじりは，性器に刺激を与えて身体的快感を得る行為のことであるが，習慣化しないように厳しく制止しなくてはいけない。

③ 自閉スペクトラム症は社会的なコミュニケーションの難しさがその中核症状であり，対人的な交流に対して関心を示すことはない。

④ 逆境でも良好な発達や社会適応を達成する人はレジリエンス(精神的回復力)が高いと考えられるが，このレジリエンスは個人のもって生まれたものであり，発達の過程で獲得されることはない。

⑤ 乳幼児期は発音が未熟でもあまり気にする必要はないが，周囲の大人が噛む・吹く・吸う・舌を動かすといった遊びや活動を楽しめるような工夫をすることで，子どもの発音の発達を支援することは可能である。

⑫ エリクソンの心理社会的発達段階説に関する記述として不適切なものを，次の①〜⑤から1つ選びなさい。 (難易度■■■□□)

① アイデンティティとは，自分で斉一性と連続性が感じられるとともに，他者がそれを認めてくれているという両方の自覚であり，両者の合致によって生じる自信がアイデンティティの感覚といえる。

② 人生は8つの段階に区分され，各段階にはその時期に達成されるべき課題(心理社会的危機)があり，それを乗り越えることが次の段階の発達課題に立ち向かう力となる。

③ 乳児は自身の欲求が満たされる中で，世界に対する基本的信頼感を獲得するため，周囲の大人は乳児の欲求をすべて完璧に満たしてやらなけ

ればならない。

④　幼児期前期は「自分でやりたい」気持ちと「やりたいけれどできない」という葛藤を経験しているため，大人はやろうとした気持ちを認め，尊重し，次にまた挑戦できるよう支援する必要がある。

⑤　幼児期後期は子どもの興味の対象が広がり，「なぜ？」「どうして？」と質問を積極的にするが，そうした質問が許されない環境では，子どもは好奇心をもつこと自体に「罪悪感」を感じるようになってしまう。

⑬ 次のア〜オは，乳幼児期の遊びの形態である。発達のより早い時期に観察されるものを左から順に並べたものとして適切なものを，あとの①〜⑤から1つ選びなさい。　　　　　　　　　　　　　　　（難易度■■□□□）

ア　協同遊び　　イ　傍観的行動　　ウ　連合遊び　　エ　並行遊び
オ　ひとり遊び

　　①　オ－イ－エ－ア－ウ
　　②　オ－イ－エ－ウ－ア
　　③　オ－エ－イ－ア－ウ
　　④　エ－オ－イ－ウ－ア
　　⑤　エ－イ－ウ－ア－オ

⑭ 環境や環境移行に関する記述として不適切なものを，次の①〜⑤から1つ選びなさい。　　　　　　　　　　　　　　　（難易度■■■□□）

①　ブロンフェンブレンナーは，子どもを取り巻く環境を生態学的システムととらえ，マイクロシステム，エクソシステム，マクロシステムの3水準に整理している。

②　生態学的とは「個人と環境の相互作用を想定している」ということであり，弟妹の誕生，入園や入学，卒園や卒業などで子ども自身の立場や役割が変化すると，他のシステムもそれに連動して変化する。

③　環境の変化はたとえ入園や進級のようにポジティブなものでも，生活の見通しがもてないことでストレスとなることを理解し，子どもや保護者と関わることが必要である。

④　弟妹の誕生や就学などの環境変化に際して示す幼児退行(赤ちゃん返り)は，新しい環境に対する心理的葛藤の現われであり，甘えが受け止められ安心感を得ることで再び自立に向かうことができる。

⑤　子どもが周囲の環境に興味関心をもてるのは情緒が安定しているから
であり，保育所における子どもの環境を通した育ちの基盤は，保育者と
子どもとのアタッチメント形成であるといえる。

15 就学の援助に関する記述として適切でないものを，次の①〜⑤から1つ
選びなさい。　　　　　　　　　　　　　　　　(難易度■■■□□)

①　読み書きの習得には音韻意識が必要であるが，これは4歳頃から学童期
を通して遊びの中で育まれる。

②　就学に伴い，子どもたちは場を共有していない人でも理解できるよう
な二次的ことばの習得を求められるが，二次的ことばの習得に際しては
生活経験と切り離した内容で他者に伝える訓練が必要である。

③　小学校では，幼児期に自発的な遊びを通して育まれてきたことが各教
科の学習に円滑に接続され，主体的に学びに向かえるようスタートカリ
キュラムが行われている。

④　子どもたちは生活や遊びの中で自らの必要感に基づいて，数量の感覚
や文字の読み書きを身に付けるため，日常的に保育者が数量や文字を効
果的に活用する姿は子どもたちの就学の援助につながる環境設定の1つ
といえる。

⑤　小学校における交流会は，小学生にとっても幼児と接する経験の中で
責任感や表現力が育まれるなど，メリットがあるといえる。

16 養護および教育の一体的展開の観点から，乳児を泣かせないようにと先
回りしてお世話することの問題に関する記述として不適切なものを，次の
①〜⑤から1つ選びなさい。　　　　　　　　　　　(難易度■■□□□)

①　泣くことで，自らの欲求を満たすために必要な大人の関わりを引き出
す経験が，周囲の大人に対する信頼感の形成につながるから。

②　泣くことは，子どもにとって1つのコミュニケーション手段であり，泣
くことで他者に自らの欲求を知らせるための表現力を身に付けられるから。

③　泣くことで，自らの欲求を満たすために必要な大人の関わりを引き出
す経験が，自らが行動の主体として環境に影響しうる存在であるという
自己肯定感の獲得につながるから。

④　人生において解消されない不快もあると，身をもって知らせることも
必要であるから。

保育の心理学

⑤　自らの不快な状態を自覚することも，今後，自らの不快な状態に対処するために必要であるから。

⑰ 保育士としての心構えに関する記述として不適切なものを，次の①～⑤から1つ選びなさい。　　　　　　　　　　　　　（難易度■■■■□）

①　平成29年に改訂された保育所保育指針では，保育所は児童福祉施設であると同時に，幼児教育を行う施設であることが明記されている。保育士は子どもたちの遊びの援助を通して教育を行っているという意識が必要である。

②　「学びに向かう力，人間性等」のような非認知能力(社会情動的スキル)を育むためには，大人が指示を出したり知識を与えたりする教育ではなく，子ども自身が主体となって正解のない遊びのような活動の中で試行錯誤する経験が必要である。

③　ピグマリオン効果は，子どもに対するはたらきかけが期待に沿ったものになるというメカニズムであることから，どの子どもにも期待をもって関わることが大切である。

④　否定をせずに肯定的な態度で保護者の話を傾聴するカウンセリングの技法は，保護者との信頼関係の構築においても有用である。

⑤　子どもが不安になっている時は，子どもがその不安に注意を向けることのないように，笑顔で励ましたりポジティブなことばかけをしたりすることが大切である。

⑱ いざこざやけんかの発達的意義に関する記述として不適切なものを，次の①～⑤から1つ選びなさい。　　　　　　　　　　（難易度■■■■■）

①　自分だけでなく，相手にも自我があることに気が付く機会になる。

②　共同生活におけるルールを学ぶ機会になる。

③　自己抑制を核とした自己制御能力を身に付ける機会になる。

④　自らの葛藤に折り合いをつけるためにどうしたら良いのかを考える機会になる。

⑤　適切な自己表現の方法を習得する機会になる。

専門試験

19 子ども理解のための方法や保育所における評価に関する記述として不適切なものを，次の①〜⑤から1つ選びなさい。　　　(難易度■■■■□)

① 子どもがスプーンを投げた時，スプーンを投げる行動に反応するのでなく，「なぜスプーンを投げたのか」という行動の背後にある心理や発達状態に踏み込んで理解することが，子どもに必要な援助につながる。

② 省察とは，記録を通じ，実践の中でとらえきれなかった子どもの姿や出来事の意味を振り返ることである。

③ カリキュラムマネジメントとは，計画を作り(P)，実行して(D)，うまくいっているか評価して(C)，計画を改善する(A)という一連の流れであり，こうしたサイクルは目の前の子どもの実態に合わせながら，個々の保育者だけでなく園全体でも行う必要がある。

④ 他の保育者と保育の記録を共有することで，子どもの姿を多面的にとらえ，理解を深めることにつながる。

⑤ 人には避けられない認知的バイアスがあるため，子ども理解のためには，その子どもの目に見える行動のみを客観的にかつ注意深く記録することが必要である。

保育の心理学

解答・解説

1 ②
解説
① 適切。生理的早産と呼ばれる。
② 適切ではない。生涯にわたって獲得と喪失の両方が生じる。例えば，生後半年頃まで子どもは非母語の子音も聞き分けができるが，1歳頃にはそうした能力は失われることが分かっている。
③ 適切。エリクソンは心理社会的発達段階説，ピアジェは認知発達段階説を提唱した。
④ 適切。例えば，外向性が高い場合は社会的な活動に積極的に参加することでさらに外向性が高まることが考えられる。
⑤ 適切。ヴィゴツキーは子どもの精神発達は社会生活に起源があると考え，他者の存在を重視した。

2 ②
解説
① 母性的養育の重要性を主張したが，母性的養育とは特定の他者による温かな養育を意味しており，母親とは限らない。
② 適切。安定したアタッチメント形成には，子どもの不安を先回りして取り除くのではなく，子どものネガティブな情動の受け止めが重要であることも押さえておきたい。
③ ハーロウはアカゲザルの代理母実験から，養育者の役割としてスキンシップを通して安心感を与えることの重要性を示した人物。ストレンジシチュエーション法を行ったのはエインズワースである。
④ 心身の発達に深刻な影響を及ぼすのは無秩序・無方向型の場合である。回避型やアンビバレント型は不安定型ではあるが，アタッチメント行動が組織化されており，最低限必要な安心感は得られていると考えられている。
⑤ 内的作業モデルはその後の経験で変わる可能性もある。また，近年は，関係ごとに独立した内的作業モデルが形成される可能性も指摘されている。例えば9歳時点の担任教師や仲間との関係性には，乳幼児期の母親とのアタッチメントの質よりも，保育者とのアタッチメントの質が関連していたという研究結果もある。

専門試験

3 ③
解説

　共同注意とは，他者と同じ対象に注意を向け合うことであり，これによって，「自己－他者－対象」の三項関係を成立させることができる。三項関係によって他者から対象について学べるようになることで，認知発達や言語発達が飛躍的に向上する。共同注意が可能になる時期から「9ヶ月革命」と呼ばれる。なお，選好注視法はファンツによって開発された言語をもたない乳児の興味を測定する方法である。

4 ④
解説

A　0～2歳(感覚運動期)は，身体的な動作の繰り返し(循環反応)を通じて運動と感覚の関係を理解し，目の前にあるものをだんだんとうまく操作できるようになる時期。

B　2～4歳(前概念的思考期)は，表象を用いて頭の中での思考が可能になるが，まだ表象が概念化されていない時期。

C　4～7, 8歳(直観的思考期)は，知覚情報に影響されやすく，論理的判断は難しいが，概念操作が可能になる時期。

D　7, 8～11, 12歳(具体的操作期)は，具体的に存在するものについては表象を操作して論理的思考が可能になる時期。

E　11, 12～14, 15歳(形式的操作期)は，現実から離れた抽象的な概念や表象に関しても，論理的思考が可能になる時期。実際の子どもの姿とも結びつけて理解してほしい。

5 ⑤
解説

①　適切。生後4ヶ月頃には音の高さや強さを変えながら長めに発声し，笑い声も出るようになる。

②　適切。規準喃語は聴覚障害児ではまれにしか見られない。

③　適切。意味をもつ最初の語を初語と呼ぶ。

④　適切。一語発話の時期である。1歳半を過ぎて発語が50語を超えるあたりから語彙爆発が訪れる。

⑤　適切ではない。外言(コミュニケーションのための言葉)と内言(思考のための言葉)を区別して理論化したのはヴィゴツキーである。ピアジェは

保育の心理学

ひとりごとを自己中心性の現われととらえ，自己中心語と呼んだ。

6 ③
解説
① 適切。レディネスはゲゼルの成熟優位説とセットで確認すること。
② 適切。オペラント条件づけによる行動形成である。
③ 適切ではない。正しくは外発的動機づけである。正の強化子はオペラント条件付けの用語であるが，オペラント条件付けは，行為者の外発的動機づけを利用したものといえる。内発的動機づけを高めるためには，例えば，便座で排泄した際に「すっきりしたね！」と子どもの内的状態に言及することで，その行動自体の価値に気づいてもらう方法があるだろう。
④ 適切。観察学習とは自分が直接経験しなくても，他者が行動した結果を観察することで，新たな行動を習得することである。
⑤ 適切。排泄の自立に限らず，基本的生活習慣の獲得全般にいえることである。

7 ③
解説
① 適切。仲間集団に適応する中で，他者の思考や感情，視点を理解する力が発達する。
② 適切。学童期の心理社会的危機は「勤勉性対劣等感」であり，つまずきにより劣等感を感じやすくなるが，挫折し，それを乗り越える経験が，その後の人生の糧になるという理解も重要である。周囲の大人には，子どもがつまずきや困難と向き合えるようサポートすることが求められる。
③ 適切ではない。青年期前期の愛着対象者は友人や恋人というより身近な大人である。不安定な時期ゆえ，反抗的な態度が見られるが，周囲の大人はその発達の過程を理解し，何かあった時の安全基地として機能できるよう，子どもを受容し，見守ることが大切である。
④ 適切。近年はSNSが友人との親密性を確認するために利用されているため，返信しないことで自分が仲間外れにされてしまうのではないかという不安から，SNSの過剰利用も問題となっている。
⑤ 適切。形式的操作もできるようになり，自己や他者を客観的に見ることにより，自己矛盾で葛藤したり，大人に対する反発心をもったりする。

専門試験

8 ①
解説

① 適切ではない。これは，自らの子どもを育てることだけではなく，組織や地域社会の中で，次の世代を意識し，次の世代のために役割を果たしていくことを意味している。

② 適切。「空の巣症候群」と呼ばれるように，育児に専念していた女性が，子どもの自立に際して自らのアイデンティティが揺らぎ心身の不調を訴えることもある。この時「自分はどう生きていくか」と再び向き合う中でアイデンティティは再体制化されていく。

③ 適切。キャッテルは，一般的知能は過去の経験や学習の影響を強く受けて発達する「結晶性知能」と，文化や教育の影響が少ない「流動性知能」に分けられると提唱した。

④ 適切。社会情動的選択理論による説明である。

⑤ 適切。この人格形成のプロセスは「個性化」と呼ばれる。

9 ④
解説

① 適切。トマスらによる縦断研究で明らかになった気質のタイプも確認しておきたい。気質と環境の相互作用の中で発達は進むため，気質と環境の適合の良さが重要であると指摘されている。

② 適切。家族というシステム(まとまり)はとても複雑で，そこで生じた問題の原因を1つに特定することは難しい。例えばこの事例では，母親が父親のサポートを得られず，子育てをひとりで背負っていることも問題の一端を担っているかもしれない。

③ 適切。父親の育児参加を促すことはもちろん，社会全体で子育てするシステムを整える必要がある。

④ 適切ではない。ある調査によれば，愛情や交流のない配偶者よりも，愛情を込めて育てているペットの方が家族とみなされる場合もあるなど，血縁関係や法的関係，同居の有無で必ずしも規定されるわけではない。家族のとらえ方は一人ひとり異なるという認識が必要である。

⑤ 適切。例えば離婚した夫婦でも，子どもを育てるコペアレンティングの関係は良好に機能するケースもある。

保育の心理学

10 ②
解説
① 適切。虐待した保護者が「しつけ」を理由とすることもあるが、「子どもにとって心身ともに健康、安全で情緒の安定した生活が少しでも脅かされれば、それは虐待」という子ども側に立った判断をすべきと考えられている。
② 適切ではない。ステップファミリーが一体感を確立するにはおよそ5～7年かかると指摘されている。実際にコミュニケーションを重ねて適切な距離感(子どもが安心・安全を感じられる距離感)を形成する必要があり、大人だけでなく子どもにも多大な労力、努力が求められる。
③ 適切。どう頑張っても保護者に愛してもらえない経験は、子どもの自己肯定感や自尊心の低下をもたらす。保育者としては子ども自身の言動を受け止め、子どもの安全基地となること、「あなたは大切な存在なのだ」と根気強く伝えていくことが大切である。
④ 適切。外国にルーツをもつ家庭に限らず多様な家庭がある中で、保育者は自分がもつ価値観を大切にしながらも、他者の価値観を否定せず受け止め、子どもの保育の必要に応じて折り合いをつけていく柔軟な姿勢が求められている。
⑤ 適切。日本では生存の維持に困難が生じる絶対的貧困の状態にある子どもは少ない一方、標準的な生活水準が維持できない相対的貧困の状態にある子どもは多くなっている。そうした家庭の保護者は仕事で忙しく、子どもに十分に手をかけられていないことも多いため、保育者は子どもとの一対一の関わりの中で愛着形成をはかりながら、基本的生活習慣の獲得を丁寧にサポートしていくことなどが求められる。

11 ⑤
解説
① 選択性緘黙は自分の意志で話さないことを選択しているという誤解を生じやすいために、当事者、保護者や支援者の間では「場面緘黙」を用いることが多い。実際には、子どもにとって話したいのに話せない状況であることに留意したい。
② 不安や葛藤を落ち着けるための行為であるとすれば、大人がびっくりして叱ることはかえって子どもの行為を助長するので、スキンシップをとるなどできる限り別のところで欲求不満が解消できるようにしていく。

専門試験

③　自閉スペクトラム症で社会的コミュニケーションが難しい理由は「心の理論」が活用できず，他者の行動の背後にある心の世界を推測することが難しいからである。したがって，他者との接触を積極的に図ろうとするケースもあるが，他者の心的状態を配慮したものではないため，コミュニケーションの観点で違和感が生じることがある。

④　レジリエンスは，ストレスの影響の受けやすさの個人差を説明する概念。もともと備わる気質的な要素と，ソーシャルサポートの状況，他者との関係の中で育まれる社会的スキルもレジリエンスを構成する大切な要素である。

⑤　適切。発音は構音とも呼ばれ，およそ6歳頃完成する。風車を強く早く吹く，笛をゆっくり優しく吹く，食事をゆっくりよく噛んで食べる，棒付きキャンディーをぺろぺろなめるといったことが口や舌を動かす練習になる。また，発音の間違いを指摘したり，笑ったりして，子どもの自尊心を傷つけることがないように気を付けたい。

⑫ ③

解説

①　適切。アイデンティティは自己に関する感覚であるが，他者との関係の中で形成されるものであるということを確認しておきたい。

②　適切。発達は連続しているという視点が重要である。

③　適切ではない。エリクソンによれば，欲求が満たされない不信を体験しながらも，それを上回る信頼の体験があれば，世界に対する基本的な信頼感は獲得されるとされている。

④　適切。「自律性対恥・疑惑」が発達課題である。自分でやろうとする気持ちを尊重することが，基本的生活習慣の獲得にもつながる。

⑤　適切。質問に限らず，好奇心のもとに，いわゆる「いたずら」をして大人に注意されることも増えるが，そうした子どもの好奇心や疑問をもつ態度は積極的に歓迎し，好奇心を満たせる環境を用意したい。

⑬ ②

解説

これらの遊びは，パーテンが子どもの社会的参加に注目して自由遊びを観察，分類したものである。特に同じもので遊んでいるが相互のやりとりのない並行遊び，物の貸し借りや会話などやりとりのある連合遊び，明確

なルールや目標があり，それにしたがって役割分担をする協同遊びの違いを整理しておきたい。また，4・5歳児クラスになると友だちと遊ぶ姿が多くなる一方で，自分のやりたいことに没頭し，ひとり遊びをする姿も見られる。ひとり遊びは決してレベルが低いものではないという点に留意したい。保育者は子どもの「自分の世界」も「友だちとの世界」も大事に，一人ひとりの成長に寄り添う姿勢が必要である。

⓮ ①
解説
① 適切ではない。環境には子どもが直接関わる環境であるマイクロシステム(親，保育者など)同士の関係であるメゾシステム(すなわち家庭と園の連携)の水準が含まれる。
② 適切。クロノシステムと呼ばれる。
③ 適切。新入園児は，保護者が必ず迎えにきてくれること，園生活の見通しがもてるようになることで，徐々に不安が低減する。まずは不安を受容することが必要。
④ 適切。アタッチメントの概念についても再度押さえておきたい。
⑤ 適切。保育士は，子どもたちの環境を通した学びを支える重要な環境のひとつである。

⓯ ②
解説
① 適切。「うさぎ」と聞いて文字にするためには「う」と「さ」と「ぎ」に音韻を分解し，1音ずつ抽出する力が必要である。
② 適切ではない。文脈を共有しない人にことばだけで伝えることは負担が高いため，「伝えたい」と思える充実した生活経験の方が求められるといえる。
③ 適切。保育所側で行われるのはアプローチカリキュラム。小学校との交流活動や，協同的な活動・話し合いなどの保育内容を工夫する形で行われている。
④ 適切。小学校教育の先取りが求められているわけではない。
⑤ 適切。保幼小連携において互恵性(双方に意味のある関係であること)はポイントの1つである。

16 ④

解説

④ 最終的に自らの不快が取り除かれるという体験が，子どもにとって周囲に対する基本的信頼を獲得するためには重要である。

17 ⑤

解説

① 適切。幼児教育を行う施設として幼稚園，子ども園と「育みたい資質・能力」と「幼児期の終わりまでに育ってほしい姿(10の姿)」が共有された。
② 適切。非認知能力(社会情動的スキル)には好奇心や集中力，自己制御能力や自己肯定感などが含まれる。
③ 適切。ピグマリオン効果とは，期待をするとその通りに子どもが伸びるというものである。
④ 適切。受容と共感を基本とするカウンセリングの技法は，保育や保護者支援においても有用である。
⑤ 適切ではない。ネガティブな気持ちをないものにせず，それを当たり前と受容してから「先生が一緒にいるよ」「大丈夫だよ」など情動調整する方が感情制御の発達を促すことができる。

18 ③

解説

③ 自己制御能力は自己抑制を核としたものではなく，自己主張と自己抑制の2側面からなり，そのバランスをとる力といえる。自己主張も社会生活においては重要であり，双方の主張をしっかりと受け止めるようにしたい。

19 ⑤

解説

⑤ 保育においては目に見える行動を観察，記録するだけではなく，当事者の目線に立ち，当事者の気持ちになってその行動に対して考察を行っていくことが大切である。

第5章

専門試験
子どもの保健

専門試験

≧ POINT ≧

1. 子どもの保健の意義

▶ 子どもの保健の意義

　子どもの命を護り，子どもの発育(成長・発達)を見守り，健康を保持増進させることは，保育士の大切な役割である。子どもの保健では，

子どもの体のしくみや疾病の正しい知識を身につけ，疾病の早期発見・早期対応および疾病予防の他，子どもの事故予防や救急対応だけではなく，子育て支援や地域連携

について活用していかなければならない。

▶ 健康の定義

　「健康」は，WHO(世界保健機構)によると，以下のように定義されている。

「健康とは，病気でないとか弱っていないということではなく，肉体的にも精神的にも，社会的にもすべてが満たされた状態である。」

　この条文にあるように，ただ病気でない，弱っていないというだけではなく，心身ともに，また社会生活においてもすべてが満たされている状態である。子どもの虐待や社会情勢も含めた子どもの健康全般について，理解を深めておきたい。

　また，親の喫煙など生活習慣が子どもに影響を与えることも多々ある。**乳幼児突然死症候群(SIDS)**についても，原因や予防をしっかり理解しておきたい。

2. 子どもの発育と成長・発達

　子どもの発達や発育，運動機能等について正しく理解し，評価することが大切である。

▶ 小児期の区分

　発育とは，成長と発達の両方を含めたものをあらわす用語として使われる。子どもは成長・発達の段階により，いくつかに区分される。一般的な小児期の区分は，以下の通りである。

- **新生児期**：生後4週目未満の時期
- **乳児期**　：生後1年未満(新生児期を含む)の時期
- **幼児期**　：1歳以上小学校就学前まで
- **学童期**　：小学校入学から満18歳まで

136

▶ 成長・発達

　成長は、量的増大をいい、乳幼児では身長、体重、頭囲、歯の本数が増えていく状態などがあたる。

　発達は、臓器の持つ機能を発揮していく過程、未熟な状態から成熟する過程を言う。例えば運動機能においては、脳が成熟していく過程で首がすわり、お座りをして、1歳から1歳半ころまでに立って歩けるようになる過程をいう。

　成長・発達の原則は、
①頭部から尾部へ　②中心から末梢部へ　③全体から特殊へ
の3つを頭に入れておくとよい。また、子供の成長・発達は個人差が大きいが、発育は身体の各部が一様に進むのではなく、速度も一定ではない。身長や体重は乳児期に著しく伸び、臓器別では、脳神経系と免疫系の発育が乳児期に著しく、生殖系は12歳以降に進むことを覚えておくと子どもを理解しやすい(**スキャモンの発達・発育曲線**参照)。

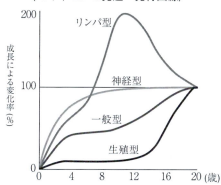
〈スキャモンの発達・発育曲線〉

▶ 発育評価

　身体発育評価の基準は、乳幼児では10年に一度厚生労働省が実施している乳幼児身体発育調査に基づく男女別の乳児身体発育パーセンタイル曲線が用いられる。パーセンタイルとは、データを小さい順に並べ、最小値から数えて何パーセント目に位置するかを表す値である。母子健康手帳などに乳幼児身体発育パーセンタイル曲線などは掲載されているため、確認しておきたい。

　そのほか、肥満とやせの判断の指標として、肥満度の計算や身長体重曲線、指数を用いるカウプ指数、ローレル指数などによって評価する。

専門試験

・肥満度：肥満度(%) = $\dfrac{実測体重〔kg〕- 身長別標準体重〔kg〕}{身長別標準体重〔kg〕} \times 100$

（評価：[乳幼児]±15％が「ふつう」

[学童以降]±20％が「ふつう」）

・身長体重曲線：横軸に身長(cm)縦軸に体重(kg)

（評価：－15％超＋15％未満が標準）

・カウプ指数：体重(g)÷身長(cm)^2×10

（評価：15以上19未満が標準）

・ローレル指数：体重(kg)÷身長(m)^3×10

（評価：115以上145未満が標準）

精神発達については運動発達以上に個人差が大きい。言葉の発達は，DENVERⅡ(発達判定法)などを参考にして，発達の基本を理解していくことが大切である。

3. 子どもの生理機能の発達

〈脳〉

出生時の体重は約3000g，3カ月で2倍，1歳で3倍になる。身長は50cm，1歳で1.5倍になる。脳の重量は出生時は大人の25％(350g)で，3歳で約80％，6歳で大人の90％に達する。

脳は大脳，間脳，下垂体，脳幹(中脳・橋・延髄)，小脳からなる。出生時，乳幼児期は未熟で，5つの感覚器官(耳，眼，皮膚，舌，鼻)を通し情報を入力し，大脳はその情報を識別統合し，それに応じた行動を起こす。乳幼児期の脳の発達や情報処理に関しては，よく理解しておきたい。

〈呼吸・循環〉

生後肺呼吸が開始され臍帯が結紮されると，次第に胎児期特有の循環経路である静脈管，卵円孔，動脈管が閉鎖し，成人循環に移行する。1回の拍出量，呼吸量が少なく，その分数を多くして循環・呼吸を維持するため，年齢が低いほど心拍数(脈拍数)，呼吸数は多い。新生児期から2歳ころまでは腹式呼吸，2歳ころより胸腹式呼吸になり，7歳ころになると胸式呼吸になる。

〈水分代謝〉

新生児，乳児期の腎臓は未熟であり，成人の機能に達するのは2～3歳ころ

子どもの保健

である。小児は体重に占める水分の割合が成人に比べ多い。新生児では80％，乳児前期で75％，乳児後期で70％，成人では60％である。

〈体温調節機能〉

　子どもは体温調節機能が未熟なため，環境温度により体温は上昇しやすい。高温・多湿などでは熱の放散が容易に妨げられるため体温は上昇しやすく，夏季熱やうつ熱を起こしやすい。そのため環境温度に注意して衣服の調節をする必要がある。

〈免疫機能〉

　免疫グロブリンには，IgA，IgG，IgM，IgD，IgEの5種類ある。IgGは胎盤を通過できるため，新生児は母子免疫としてIgGを持って生まれる。また母乳にはIgAが含まれており，感染症の予防に有効である。

〈骨と歯〉

　新生児の脳頭蓋は6種8個の骨からできている。前側前頭骨と頭頂骨の間隙を大泉門，後側後頭骨と頭頂骨の間隙を小泉門という。小泉門は生後間もなく閉鎖する。大泉門は1歳6カ月頃までに閉鎖する。

　乳歯は，生後6カ月～8カ月頃，下の中央(乳中切歯)から生えはじめ，1歳半くらいになると第一乳臼歯が，2歳ごろまでに乳犬歯が生え，最後に第2乳臼歯が2歳半から3歳ころに生え，乳歯20本が揃う。

4．子どもの健康観察，疾病の予防および適切な対応

▶ 健康観察

　平常時の子どもの健康観察のポイントをしっかり頭に入れておくことが必要である。「いつもと違う」「何か変」ということに早期に気づき対応できる能力が，保育者には必要不可欠である。

　また，子どもが罹患しやすい疾病の症状を見分けるポイント，体調不良時の対応について理解しておくことが大切である。

【体調不良時の対応】

・発熱

　熱の放散が上手くいかないうつ熱と，細菌やウイルスに感染することによって発熱物質がプロスタグランジンを産生させ体温が上昇する発熱があ

139

る。むやみに解熱剤を使用して熱を下げない。

・けいれん

　意識はないことが多い。子どもは熱性けいれんが一番多い。発熱がない場合はてんかんが代表的な病気である。けいれんがおきた場合は，発熱の有無，どこからおきたか，左右差，持続時間などを観察する。

・嘔吐・下痢

　発熱や腹痛，その他の症状を伴う場合，感染症を疑う。その場合の吐物・排泄物の処理を適切に行う。また，イオン水や経口補水液などの水分が摂れない場合は，医療機関を受診する。

・咳・呼吸困難・喘鳴

　気道感染症や喘息などで空気の通り道が狭くなった時にゼーゼーなど雑音が見られる。これを喘鳴という。この場合，横にさせるより縦抱きや座らせる姿勢を取らせた方が呼吸しやすい。顔色や口唇の色がすぐれなかったりするときは医療機関を受診する。

▶ 感染症や予防接種

　子どもが罹患しやすい疾患(感染症や消化器疾患など)について理解を深めておくとよい。また感染の予防と対策として，感染源対策，感染経路対策(飛沫感染，空気感染，接触感染，経口感染)，感受性対策(予防接種)があり，特に予防接種スケジュールについても理解しておくとよい。生ワクチンか不活化ワクチンか，定期接種か任意接種かなど基本的なことも覚えておくとよい。

【子どもが罹りやすい感染症・疾病】

　麻疹(はしか)，風疹(三日はしか)，流行性耳下腺炎(おたふくかぜ)，伝染性膿痂疹，手足口病，伝染性紅斑(リンゴ病)，RSウイルス，ロタウイルス感染症，突発性発疹，溶連菌感染症

▶ 発達障害

　自閉スペクトラム症やADHDなどの特徴，診断基準などはよく理解しておきたい。また，心の病気と言われる反応性愛着障害や脱抑制型対人交流障害，愛情遮断症候群等についても，症状に気づき障害に合わせた対応ができるよう学びを深めておくとよい。

子どもの保健

5. 環境および衛生管理・安全管理
▶ 環境・衛生管理
　室内の環境や室外の環境，温度(夏期26～28℃，冬期20～23℃)や湿度(50～60%)を目安にする。玩具や器具は，水洗いおよびアルコールや次亜塩素酸ナトリウムなどで拭く。

▶ 安全管理
　災害時の対応，顕在危険，潜在危険についても理解を深めておく。教育・保育施設等における事故防止及び事故発生時の対応のためのガイドラインに沿って出題されることが増えてきている。誤嚥や窒息，食物アレルギーに関するマニュアル等，ガイドラインで確認しておくとよい。ヒヤリハット報告やPDCAサイクルなどについても理解を深めておくことが大切である。

6. けがの手当と応急処置
　創傷の手当，打撲時の対応(RICE)，鼻血や熱傷時の対応など基本的なことをしっかり覚えておくことが大切である。誤飲・誤嚥，窒息時の対応なども出題されている。心肺蘇生法やAEDの使用方法も動画で検索し，視覚から理解することも有効である。

　個別的な配慮を要するアレルギーの疾患をもつ子ども，食物アレルギーを持つ子どもへの対応などやアナフィラキシーショックの原因と対応についても理解を深めておく必要がある。

■ 専門試験

Q 演習問題

1 知的障害〈精神遅滞〉に関する記述として適切なものを，次の①〜⑤から1つ選びなさい。　　　　　　　　　　　　　(難易度■■■■□)

① 知的障害〈精神遅滞〉の評価は，知能指数のみで定義される。

② 知的障害〈精神遅滞〉は，女児のほうが男児より多い。

③ 知的障害〈精神遅滞〉の原因に，胎児性アルコール症候群は含まれない。

④ 軽度の知的障害〈精神遅滞〉においても，ほとんど原因となる要因が明確である。

⑤ 知的障害〈精神遅滞〉は，自閉性障害の代表的な併存症である。

2 子どもの欲求と防衛機制に関する記述として適切なものを，次の①〜⑤から1つ選びなさい。　　　　　　　　　　　　　(難易度■■■■□)

① 子どもが自分のほしいおもちゃを買ってもらえないとき，「あのおもちゃは面白くない」というのは「補償」の防衛機制である。

② 子どもがTVのヒーローになりきって高い所から飛び降りたり，乱暴な遊びをしたりするのは，「同一視」の防衛機制である。

③ 弟や妹が生まれたとき，上の子に幼いころの行動が現われ，親に甘えたりするのは「置き換え」の防衛機制である。

④ 子どもが自分の願いをなかなか言い出せず，我慢しているのは「抑圧」による防衛機制である。

⑤ 幼い妹や弟に対して，自分の母親にそっくりな様子で世話をしたり叱ったりするのは「投影」の防衛機制である。

3 次の文は，自閉スペクトラム症に関する記述である。適切な記述を○，不適切な記述を×とした場合の正しい組み合わせを，あとの①〜⑤から1つ選びなさい。　　　　　　　　　　　　　(難易度■■■■■)

ア 自閉スペクトラム症の症状には，「社会的コミュニケーションおよび対人的相互反応における持続的な欠陥」と「行動，興味，または活動の限定された反復的な様式」がある。

イ 2歳6カ月男児。友達や保育士と話すことはするが，会話が一方通行で目が合いにくい。母親との関係は良好である。砂場での泥遊びを極端に嫌がる。パチパチ手を打ち鳴らす。

142

子どもの保健

ウ　自閉スペクトラム症は，自閉症，アスペルガー症候群，広汎性発達障害などを含む疾患概念で，発達障害のひとつである。

エ　自閉スペクトラム症は，知的障害は持っていないことが多く，てんかんを合併することがある。

オ　自閉スペクトラム症は，発達障害の中でももっとも頻度が高く，発症率は約100人に1人いるといわれている。また，女性よりも男性のほうが約2倍多い。

	ア	イ	ウ	エ	オ
①	○	×	○	○	×
②	○	×	○	×	×
③	○	×	×	○	×
④	○	○	○	×	×
⑤	×	×	○	○	○

4 子どもの障害や問題行動に関する記述として適切なものの組み合わせを，あとの①〜⑤から1つ選びなさい。　(難易度■■□□□)

ア　衝動的で攻撃的な子どもは，家庭で虐待を受けている可能性など家庭環境を含めて考える。

イ　子どもの爪かみ，指しゃぶりは内因性の神経性習癖と考えられる。

ウ　夜尿はトイレトレーニングが不十分なことが原因と考えられる。

エ　吃音は正しく言えるまで根気よく繰り返し発音させる。

オ　ADHDの子どもには，医師によって薬剤が処方されることがある。

　　① ア，オ　　② イ，ウ　　③ イ，エ　　④ ウ，エ
　　⑤ ウ，オ

5 次の文は，「保育所におけるアレルギー対応ガイドライン(2019年改訂版)」(厚生労働省，平成31年4月)による子どものアレルギーに関する記述である。適切な記述を○，不適切な記述を×とした場合の正しい組み合わせを，あとの①〜⑤から1つ選びなさい。　(難易度■■□□□)

ア　生まれ持ったアレルギーの症状は年齢によって変化することはない。

イ　乳幼児期で起こるアナフィラキシーの原因のほとんどは食物アレルギーである。

ウ　乳幼児期早期に発症する子どもの食物アレルギーのうち，鶏卵，牛乳，

143

専門試験

小麦などについては，かなりの割合の子どもが就学前に耐性化すると考えられている。

エ 通年性アレルギー性鼻炎は主に動物(猫や犬など)のフケや毛などが原因で生じる。

オ 気管支ぜん息のときに聞かれる音(喘鳴)は，気道が広くなることで起こりやすくなる。

	ア	イ	ウ	エ	オ
①	○	×	○	○	×
②	○	○	×	×	○
③	○	×	×	○	×
④	×	○	○	×	×
⑤	×	×	○	○	○

6 「健やか親子21」に関する記述として正しい記述を，次の①〜⑤から1つ選びなさい。　　　　　　　　　　　　　　(難易度■■■■□)

① 2015年に策定された「健やか親子21」(第2次)は，2015年から5年間の国民運動計画である。

② 2013年に発表された第1次計画の最終評価報告書によると，10代の性感染症罹患率は確実に減少している。

③ 2013年に発表された第1次計画の最終評価報告書によると，低出生体重児の割合は減少している。

④ むし歯のない3歳児の割合は，2012年現在80％を切っている。

⑤ 児童虐待による死亡数の最終評価目標は，心中以外・心中それぞれ50人以下である。

7 2023年の「人口動態調査」に関する記述として適切なものを，次の①〜⑤から1つ選びなさい。　　　　　　　　　　　　(難易度■■□□□)

① 「人口動態統計」(厚生労働省)によると，2023年の母親の年齢階級別合計特殊出生率で最も高い母親の年齢は30〜34歳となっている。

② 2023年の人口動態統計において，乳児の男児における死因は先天奇形，変形及び染色体異常で約半数を占める。

③ 2023年の合計特殊出生率(総数)は，前年を上回った。

④ 2019年の出生数が100万人を下回り，その後2020年から2022年にかけて

子どもの保健

低下していたが，2023年は若干増加した。

⑤　母親の年齢(5階級)別出生数は，全ての年齢で前年より減少した。

8 身体発育(身体発育曲線，カウプ指数)に関する記述として適切なものを，次の①〜⑤から1つ選びなさい。　　　　　　　　(難易度■■□□□)

①　カウプ指数は，乳幼児の身体バランスを見る指標で，その計算方法は体重(g)÷身長(m)^2×10で示される。

②　出生率は，人口100人に対する出生数である。

③　児童福祉法では，生後1年未満(新生児期を含む)の子どもは乳児に区分される。

④　児童福祉法では，幼児は2歳以上就学前までである。

⑤　新生児期の生理的体重減少は，通常，出生体重の15％程度減少する。

9 生理機能の発達について正しい記述を，次の①〜⑤から1つ選びなさい。
　　　　　　　　　　　　　　　　　　　　　　　　　(難易度■□□□□)

①　脳細胞は出生後もしばらくは増え続け，それによって脳の重量が増える。

②　小児は一般に，大人より平熱が高い。

③　乳児のうちは胸式呼吸だが，成長とともに腹式呼吸になる。

④　乳児の脈拍は成人よりも多く，血圧も成人より高い。

⑤　新生児が緑色の便をした場合は異常と考えられる。

10 精神運動機能の発達について正しい記述の組み合わせを，あとの①〜⑤から1つ選びなさい。　　　　　　　　　　　　　(難易度■■□□□)

ア　1〜2か月　────　あやすと声を出して笑う。

イ　5〜6か月　────　首がすわる。

ウ　9〜10か月　────　ハイハイをする。

エ　11〜12か月　────　二語文を話す。

オ　1歳6か月〜2歳　──　おしっこを教える。

①　ア，イ　　②　イ，ウ　　③　イ，エ　　④　ウ，エ

⑤　ウ，オ

専門試験

⑪ 精神運動機能の発達について正しいものを，次の①〜⑤から1つ選びなさい。　　　　　　　　　　　　　　　　　　　　(難易度■■□□□)

① 原始反射は生後3か月〜1歳頃まで見られる。

② 目の前に出されたものを唇と舌でくわえ，吸う運動が反射的に起こることを哺乳反射という。

③ 手のひらを強く握ると反射的に強く握り返すことを把握反射という。

④ 緊張性頸反射は，ハイハイをするのに都合のよい反射である。

⑤ 緊張性頸反射は，伝い歩きをするのに都合のよい反射である。

⑫ 空気感染することのある感染症を，次の①〜⑤から1つ選びなさい。

(難易度■■□□□)

① 流行性耳下腺炎

② インフルエンザ

③ 百日咳

④ 水痘(水ぼうそう)

⑤ 咽頭結膜熱

⑬ 指定医療機関への入院が義務づけられている感染症を，次の①〜⑤から1つ選びなさい。　　　　　　　　　　　　　　　(難易度■■■□□)

① 痘そうなどの一類感染症

② 結核などの二類感染症

③ O−157などの三類感染症

④ ボツリヌス症などの四類感染症

⑤ インフルエンザなどの五類感染症

⑭ 小児期に見られる疾患に関する記述として正しい組み合わせを，あとの①〜⑤から1つ選びなさい。　　　　　　　　　　(難易度■■■□□)

ア　SIDS(乳幼児突然死症候群)―― うつぶせ寝

イ　アトピー性皮膚炎 ――――― 細菌感染

ウ　周期性嘔吐症 ――――――― 過食

エ　熱性けいれん ――――――― 脳神経の働きの異常

オ　てんかん発作 ――――――― 光の点滅

①　ア，イ　　②　ア，オ　　③　イ，ウ　　④　ウ，オ

146

子どもの保健

⑤　エ，オ

15 小児期に見られる症状について適切な記述を，次の①〜⑤から1つ選び
なさい。　　　　　　　　　　　　　　　　　　　　　（難易度■□□□□）

①　乳幼児の発熱は，多くは脱水によって起こる。
②　乳幼児の嘔吐は，多くは過食によって起こる。
③　乳幼児の腹痛は，精神的緊張によって起こることもある。
④　乳幼児のけいれんは，多くは脱水によって起こる。
⑤　乳幼児の咳は，おもに空気の乾燥によって起こる。

16 乳幼児期の虫歯について正しい記述を，次の①〜⑤から1つ選びなさい。
　　　　　　　　　　　　　　　　　　　　　　　　　（難易度■■□□□）

①　乳幼児期の虫歯は食品中に含まれる原因菌に感染することによって生
じる。
②　原因菌は強いアルカリを生成し，歯のエナメル質からカルシウムを溶
かす。
③　乳歯の虫歯は永久歯には影響しない。
④　奥歯よりも前歯のほうが虫歯になりやすい。
⑤　寝ながらの哺乳瓶使用は虫歯の原因になるため，問題視されている。

17 けがの応急処置について適切な記述の組み合わせを，あとの①〜⑤から
1つ選びなさい。　　　　　　　　　　　　　　　　　（難易度■■■□□）

ア　鼻出血 ─── 仰向け
イ　溺水 ──── 人工呼吸
ウ　やけど ─── 衣服を脱がし洗面器に溜めた水に患部を浸す
エ　ねんざ ─── 固定
オ　熱中症 ─── 真水を与える
　　①　ア，イ　　②　イ，ウ　　③　イ，エ　　④　ウ，エ
　　⑤　ウ，オ

18 救命処置に関する記述として適切なものを，次の①〜⑤から1つ選びな
さい。　　　　　　　　　　　　　　　　　　　　　　（難易度■■■□□）

①　呼吸停止から5分が経過するとほとんど助からない。

147

専門試験

② 乳幼児の場合，呼吸をしていないと判断した時は，1分間に胸骨圧迫60回，人工呼吸1回ずつ交互に行う。

③ 胸骨圧迫は，乳児には片手のひら，幼児には両手のひらで行う。

④ 気道確保は胸にあごを引き寄せるようにする。

⑤ 幼児にAED(自動体外式除細動器)を使用する場合，2枚が重ならないように貼れば成人用パッドを使用しても構わない。

⑲ 小児の予防接種に関する記述として適切なものを，次の①〜⑤から1つ選びなさい。　　　　　　　　　　　　　　　　(難易度■■■□□)

① 保護者は，予防接種を受けるときは母子手帳を持参し，予防接種記録の記載を受けなければならない。

② 3種混合ワクチンは，ジフテリア，結核，破傷風に対するワクチンである。

③ 流行性耳下腺炎の予防接種は，任意予防接種である。

④ 予防接種は，ワクチンの種類によって一定の間隔をあけて接種するが，注射生ワクチンは次回接種までに20日間以上あける。

⑤ ポリオワクチンとBCGワクチンは，2012年より不活化ワクチンに変更になった。

⑳ 事故防止並びに安全管理等に関する記述として適切なものを，次の①〜⑤から1つ選びなさい。　　　　　　　　　　　　　(難易度■■■■■)

① 通常の条件下では危険ではないが，何らかの条件の変化で危険となって現れる危険を顕在危険という。

② 「令和5年教育・保育施設等における事故報告集計」によると，教育・保育施設等の事故が一番起こりやすい場所は，施設内の屋内である。

③ 教育・保育施設等で発生した死亡事故や治療に要する期間が30日以上の負傷や疾病を伴う重篤な事故等(令和5年1月1日から令和5年12月31日の期間内)に国に報告のあった事故負傷等のうち7割以上が骨折によるものであった。

④ 「児童福祉施設の設備及び運営に関する基準」(昭和23年厚生労働省令第63号)第6条第2項において，避難訓練は少なくとも1年に1回は行わなくてはならないと規定されている。

⑤ 教育・保育中の事故の場合，事故に遭った子ども以外の子どもを事故

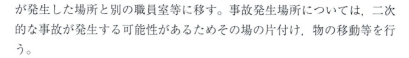

が発生した場所と別の職員室等に移す。事故発生場所については，二次的な事故が発生する可能性があるためその場の片付け，物の移動等を行う。

21 子どもの疾病・症状に関する記述として適切なものを，次の①〜⑤から1つ選びなさい。　　　　　　　　　　　　　　　　　（難易度■■■□□）
① 子どものウイルス感染時の発熱は，体温調節中枢が未熟なため熱の放散が上手くいかなくなって熱が上昇する。
② 飛沫が乾燥し，空気中に広まって感染が広がることを飛沫感染という。
③ 熱性けいれんを起こしたことがある幼児が発熱したため，予約依頼表に座薬の指示があったことを確認し，幼児を右向きに寝かせ，ベビーオイルを座薬のとがった先に塗り，肛門に挿入した。
④ 乳児アトピー性皮膚炎は，食物アレルギーとは関係ない。
⑤ 嘔吐と下痢が治まり，元気に遊んでいる場合でもノロウイルスは他児に感染する。

22 食中毒の原因菌に関する記述として正しいものを，次の①〜⑤から1つ選びなさい。　　　　　　　　　　　　　　　　　（難易度■■□□□）
① 腸炎ビブリオの原因食品は，大半が肉類である。
② サルモネラ菌は，カキなどの二枚貝から感染することが多い。
③ O-157は，十分な加熱で予防できる。また，人から人への二次感染は起こらない。
④ はちみつを1歳未満児に与えると，ボツリヌス症を発症することがある。
⑤ ブドウ球菌による食中毒は，有機農法の野菜が原因となりやすい。

23 気道異物による窒息の子どもを発見した場合の対応として適切な記述の組み合わせを，あとの①〜⑤から1つ選びなさい。　（難易度■■■□□）
ア 意識があり咳き込んでいる場合は，咳を止めるように促す。
イ 苦しそうにして反応がある場合は，背部叩打法または腹部突き上げ法を行う。
ウ 異物が取れるか反応がなくなるまで，背部叩打法または腹部突き上げ法を繰り返す。

149

| 専門試験

エ　意識がなく呼吸をしていない場合は，直ちに心肺蘇生法を行う。

オ　心肺蘇生の途中で口の中をのぞき込み異物が見えたら，胸骨圧迫を中
　　断し指を入れて異物を探り異物を取り出す。

　　① ア，イ，エ

　　② ア，ウ，オ

　　③ イ，エ，オ

　　④ イ，ウ，エ

　　⑤ イ，ウ，オ

解答・解説

1 ⑤

解説

① 知的機能は知能検査によって測られ，平均100，標準偏差15の検査では知能指数(Intelligence Quotient, IQ)70未満を低下と判断している。しかし，知能指数の値だけで知的障害の有無を判断することは避けて，適応機能を総合的に評価し，判断するべきとされている。
② 男児の方が多い。男女比はおよそ1.6：1(軽度)～1.2：1(重度)。
③ 胎児性アルコール症候群(FAS)は，こどもの精神発達遅滞や先天異常の原因の一つである。
④ 原因としては，染色体異常・神経皮膚症候群・先天代謝異常症・胎児期の感染症(たとえば先天性風疹症候群など)・中枢神経感染症(たとえば細菌性髄膜炎など)・脳奇形・てんかんなど発作性疾患があげられ，多岐にわたっているため明確ではない。
⑤ 適切。精神遅滞が重症なほど，難治性てんかんと自閉症/自閉症スペクトラム障害を有する頻度が有意に高いことが示されている。

2 ②

解説

① もっともらしい理由で自分を納得させるのは「合理化」。「補償」はある対象に劣等感を抱くとき，ほかのことで優位に立とうとする防衛機制。
② 適切。「同一視」は重要あるいは望ましい他者を自己と同一のものとみなす防衛機制である。
③ 記述は「親に構ってほしい」などの欲求が挫折したことによる「退行」である。「置き換え」はある物事への関心を別のものに置き換えて充足させようとする防衛機制。
④ 「抑圧」とは，願望や衝動を自分自身が受け入れ難い，あるいは実現困難なために，それを意識に上らせないようにしている防衛機制。記述は本人が願望をはっきりと意識している。
⑤ 母親を有能で優れた存在と感じ「同一視」している。「投影」は望ましくない自分の感情や考えを他人のものであると考える防衛機制。

④

解説

ア　正しい。自閉スペクトラム症の2つの中心症状は，1つは社会的コミュニケーションの障害，もう一つは，反復的で常同的である。
イ　正しい。社会的コミュニケーション及び対人的相互反応における持続的欠陥と反復常同性(パチパチ手を打ち鳴らす)などの症状が見られる。
ウ　正しい。現在の医学の動向としては，アスペルガー症候群と自閉症は区別することなく，広汎性発達障害などを含め自閉スペクトラム症という。
エ　自閉スペクトラム症は，約半数が知的障害を持っており，てんかんを合併することも多い。
オ　自閉スペクトラム症は，女性よりも男性のほうが約4倍多い。

 ①

解説

ア　適切。虐待を受けた子どもは精神面にもその影響が見られ，自己評価の低さ，衝動性，攻撃性，表面的で無差別な愛着などの特徴がある。
イ　爪かみ，指しゃぶり，吃音，緘黙，チック，夜驚症などの神経性習癖は，内因性ではなく心因性の適応障害と考えられる。
ウ　夜尿は排泄の自立後に起きる神経性習癖であり，ほとんどは自然に消失していく。昼間の緊張状態が原因となっていることがあり，子どもをリラックスさせるような働きかけが有効である。
エ　吃音は本人が強く意識して不安や緊張を感じると症状が悪化しやすいため，言い直しなどはさせない。
オ　適切。ADHDにより極度の興奮状態にある子どもには，医師の指示で薬剤が使われることがある。

 ④

解説

ア　「変化することはない」が誤り。アレルギー症状は年齢によって変化し，次から次へと発症・軽快・再発する。
エ　「動物(猫や犬など)のフケや毛など」が誤り。主な原因はハウスダストやダニであるとされる。
オ　「広くなる」が誤り。気道(空気の通り道)での炎症が生じた結果，気道が狭くなることで起こりやすくなる。

子どもの保健

6 ②
解説
① 「健やか親子21」は，女性と子どもの健康，思春期の健やかな体と性を目指して，NPO，関係機関・団体，地方，国が連携して支援しているもので，第1次計画が2001年度〜2014年度，第2次計画が2015年度〜2025年度までの国民運動計画である。
③ 増加している。従来死産となっていた児が出生となること等もあり，この指標が高いことは必ずしも悪いことを示してるわけではないという指摘もある。
④ 第2次計画によれば，2012年現在，81％である。5年後に85％，10年後に90％を目標としている。
⑤ 第2次計画では，心中以外，心中それぞれ一人でも減少することを目標としており，具体的な数値は掲げられていない。

7 ①
解説
① 適切。
② 2023年の乳児死亡(男児)の主な死因の構成割合では，先天奇形，変形及び染色体異常によるものは33.5％である。
③ 2023年の合計特殊出生率は，1.20であり，前年(2022年)の1.26より下がり，過去最低である。
④ 出生数は2016年以降毎年減少傾向である。
⑤ 45歳以上で前年より増加している。

8 ③
解説
① カウプ指数の計算式は，体重(g)÷身長(cm)^2×10，もしくは体重(kg)÷身長(m)^2×10である。
② 出生率は，人口1000人に対する一定期間，特に1年間の出生数である。
③ 適切。「乳児」は1歳未満の子どもを指す。児童福祉法と母子保健法で規定されており，生まれてから1歳の誕生日を迎える前日までは乳児として扱われる。
④ 幼児は，1歳以上小学校就学前までをいう。
⑤ 生理的多重減少は，通常4〜5％前後であり，10％を上回ることはない

とされている。

9 ②
解説

① 脳細胞の数が出生後に増えることはないが，グリア細胞が増えるとともに，脳細胞間の連絡網が密になるため，脳の重量が増える。
② 正しい。小児は一般に，大人より平熱が高く，ちょっとしたことで発熱しやすい。
③ 乳児のうちは胸郭の広がりが小さいため腹式呼吸だが，成長とともに胸郭を広げることができるようになるため，胸式呼吸になる。
④ 乳児の脈拍は120〜140で成人の60〜80よりも多いが，乳児の血圧は100/60で，成人の120〜130/80よりも低い。
⑤ 新生児は生後24時間以内に黒緑色の便をしたり，授乳が進んでから黄色や緑色の便をすることがあるが，異常ではない。

10 ⑤
解説

1〜2か月：明るい方を見る，あやすと笑う。　3〜4か月：首がすわる，あやすと声を出して笑う。　5〜6か月：寝返りをする。　7〜8か月：一人で座れる，「いないいないばあ」を喜ぶ。　9〜10か月：ハイハイをする，つかまり立ちをする。　11〜12か月：マンマ，パパなどの声を出す。　1歳〜1歳6か月：話す単語の数が増える。　1歳6か月〜2歳：二語文を話す，後追いが見られる，おしっこを教える。　2歳〜2歳6か月：走る。　2歳6か月〜3歳：ごっこ遊びをする，「これなあに？」を繰り返す。　4歳：自分で排便する。　5歳：ブランコをこぐ，でんぐり返しができる。
したがって，解答は**ウ**と**オ**の⑤である。

11 ①
解説

① 正しい。原始反射は生後3か月〜1歳頃まで見られ，大脳の発達とともに消失する。
② 哺乳反射は，口の周りに指が触れると，触れたものを探して唇と舌でくわえ，吸う運動が反射的に起こるものをいう。授乳の際に役立つ反射である。
③ 把握反射は，手のひらに物が触れた時に強く握りしめる運動が反射的

に起こるものをいう。

④，⑤　緊張性頸反射は，頭を一方に向けると，弓を引くように向けた側の手足を伸展し，反対側の手足を屈曲するもので，寝返りするのに都合のよい反射である。この反射が見られない場合や，極端に体を反らせてしまう場合は，神経系に異常があることも考えられる。

⑫ ④
解説

① 流行性耳下腺炎は飛沫感染・接触感染によって感染する。ワクチンによる予防が有効である。

② インフルエンザは飛沫感染・接触感染によって感染する。うがい・手洗いなどの飛沫感染対策に加え，インフルエンザワクチンの接種が有効である。生後6か月から接種可能になる。

③ 百日咳は飛沫感染・接触感染によって感染する。定期予防接種の対象になっている。

⑤ 咽頭結膜熱は飛沫感染，接触感染によって感染する。ワクチンはなく，また有効な治療薬はないので対症療法が行われる。

⑬ ①
解説

　指定医療機関への入院が義務づけられているのは，「一類感染症」である。一類感染症：エボラ出血熱，クリミア・コンゴ出血熱，痘そう，南米出血熱，ペスト，マールブルグ病，ラッサ熱。　二類感染症：急性灰白髄炎，結核，ジフテリア，重症急性呼吸器症候群，中東呼吸器症候群，鳥インフルエンザ(H5N1，H7N9)。　三類感染症：コレラ，細菌性赤痢，腸管出血性大腸菌感染症(O-157)，腸チフス，パラチフス。　四類感染症：E型肝炎，A型肝炎，黄熱，Q熱，狂犬病，炭疽，鳥インフルエンザ(H5N1，H7N9を除く)，ボツリヌス症，マラリア，野兎病など。　五類感染症：インフルエンザ(鳥インフルエンザ及び新型インフルエンザ感染症を除く)，ウイルス性肝炎(E型肝炎及びA型肝炎を除く)，クリプトスポリジウム症，後天性免疫不全症候群，性器クラミジア感染症，梅毒，麻しん，メチシリン耐性黄色ブドウ球菌感染症など。

14 ②
解説
- ア SIDS(乳幼児突然死症候群)の原因はまだはっきりとはわかっていないが，うつぶせ寝は発生頻度を高める要因の1つであることがわかっている。
- イ アトピー性皮膚炎はアレルギー疾患の1つで，遺伝的体質に環境因子やアレルゲンが加わって発症する。
- ウ 周期性嘔吐症は2～10歳の小児に多く，体質的なものに感染症や疲労，緊張，興奮などが誘因となって発症する。
- エ 熱性けいれんは発熱によって起こるけいれん発作をいう。
- オ てんかんとは，発作的に起こる脳の律動異常に対して，けいれんや意識障害などの症状が現れるもの。光の点滅が誘因となることがある。
したがって，解答はアとオの②である。

15 ③
解説
① 乳幼児の発熱は，風邪などの感染症によって起こることが多い。
② 乳幼児の嘔吐は，過食によって起こる場合もあるが，感染症，消化器・中枢神経系の疾病によって起こることが多い。
③ 正しい。乳幼児の腹痛は，精神的緊張によって起こることもある。
④ 乳幼児のけいれんは，中枢神経系の障害や，発熱などによって起こりやすい。
⑤ 乳幼児の咳は，呼吸器疾患によって起こることが多い。空気の乾燥は喉の粘膜が傷つきやすくなるほか，インフルエンザウイルスが増殖しやすいことなどから，呼吸器疾患を引き起こす要因となる。

16 ⑤
解説
① 虫歯の原因菌はストレプトコッカス・ミュータンスと呼ばれるもので，保育者から感染すると考えられている。
② ストレプトコッカス・ミュータンスは食品中の糖から強い酸を生成し，歯のエナメル質からカルシウムを溶かし出す。進行すると象牙質や歯髄にまで広がり，痛みや腫れが生じるようになる。ほとんどの虫歯は生えて3年以内の柔らかい時期に発生する。
③ 乳歯の虫歯は永久歯の虫歯にも影響するため，乳歯のうちから虫歯を

子どもの保健

　　予防することが重要である。
　④　好発部位は上下の臼歯と上の切歯である。
　⑤　正しい。寝ながらの哺乳瓶使用や，健康飲料による水分補給が虫歯の原因になるため，問題視されている。

 ③
解説
　ア　誤り。鼻出血の場合，血液がのどへ流れないよう，上を向いたり仰向けにしたりしないことが原則。軽い出血ならティッシュで押さえるだけで止まるが，多い場合は首の付け根部分を冷やす。
　イ　正しい。溺水した場合，呼吸をしていないようなら人工呼吸を行う。無理に吐かせようとすると胃の水が肺に入ることがあるので，あわてて吐かせなくてよい。
　ウ　誤り。やけどは衣服を着せたまま流水で十分に冷やすことが原則。衣服を脱がせると皮膚がはがれる恐れがある。
　エ　正しい。ねんざや骨折をした場合は，その部分が動かないように，添え木と包帯で固定する。
　オ　誤り。熱中症の場合はただちに涼しい場所へ移動させ，体を冷やす。脱水を伴っていることが多いため，真水ではなくナトリウムイオンを含むスポーツドリンクなどを与える。

18 ⑤
解説
　①　心肺停止後10分以上放置されると50％が助からなくなるといわれる。
　②　乳幼児の場合も成人と同様1分間に胸骨圧迫30回，人口呼吸2回ずつ実施する。
　③　胸骨圧迫は，乳児の場合人差し指と中指で実施する。幼児の場合は方手のひらあるいは両手のひらどちらで実施してもよい。
　④　気道確保は，頭部を後屈させ，あご先を挙上させる方法が一般的であるが，転倒・外傷など頸椎保護が必要な患者には下顎挙上を行う。
　⑤　適切。

 ③
解説
　①　予防接種記録の交付は，母子健康手帳への記載又は予防接種済証の交

付であり，母子手帳に記載を受けなければならないは誤り。
② 3種混合ワクチンは，ジフテリア，百日咳，破傷風に対するワクチンである。
③ 適切。
④ 注射生ワクチンの接種後，次の注射生ワクチンの接種を受けるまでは27日以上の間隔をおくこと。2020年10月から経口生ワクチンや不活化ワクチンの接種間隔は同じワクチンを複数接種する場合を除き，原則制限がなくなっている。
⑤ ポリオワクチンは，2012年より不活化ワクチンに変更になったが，結核の予防接種であるBCGワクチンは，生ワクチンであり，不活化ワクチンに変更されてはいない。

解説

① 通常の条件下では危険ではないが，何らかの条件の変化で危険となって現れる危険は潜在危険と言われ，1：環境の潜在危険，2：服装の潜在危険，3：行動の潜在危険，4：心理状態の潜在危険などに分類できる。
② 負傷等の事故の発生場所は，施設内が2,481件〔90％〕，そのうち1,387件〔56％〕は施設内の室外で発生している。
③ 適切。死亡及び負傷集計2,772のうち2,189が骨折によるものである。
④ 児童福祉施設の設備及び運営に関する基準第6条においては，「児童福祉施設においては，軽便消火器等の消火用具，非常口その他非常災害に必要な設備を設けるとともに，非常災害に対する具体的計画を立て，これに対する不断の注意と訓練をするように努めなければならない。」とするとともに，避難及び消火に対する訓練は「少なくとも毎月1回」は行わなければならないとされる。
⑤ 「教育・保育施設等における事故防止及び事故発生時の対応のためのガイドライン【事故発生時の対応】～施設・事業所，地方自治体共通～」(平成28年3月　厚生労働省)では，事故直後についてはまずは事故に遭った子どもの応急処置を行う。施設・事業所の長，他の職員と連絡をとり，緊急時の役割分担表等に基づき各職員について事故対応に係る役割を分担する。また，事故が発生した現場を，現状のまま保存しておく。教育・保育中の事故の場合，事故に遭った子ども以外の子どもを事故が発生した場所と別の保育室等に移す。事故発生場所については，二次的な

子どもの保健

事故が発生する可能性がある場合を除き，片付け，物の移動等を行わない，と記載されている。

 ⑤
解説
① これはうつ熱の説明。
② これは空気感染の説明。
③ 右向きではなく，左向きに寝かせて座薬を挿入する。
④ 関係がないわけではなく，食物アレルギーを合併していることが多い。
⑤ ノロウイルスは回復後も1週間程度便中に存在し続けると言われているため，排せつ物の処理，他児への感染予防に引き続き注意する必要がある。

 ④
解説
① 腸炎ビブリオの原因食品は，大半が魚介類である。軽症であることが多いが，加熱で死滅するので，魚介類は加熱調理して食することが望ましい。
② サルモネラ菌は鶏卵の殻に付いていることがあるので，卵の殻の処理に注意する。
③ O-157は加熱の不十分な牛肉や，生野菜から感染することがある。人から人への二次感染もある。多くは一過性で終わるが，まれに重症合併症を発症するといわれている。
④ 正しい。はちみつを1歳未満児に与えると，ボツリヌス症を発症することがあるため，与えないようにする。
⑤ ブドウ球菌は手指の傷に存在するので，傷のある手でにぎられたおにぎりなどから感染することが多い。近年は情報が行き渡り，予防が図られるようになったため，激減している。

23 ④
解説
ア 誤り。強いせきをしているときは，自力で異物を排出できることもあるため，咳を止めさせない方がよい。
イ，ウ 正しい。どちらかの方法を数回行い，効果がなければもう1つの方法に切り替え，両方を交互に繰り返す。異物が取れるか，反応がなくな

専門試験

るまで，または救急隊の到着まで続行する。

エ 正しい。

オ 誤り。心肺蘇生の途中で異物が見えたら，指で取り除くようにする。見えない場合はやみくもに口の中を探らず，そのために胸骨圧迫を長く中断してはいけない。

第6章

専門試験
乳児保育

■■ 専門試験

≡ POINT ≡

1. 乳児の発育・発達と生活の支援
▶ 乳児の発育・発達

　平成29年に告示された保育所保育指針では,「第2章　保育の内容」の中で,「1　乳児保育に関わるねらい及び内容」,「2　1歳以上3歳未満児の保育に関わるねらい及び内容」,「3　3歳以上児の保育に関するねらい及び内容」の三区分に乳幼児の発達を分けて記述をしている。児童福祉法第4条にて,乳児の定義は「満一歳に満たない者」,また幼児は「満一歳から,小学校就学の始期に達するまでの者」とされているので,乳児とは1歳未満児を指すが,一般的に乳児保育における対象は3歳未満児なので区別が必要である。

　乳児(以下3歳未満児を指す)期の発達の特徴を踏まえ,保育所保育指針「第2章　保育の内容」では以下のような視点でまとめられている。

【乳児保育(1歳未満児)】
　(1)身体的発達に関する視点「健やかに伸び伸びと育つ」
　(2)社会的発達に関する視点「身近な人と気持ちが通じ合う」
　(3)精神的発達に関する視点「身近なものと関わり感性が育つ」
【1歳以上3歳未満児】
　(1)健康(心身の健康に関する領域)
　(2)人間関係(人との関わりに関する領域)
　(3)環境(身近な環境との関わりに関する領域)
　(4)言葉(言葉の獲得に関する領域)
　(5)表現(感性と表現に関する領域)

▶ 乳児への配慮事項

　乳児に対し,保育士が配慮する事項として,保育所保育指針「第2章　保育の内容」では各項目の視点から具体的に示されている。

【乳児保育(1歳未満児)】
　(1)保健的な対応　(2)応答的な関わり　(3)連携をはかった対応
　(4)保護者への支援　(5)職員間の協力
【1歳以上3歳未満児】
　(1)保健的な対応　(2)事故防止への努力　(3)多様な遊びの取り入れ
　(4)情緒の安定　(5)自発的な活動の尊重　(6)職員間の協力

162

乳児保育

2．乳児の食生活と栄養

　乳児期の食生活のポイントは，乳汁栄養や離乳食から幼児食への移行である。授乳・離乳を取り巻く社会環境等の変化を踏まえ，また授乳及び離乳の望ましい支援の在り方について「**授乳・離乳の支援ガイド**」が2019年3月に改定された。基本的な考え方としては，育児支援の視点を重視し，母親等に寄り添っている。また，多機関，多職種の保健医療従事者が授乳及び離乳に関する基本的事項を共有し，一貫した支援を推進することとしている。改定の主なポイントは以下の通りである。

(1) 授乳・離乳を取り巻く最新の科学的知見等を踏まえた適切な支援の充実
(2) 授乳開始から授乳リズムの確立時期の支援内容の充実
(3) 食物アレルギー予防に関する支援の充実
(4) 妊娠期からの授乳・離乳等に関する情報提供の在り方

3．乳児の疾病とその予防対策

　母子健康手帳では，市町村によっては乳児期に発生しやすい乳幼児突然死症候群(SIDS)や股関節脱臼についての予防を呼びかけ，乳幼児揺さぶられ症候群についての説明をしているものもある。

・SIDSとは，それまで元気だった赤ちゃんが睡眠中に何の前ぶれもなく亡くなってしまう病気です。　(1)赤ちゃんを寝かせるときは，あお向け寝にしましょう。　(2)妊娠中や赤ちゃんの周囲では，たばこを吸ってはいけません。　(3)できるだけ母乳で育てましょう。
・股関節脱臼は脚のつけ根の関節がはずれる，女児や逆子(骨盤位)に多い病気です。この予防には，赤ちゃんの両脚は，両膝と股関節が十分曲がったM字型で，外側に開いて自由に動かせることが好ましいため，抱っこは正面抱きとし，寝ている姿勢等にも気をつけましょう。
・赤ちゃんは激しく揺さぶられると，首の筋肉が未発達なために脳が衝撃を受けやすく，脳の損傷による重大な障害を負うことや場合によっては命を落とすことがあります。赤ちゃんが泣きやまずイライラしてしまうことは誰にでも起こり得ますが，赤ちゃんを決して揺さぶらないでください。万が一激しく揺さぶった場合は，すぐに医療機関を受診し，その旨を伝えましょう。

専門試験

4. 乳児への虐待問題

　保育所保育指針「第4章　子育て支援」の「2　保育所を利用している保護者に対する子育て支援」の「(3)不適切な養育等が疑われる家庭への支援」には，

> ア　保護者に育児不安等が見られる場合には，保護者の希望に応じて個別の支援を行うよう努めること。
> イ　保護者に不適切な養育等が疑われる場合には，市町村や関係機関と連携し，要保護児童対策地域協議会で検討するなど適切な対応を図ること。また，虐待が疑われる場合には，速やかに市町村又は児童相談所に通告し，適切な対応を図ること。

と記載されている。子ども虐待による死亡事例等の検証結果等について(第19次報告，厚生労働省)では，虐待死亡事例のおよそ半数が0歳児であることからも，子どもが低年齢・未就園で離婚・未婚等によりひとり親である場合に，特に注意して対応する必要があるとしている。

5. 児童福祉施設における保健対策

　児童福祉施設の設備及び運営に関する基準(厚生労働省)では，第3章に乳児院，第5章に保育所関連の記述がある。

　乳児院については，設備の内容や広さ，職員の資格や配置人数，養育の意義，観察方法，自立支援計画，業務の質の評価，関係機関との連携について示されている。また，保育所については，設備の内容や広さに加え，保育時間や保育の内容，保護者との連絡についても記載がある。

　保育所保育指針「第2章　保育の内容」の「1　乳児保育に関わるねらい及び内容」の「(3)保育の実施に関わる配慮事項」に記載されているように，乳児は疾病への抵抗力が弱く，心身の機能の未熟さに伴う疾病の発生が多いことから，乳児の保健対策に関連する看護師や嘱託医との連携は細かく定められている。

6. 子育て支援

　平成29年に告示された保育所保育指針では，「保護者に対する支援」から「子育て支援」に改められ，在園児やその保護者だけでなく，地域の保護者等もその対象となった。保護者と連携して「子どもの育ち」を支えるという視点を持ち，子どもの育ちを保護者とともに喜び合うことを重視するとともに，保育所が行う地域の子育て支援の役割が重要になっていることが背景としてあげられる。

乳児保育

Ｑ 演習問題

① 次の【事例】を読んで，【設問】に答えなさい。　　　（難易度■■■□□）

【事例】

　　Ｅさんは，1歳のＦちゃんを保育所に預けて働いている。最近，Ｅさんの表情が暗く，疲れているような印象を受けていた担任保育士は，Ｅさんに声をかけてみる。Ｅさんは，「仕事が忙しく，Ｆのことをしっかりと見てあげられていないような気がする。Ｆが泣くとイライラしてしまう」と言う。

【設問】

　　担当保育士の保護者への対応として，「保育所保育指針(平成29年3月)」「第4章　子育て支援」の「1　保育所における子育て支援に関する基本的事項」に照らし，適切な記述を○，不適切な記述を×とした場合の正しい組み合わせを，あとの①～⑤から1つ選びなさい。

Ａ　保護者の話に傾聴し，「お仕事も子育ても大変ですよね」と保護者の気持ちを受容する。

Ｂ　保護者に適切な子育て方法を指導するため，園が子育て方法をリードしていく。

Ｃ　この解決には多様な角度からの分析が必要なので，園全体で話し合ったり，友人に相談したりして解決の糸口を探る。

Ｄ　Ｅさんの様子を引き続き把握しながら，必要に応じてイライラした場合の対応などを伝えていく。

	Ａ	Ｂ	Ｃ	Ｄ
①	○	×	×	○
②	○	×	○	○
③	○	○	○	×
④	×	○	×	○
⑤	×	×	×	○

② 乳児期の言語発達について適切なものを，次の①～⑤から1つ選びなさい。　　　（難易度■■■□□）

①　2歳半頃に単語をふたつつなげた二語文を使うようになる。

②　生後2～3か月頃にクーイングが始まる。

165

専門試験

③ 1歳頃に言葉の機能をもつ発声である喃語が現れる。

④ 1歳半頃に「ママ」「マンマ」などの初語が見られる。

⑤ 8か月頃から大人の顔を見つめながら「アー」「ウー」などの発声が見られる。

3 次の保育所での【事例】を読んで，【設問】に答えなさい。

(難易度■■■■□)

【事例】

　0歳児クラスの子ども達が砂場で遊んでいる時に，幼児クラスの子ども達が砂場にトンネルを掘り，水を流そうとコップを持ってきた。Eちゃんは，それを見て「あ！」と言って(a)指さした。保育士は「お水が流れるね」と言った。Eちゃんは，(b)水が流れる様子と保育士の顔を交互に見つめる。その時，園庭のフェンスにカラスが止まり，(c)保育士がそちらに視線を移すと，Eちゃんもカラスの方向を見る。保育士がEちゃんに「カラスさんが来たね。ちょっと怖いね」と怖がるような表情をすると，(d)Eちゃんは保育士にぴったりとくっつく。

【設問】

　【事例】の文中にある下線部(a)～(d)を説明する語句を【語群】から選択した場合の最も適切な組み合わせを，あとの①～⑤から1つ選びなさい。

【語群】

　　ア　三項関係　　　イ　二項関係　　　ウ　共同注意　　　エ　社会的参照

　　オ　協働視線　　　カ　感情認知　　　キ　指さし行動　　　ク　視線追従

① (a)－キ　　(b)－ア　　(c)－オ　　(d)－エ

② (a)－キ　　(b)－オ　　(c)－ク　　(d)－カ

③ (a)－イ　　(b)－ウ　　(c)－ア　　(d)－カ

④ (a)－キ　　(b)－ウ　　(c)－ク　　(d)－エ

⑤ (a)－イ　　(b)－オ　　(c)－ウ　　(d)－カ

4 「保育所保育指針」(平成29年3月)に示されている1歳以上3歳未満児の保育に関わる配慮事項について正しいものを，次の①～⑤から1つ選びなさい。

(難易度■■■□□)

① 身体の活動が活発になることにより事故が起きやすいので，全身を使う遊びを避けるなどして事故防止に努める。

166

乳児保育

② 子どもの自我の育ちを見守り，友達とのけんかなども子ども同士で解決できるよう，介入せずに見守る。

③ 食事，排泄，睡眠などの生活に必要な基本的習慣については，一人一人の状態に応じて行うようにし，子どもが自分でしようとする気持ちを尊重する。

④ 感染症にかかりやすい時期なので，救急用の薬品を常備し，常に特定の職員が対応するようにしておく。

⑤ 担当の保育士は，子どものそれまでの経験や発達過程に留意しながら，定期的に替えることが望ましい。

5 児童福祉施設の設備及び運営に関する基準の規定として適切でないものを，次の①～⑤から1つ選びなさい。　　　　　　　（難易度■□□□□）

① 乳児または満2歳に満たない幼児を入所させる保育所には，乳児室又はほふく室，医務室，調理室及び便所を設ける。

② 乳児室の面積は，乳児または満2歳に満たない幼児1人につき1.65m²以上とする。

③ ほふく室の面積は，乳児または満2歳に満たない幼児1人につき3.3m²以上とする。

④ 保育士の数は，乳児おおむね2人につき1人以上，満1歳以上満3歳に満たない幼児おおむね6人につき1人以上とする。

⑤ 保育所における保育時間は，1日につき8時間を原則とする。

6 児童福祉施設の設備及び運営に関する基準における乳児院の最低基準に関する記述として正しいものを，次の①～⑤から1つ選びなさい。

（難易度■■□□□）

① 乳児10人未満を入所させる乳児院には，嘱託医，看護師，家庭支援専門相談員および調理員またはこれに代わるべき者を置かなければならない。看護師の数は5人以上とする。

② すべての乳児院において，乳児が入所した日から，医師または嘱託医が適当と認めた期間，観察室に入室させて，その心身の状況を観察しなければならない。

③ 乳児10人以上を入所させる乳児院には2名以上の看護師が必要であり，おおむね10人増すごとに1人以上看護師を置く必要がある。

167

専門試験

④ すべての乳児院に診察室・病室を設けることが定められている。

⑤ 乳児10人以上を入所させる乳児院には小児科の診療に相当の経験がある医師を置くことが定められており、嘱託医は認められていない。

7 こども家庭庁「11月は『乳幼児突然死症候群(SIDS)』の対策強化月間です」の内容として不適切なものを、次の①〜⑤から1つ選びなさい。

(難易度■■■□□)

① SIDSとは、それまで元気だった赤ちゃんが睡眠中に何の前ぶれもなく亡くなってしまう事故である。

② 1歳になるまでは、あおむけに寝かせる。

③ 医学上の理由でうつぶせ寝を勧める場合は、医師の指導を守る。

④ 妊娠中の喫煙や妊婦や赤ちゃんのそばでの喫煙はやめる。

⑤ できるだけ母乳で育てる。

8 乳児保育の現状と対策に関する記述として適切なものを、次の①〜⑤から1つ選びなさい。

(難易度■■■■■)

① 少子化が進む中、乳児の総数も減っている。一方で保育所等も減少しているため、入所できる児童数が減り、待機児童が増えている。

② 全体的な保育利用数が増え、3歳以上児については待機児童が解消されつつあるが、0歳児の待機児童数は増加している。

③ 全国の市町村のうち8割以上で待機児童なしとなっている。

④ 待機児童が100人以上の市区町村は5市区町村である。

⑤ 新子育て安心プランでは、令和3年度から6年度末までに14万人分の保育の受け皿を整備する予定である。その中に幼稚園での預かり保育は含まれていない。

9 「保育所保育指針解説」(平成30年2月)に示されている3歳未満児の指導計画に関する記述として正しいものを、次の①〜⑤から1つ選びなさい。

(難易度■□□□□)

① 計画は、週ごとに個別の計画を立てることを基本として、子どもの状況や季節の変化により、週ごとの区分にも幅を持たせ、ゆったりとした保育を心がける。

② 子どもの1日の生活全体の連続性を踏まえて、栄養士と「子どもの育ち

乳児保育

を共に喜び合う」という基本姿勢のもと，栄養士との連携を指導計画に盛り込む。

③　心身の発達に即してグループ分けを行い，グループごとの指導計画を作成する。

④　3歳未満児は心身の諸機能が未熟であるため，担当する保育士間の連携はもちろんのこと，看護師・栄養士・調理員等との緊密な協力体制の下で，保健及び安全面に十分配慮することが必要である。

⑤　情緒的な絆を深められるよう，常に特定の保育士が特定の子どもを担任するようにし，年度替わりや年度途中に担任が替わることがないようにする。

❿　次の(a)～(d)の下線部分のうち，「保育所保育指針」（平成29年3月）の「第4章　子育て支援」の「3　地域の保護者等に対する子育て支援」の一部として，適切なものを○，不適切なものを×とした場合の正しい組み合わせを，あとの①～⑤から1つ選びなさい。　　　　（難易度■■■■□）

保育所は，児童福祉法(a)第50条の4の規定に基づき，その行う保育に支障のない限りにおいて，(b)地域の実情や当該保育所の体制等を踏まえ，地域の保護者等に対して，保育所保育の(c)特性を生かした子育て支援を(d)必要に応じて行うよう努めること。

	(a)	(b)	(c)	(d)
①	○	○	×	×
②	○	×	○	×
③	×	○	×	○
④	×	○	○	○
⑤	×	○	×	×

⓫　乳児等への虐待に関する記述として正しいものを，次の①～⑤から1つ選びなさい。　　　　（難易度■■■■□）

①　児童虐待（0～17歳の子どもに対する虐待）の死亡事例は月齢0か月に集中しており，0歳児が全体の半数を占める。

②　児童虐待の死亡事例における主たる加害者は，実母と実父がほぼ同じ割合である。

③　児童虐待の直接死因で最も多いのは全身打撲である。

169

専門試験

④　近年ネグレクト事例が増加しているが，ネグレクトの種類で多いのは，家に残したまま外出することより，食事を与えないなどの養育放棄である。

⑤　児童虐待の死亡事例における原因としては，身体的虐待とネグレクトがほぼ同数となっている。

⑫「保育所保育指針解説」(平成30年2月)の「第1章　総則」の「2　養護に関する基本的事項」の「(2)養護に関わるねらい及び内容」の「イ　情緒の安定」の「(ア)ねらい」であげられていないものを，次の①～⑤から1つ選びなさい。　　　　　　　　　　　　　(難易度■□□□□)

①　一人一人の子どもが，安定感をもって過ごせるようにする。

②　一人一人の子どもが，自分の気持ちを安心して表すことができるようにする。

③　一人一人の子どもが，周囲から主体として受け止められ，主体として育ち，自分を肯定する気持ちが育まれていくようにする。

④　一人一人の子どもが，くつろいで共に過ごし，心身の疲れが癒されるようにする。

⑤　一人一人の子どもの生理的欲求が，十分に満たされるようにする。

⑬「保育所保育指針解説」(平成30年2月)の「第2章　保育の内容」の「1　乳児保育に関わるねらい及び内容」の「(3)保育の実施に関わる配慮事項」の内容として誤っているものを，次の①～⑤から1つ選びなさい。　　　　　　　　　　　　　　　　　　　　　(難易度■□□□□)

①　乳児は疾病への抵抗力が弱く，心身の機能の未熟さに伴う疾病の発生が多いことから，一人一人の発育及び発達状態や健康状態についての適切な判断に基づく保健的な対応を行うこと。

②　一人一人の子どもの生育歴の違いに留意しつつ，欲求を適切に満たし，特定の保育士が応答的に関わるのではなく，複数の保育士で対応するようにすること。

③　乳児保育に関わる職員間の連携や嘱託医との連携を図り，(中略)，適切に対応すること。栄養士及び看護師等が配置されている場合は，その専門性を生かした対応を図ること。

④　保護者との信頼関係を築きながら保育を進めるとともに，保護者からの相談に応じ，保護者への支援に努めていくこと。

乳児保育

⑤ 担当の保育士が替わる場合には，子どものそれまでの生育歴や発達過程に留意し，職員間で協力して対応すること。

⑭ 次の文は「保育所保育指針」(平成29年3月)の「第2章　保育の内容」の「1　乳児保育に関わるねらい及び内容」の一部である。(Ａ)・(Ｂ)にあてはまる語句の正しい組み合わせを，あとの①〜⑤から1つ選びなさい。　　　　　　　　　　　　　　　　(難易度■■■■□)

　乳児期の発達については，視覚，聴覚などの感覚や，座る，はう，歩くなどの運動機能が著しく発達し，特定の大人との(Ａ)な関わりを通じて，(Ｂ)が形成されるといった特徴がある。これらの発達の特徴を踏まえて，乳児保育は，愛情豊かに，(Ａ)に行われることが特に必要である。

	A	B
①	受容的	愛着
②	受容的	情緒的な絆
③	応答的	情緒的な絆
④	応答的	愛着
⑤	積極的	愛着

⑮ 2歳の子どもが「自分でやる」と言い張ったり，「いや」と拒否し続ける場合の対応について，最も適切といえるものを，次の①〜⑤から1つ選びなさい。　　　　　　　　　　　　　　　　　　(難易度■■■□□)

① 子どもの意欲や自分でやりたい気持ちを尊重しながら，さりげなく手を貸していく。

② まだ小さいので現実には思い通りにいかないこともあるということを話して理解させ，積極的に手を貸していく。

③ 子どもの意欲や自分でやりたい気持ちを尊重し，自分でできるまで温かく見守る。

④ 頑なに拒否し続けたり，自分の欲求が伝わらない時に手が出てしまう子どもに対しては，常に自分の思い通りにいくわけではないことを言って聞かせ，手を出さないよう指導する。

⑤ 友達とけんかになった場合はすみやかに仲裁に入り，トラブルを未然に防ぐために仲の悪い子ども同士の接触を避けるようにする。

専門試験

16 次の【事例】を読んで，【設問】に答えなさい。　　　　(難易度■■■■□)

【事例】

　　Gさんは，2歳のHちゃんを保育所に預けている。最近のHちゃんの姿について，Gさんは「目を離すとすぐにいなくなってしまう。この前は道路に飛び出していてヒヤヒヤした。手をつなごうとしても振り払って，泣いて嫌がる。他のお子さんに比べて言葉での指示が通じていないような気がする。」と保育士に相談した。

【設問】

　　担当保育士の対応として，「保育所保育指針(平成29年3月)」の「第2章保育の内容」の「2　1歳以上3歳未満児の保育に関わるねらい及び内容」に照らし，適切な記述を○，不適切な記述を×とした場合の正しい組み合わせを，あとの①～⑤から1つ選びなさい。

A　2歳の運動発達の特徴として，歩行が完成し探索行動が盛んになる時期なので事故を防止することはまだ考える必要はないことを伝える。

B　Hちゃんの行動や言語の発達について，Hちゃんが入園した当初から知っている前担任保育士から情報を得る。

C　自我が形成される時期なので，子どもが嫌がることはしない方がよいと助言する。

	A	B	C
①	○	×	○
②	○	×	×
③	○	○	○
④	×	○	×
⑤	×	×	×

17 「保育所保育指針解説」(平成30年2月)に示されている1歳以上3歳未満児の基本的事項に関する記述として適切なものを，次の①～⑤から1つ選びなさい。　　　　(難易度■■□□□)

① 全身を巧みに使いながら様々な遊びに挑戦して，活発に遊ぶ。

② 身近な人の顔が分かり，あやしてもらうと喜ぶ。

③ 見知らぬ相手に対しては，人見知りをするようになる。

④ 玩具等を実物に見立てるなどの象徴機能が発達する。

⑤ 表情や体の動き，泣き，喃語などで自分の欲求を表現する。

172

乳児保育

⓲ 「保育所保育指針」(平成29年3月)に示されている1歳以上3歳未満児の「健康」に関する保育の内容について適切なものを，次の①～⑤から1つ選びなさい。　　　　　　　　　　　　　　　　　　(難易度■■□□□)

① 一人一人の発育に応じて，はう，立つ，歩くなど，十分に体を動かす。

② 進んで戸外で遊ぶ。

③ 一人一人の生活のリズムに応じて，安全な環境の下で十分に午睡をする。

④ 身の回りを清潔にし，衣服の着脱，食事，排泄などの生活に必要な活動を自分でする。

⑤ 様々な食品や調理形態に慣れ，ゆったりとした雰囲気の中で食事や間食を楽しむ。

⓳ 「保育所保育指針」(平成29年3月)に示されている1歳以上3歳未満児の「環境」に関する保育の内容の取扱いについて適切なものを，次の①～⑤から1つ選びなさい。　　　　　　　　　　　　　　(難易度■■■□□)

① 地域の生活や季節の行事などに触れる際には，社会とのつながりや地域社会の文化への気付きにつながるものとなることが望ましい。

② 安全な環境の下で，子どもが探索意欲を満たして自由に遊べるよう，身の回りのものについては，常に十分な点検を行う。

③ 他の子どもの考えなどに触れて新しい考えを生み出す喜びや楽しさを味わい，自分の考えをよりよいものにしようとする気持ちが育つようにする。

④ 身近な事象や動植物に対する感動を伝え合い，共感し合うことなどを通して自分から関わろうとする意欲を育てる。

⑤ 表情，発声，体の動きなどで，感情を表現することが多いことから，これらの表現しようとする意欲を積極的に受け止めて，子どもが様々な活動を楽しむことを通して表現が豊かになるようにする。

⓴ 「保育所保育指針解説」(平成30年2月)に示されている1歳以上3歳未満児の「言葉」のねらいに関する記述として適切なものを，次の①～⑤から1つ選びなさい。　　　　　　　　　　　　　　　　　(難易度■■□□□)

① 保育士等は，紙芝居や劇など，子どもが興味や関心をもって言葉に親しむことのできる環境を整える。

173

専門試験

② この時期は，言葉を使って表現する意欲や，相手の言葉を聞こうとする態度を育てることが重要である。

③ 子どもが表情や言葉などで表した気持ちを丁寧に受け止め，応えていくことが大切である。

④ 意思をもつ主体としての自我の育ちと，表情や身振りなどで身近な大人に意思を伝えた経験を土台に，言葉を用いて他者と伝え合う力が培われていく。

⑤ 保育士等の話や言葉，保育士等の仲立ちを通して友達とのやり取りを楽しむことを通して，自分も意思を伝えたいという気持ちが育まれる。

21「保育所保育指針解説」(平成30年2月)に示されている1歳以上3歳未満児の「表現」の内容に関する記述として適切なものを，次の①〜⑤から1つ選びなさい。　　　　　　　　　　　　　　　　（難易度■■■□□）

① この時期の子どもは，周囲の環境と関わり外界を知るために，ものを口に入れるなどなめて触れることが多い。

② この時期の子どもは，心地よい音楽や楽しいリズムを耳にすると，その調子や自分の楽しい気持ちに合わせて，思い思いに体を揺らしたり飛び跳ねたりする。

③ この時期の子どもは，感じ取ったことや心を動かされたことを，絵にすることを好む。

④ この時期の子どもは，言葉の育ちに支えられ，絵本の世界を手本に自分で簡単なストーリーを考えるようになる。

⑤ この時期の子どもは，かいた線や点がまとまりをみせるようになり，子どもが何を意図してかいたか一見して判別できるようになる。

22 次の文章は，「保育所保育指針解説」(平成30年2月)に示されている担当保育士の交替に関する記述である。(A)〜(C)に入る言葉の組み合わせとして正しいものを，あとの①〜⑤から1つ選びなさい。

（難易度■■■□□）

　年度替わりあるいは年度途中で，担当の保育士が替わる場合，特に乳児保育では(A)保育士等との密接な関わりが重要であることから，子どもが安定して過ごすことができるための配慮が大切である。(B)や発達過程等における個人差だけでなく，それまでの家庭やクラスにおける生活や

174

遊びの中での子どもの様子や，一人一人が好きな遊びや（　C　），絵本など
についても，担当者の間で丁寧に引き継いでいくようにすることが必要で
ある。

① 　A-特定の　　　B-家庭環境　　　C-玩具
② 　A-身近な　　　B-家庭環境　　　C-遊具
③ 　A-特定の　　　B-生育歴　　　　C-遊具
④ 　A-身近な　　　B-生育歴　　　　C-遊具
⑤ 　A-特定の　　　B-生育歴　　　　C-玩具

23 次の文章は，「保育所保育指針解説」（平成30年2月）に示されている授乳
と離乳に関する記述である。（　A　）～（　C　）に入る言葉の組み合わせと
して正しいものを，あとの①～⑤から1つ選びなさい。

(難易度■■■■□)

個々の子どもの食事に対する（　A　）を受け入れながら，子どもに合わせ
てゆったりとした環境の中で授乳を行うなど，生理的な（　A　）が一人一人
に応じて満たされることは，子どもに安心感をもたらす。

離乳の開始は，それぞれの（　B　）の状況や発育状況を考慮して慎重に取
り組む。その上で，離乳食を提供する際も，子どもの（　C　）や食事への向
かい方を尊重し，落ち着いた環境の下，保育士等も子どもと一緒に食事を
味わうような気持ちで関わることが大切である。

① 　A-欲求　　　B-家庭　　　C-ペース
② 　A-リズム　　B-生活　　　C-気持ち
③ 　A-欲求　　　B-生活　　　C-ペース
④ 　A-リズム　　B-家庭　　　C-ペース
⑤ 　A-リズム　　B-家庭　　　C-気持ち

専門試験

解答・解説

1 ①
解説

A　適切。
B　「保護者の自己決定を尊重する」ため，適切ではない。
C　プライバシーの保持や知り得た事項の秘密を保持するため，友人への相談は適していない。
D　適切。

2 ②
解説

①　誤り。二語文を使うようになるのは，1歳半頃が多い。
②　適切。
③　誤り。喃語は生後6か月頃に始まることが多い。
④　誤り。初語は1歳頃見られることが多い。
⑤　誤り。4か月頃の説明である。

3 ④
解説

(a)は指さし行動である。(b)は共同注意であり，協働ではない。三項関係は共同注意とは異なり，子ども・大人・対象の三項を通して言語的なラベル付けを行うことを言う。(c)は指さしを介さなくても視線を追いかける様子のことを言う。(d)は大人の表情から感情や良い悪いなどの評価を読み取り，自身の判断基準として利用する様子である。

4 ③
解説

①　身体の活動が活発になる時期なので，事故防止に努めながら全身を使う遊びなど様々な遊びを取り入れて探索活動が十分にできるようにする。
②　子どもの自我の育ちを見守り，保育士等が仲立ちとなって，友達の気持ちや友達との関わり方を丁寧に伝えていくこと。
③　正しい。
④　感染症にかかりやすい時期なので，日常の状態の観察を十分に行うと

乳児保育

ともに，必要に応じて嘱託医の指示に従うなど，全職員が対応できるようにしておく。
⑤　特に乳児期は特定の保育士等との密接な関わりが重要であり，担任が目まぐるしく替わるような体制は避ける。担任が替わる場合は，子どものそれまでの経験や発達過程に留意し，職員間で協力して対応する。

5 ④
解説
①　適切。児童福祉施設の設備及び運営に関する基準第32条第一号による。
②　適切。同第二号による。
③　適切。同第三号による。
④　適切ではない。乳児の場合はおおむね3人につき1人以上である。同基準第33条第2項による。
⑤　適切。保育所における保育時間は，1日につき8時間を原則とし，その地方における乳幼児の保護者の労働時間その他家庭の状況等を考慮して，保育所の長がこれを定める。乳児，幼児の別はない。同基準第34条による。

6 ③
解説
児童福祉施設の設備及び運営に関する基準第19・21・22・24条による。
①　乳児10人未満を入所させる乳児院に置く看護師の数は7人以上とされている。ただし，その1人以外は保育士または児童指導員でもよい。
②　必ず観察室を設けることとされているのは乳児10人以上を入所させる乳児院。よって観察室に入室させることが定められているのも乳児10人以上を入所させる乳児院である。
③　正しい。
④　乳児10人未満を入所させる乳児院の場合は，乳児の養育に専用の部屋があればよく，診察室や病室は必ずしも設けなくてよい。
⑤　嘱託医でもよい。

7 ①
解説
①の「事故」が誤り，正しくは「病気」である。②～⑤の記述は正しい。乳幼児突然死症候群(SIDS)についてはよく理解をしておきたい。

177

8 ③
解説

① 誤り。こども家庭庁「保育所等関連状況取りまとめ(令和6年4月1日)」によると，0〜2歳の乳児は238万人で減少傾向にある。また，保育所等数は前年より0.5％増加している。さらに，待機児童数は7年連続で減少傾向にある。

② 誤り。「令和6年4月の待機児童数調査のポイント」によると，全体的な保育利用率は年々上昇している。令和6年の3歳以上児の待機児童数は228人で全体の8.9％である。さらに，待機児童が多いのは1・2歳児であり，全体の84.8％を占める。保育の受け皿が拡大されたことにより，0歳児は減少傾向にある。

③ 正しい。

④ 誤り。「令和6年4月の待機児童数調査のポイント」によると，待機児童が100人以上の市区町村は2自治体である。

⑤ 誤り。幼稚園での預かり保育が明言されている。施設改修等の補助が新設された。

9 ④
解説

① 3歳未満児の指導計画は月ごとに個別の計画を立てることを基本とする。

② 栄養士との連携が重要であることはいうまでもないが，「子どもの育ちを共に喜び合う」という基本姿勢で連携すべきなのは保護者である。

③ 3歳未満児は①で述べた通り個人差が大きいため，一人ひとりの子どもの状態に即した保育が展開できるよう，個別の指導計画を作成する。

④ 正しい。

⑤ 年度替わりや年度途中で担任が替わらざるを得ない場合もある。ふだんから柔軟なかたちでの担当制のなかで，特定の保育士等が子どもとのゆったりした関わりをもち，情緒的な絆を深められるよう指導計画を作成する。

10 ⑤
解説

(a) 誤り。「第48条」である。「保育所は，当該保育所が主として利用される地域の住民に対してその行う保育に関し情報の提供を行い，並びにそ

の行う保育に支障がない限りにおいて，乳児，幼児等の保育に関する相談に応じ，及び助言を行うよう努めなければならない」と記載されている。
(b) 正しい。
(c) 誤り。「専門性」である。「第1章 総則」の「2 養護に関する基本的事項」では「保育所における保育は(中略)をその特性とする」と記載されているので，「特性」や「専門性」などの語の使用箇所への注意が必要である。
(d) 誤り。「積極的に」である。

 ①
解説

① 正しい。令和6年に発表された厚生労働省の「子ども虐待による死亡事例等の検証結果等について(第20次報告)」によると，0か月児の虐待死は14.4%である。また，全体の44.6%を0歳児が占める。
② 心中以外の虐待死における主たる加害者は，実母が最も多く41.1%である。また実父は10.7%である。
③ 児童虐待の直接死因で最も多いのは頭部外傷である。
④ ネグレクトの種類で最も多いのは，家に残したまま外出する，車中に置き去りにするなどこどもの健康・安全への配慮を怠る(37.5%)である。食事を与えないなどの養育放棄は8.3%である。
⑤ 子どもの死因となった虐待の類型について，心中以外の虐待死事例においては，「身体的虐待」が40.5%，「ネグレクト」が57.1%であった。

⑫ ⑤
解説

「情緒の安定」に関わるねらいとして，選択肢の①から④までが示されている。⑤は同内容の「ア 生命の保持」であげられている内容の1つである。「情緒の安定」に関わる保育の内容は，「生命の保持」と相互に関連しており，それぞれの内容を踏まえ，一人一人の子どもの心の成長を助け，保育所全体で子ども主体の保育を実践していくことが求められる。

 ②
解説

②は後半が誤り。「特定の保育士が応答的に関わるように努めること」が

専門試験

正しい。乳児期は特定の大人との間に信頼関係・愛着関係を形成し，これを基盤として成長する時期である。

14 ③
解説

(1)の基本的事項のアの記述である。選択肢におけるどの語句も保育所保育指針では頻出であるが，基本的事項では「応答的」な関わりを通じて，「情緒的な絆」が形成されると記述してある。

15 ①
解説

① 　適切。2歳頃になって「自分でやる」と言ったり，「いや」と拒否したりするのは自我が順調に育っている証拠である。この頃になると何でも自分で意欲的にやろうとするようになるが，多くの場合は保育士の援助が必要になる。子どもの意欲や自分でやりたい気持ちを尊重しながら，さりげなく手を貸していくことが大切である。

②，③ 　①の通り。

④，⑤ 　友達とのトラブルやけんかに対しては，頭ごなしに注意するのではなく，保育士等が互いの気持ちを受容し，その気持ちをわかりやすく伝えながら関わり方を教えるなど，適切な方法で自己主張ができるよう仲立ちをしていくことが必要である。

16 ④
解説

A 　誤り。「保育の実施に関わる配慮事項」のイには，探索活動が十分できるように事故防止に努めるという記述がある。

B 　正しい。「保育の実施に関わる配慮事項」エに「職員間で協力して対応する」という記述がある。

C 　誤り。「保育の実施に関わる配慮事項」ウに自我が形成される時期であることが明記されているが，嫌がることはしないという記述はない。

17 ④
解説

① 　3歳以上児の内容である。1歳以上3歳未満児は，徐々に基本的な運動機能が発達し，自分の体を思うように動かすことができるようになってく

乳児保育

る時期である。

②，③　乳児期の内容である。1歳以上3歳未満児は，友達や周囲の人への興味や関心が高まり，子ども同士の関わりが徐々に育まれていく時期である。

④　適切。

⑤　乳児期の内容である。1歳以上3歳児未満児は指差し，身振り，片言などを盛んに使い，応答的な大人とのやり取りを重ねることで，この時期の終わり頃に自分のしたいことやしてほしいことを言葉で表出できるようになる。

18 ⑤
解説

①　乳児期の「健やかに伸び伸びと育つ」に関する内容である。1歳以上3歳未満児は，歩く，走る，跳ぶなどができる時期である。

②　3歳以上児の「健康」に関する内容である。

③　乳児期の「健やかに伸び伸びと育つ」に関する内容である。1歳以上3歳未満児は，徐々に保育所における生活のリズムが形成され，その中で午睡をとる。

④　3歳以上児の「健康」に関する内容である。1歳以上3歳未満児は清潔に保つ習慣が少しずつ身につく段階である。

⑤　適切。

19 ①
解説

①　適切。

②　乳児期の「ウ　身近なものと関わり感性が育つ」における事項である。

③　3歳以上児の「ウ　環境」における事項である。

④　3歳以上児の「ウ　環境」における事項である。

⑤　乳児期の「ウ　身近なものと関わり感性が育つ」における事項である。

20 ③
解説

①　「紙芝居や劇」ではなく，「絵本や詩，歌」などがふさわしい。

②　3歳以上児に関する記述である。この時期は，言葉のもつ響きやリズムの面白さ，美しさ，言葉を交わすことの楽しさなどを感じ取らせること

181

などが重要である。
③　適切。
④　「表情や身振りなどで身近な大人に意思を伝えた経験」ではなく「自分の思いを分かってほしい，共有したいと願う身近な大人との関係の育ち」がふさわしい。
⑤　「自分も意思を伝えたい」ではなく「保育士等や友達の言うことを分かりたい」がふさわしい。

 ②
解説
①　なめて触れるのは主に乳児である。この頃には手指や体全体を使って確かめることが中心になっている。
②　適切。自分の体を思うように動かすことができるようになっているため，音楽やリズムに合わせて自由に体を動かす。
③　「絵にすることを好む」が不適切である。感動したことについては，身近な人と一緒に楽しんだり伝えたりすることが主になる。
④　この時期の子どもは，簡単な絵本を読んでもらいながら，絵本の世界を現実の世界で再現しはじめる。自分でストーリーを考える段階には至らない。
⑤　この時期の子どもは，かくという行為やかいたものに意味が伴い始めるが，まだ線や点はまとまった形にならないため不適切である。

 ⑤
解説
出題は「第2章　1　(3)　オ」の解説による。
A　乳児期は特定の大人との応答的な関わりを通じて，情緒的な絆が形成される時期である。
B　一人一人の子どもの生育歴に関する情報を把握するに当たっては，母子健康手帳等の活用が有効である。
C　様々な遊具で遊べるようになるのは，概ね手が自由に動かせるようになる1歳以上3歳未満児以降であるので，玩具が適切である。

 ①
解説
出題は「第2章　1　(2)　(イ)　③」の解説による。授乳については「第1

章 2 (2) ア (イ) ④」の解説などでも触れられている。また，厚生労働省の「授乳・離乳の支援ガイド」(2019年改定版，厚生労働省)などを参考にしながら理解を深めたい。

第7章

専門試験
小児保育

専門試験

≧POINT≦

1. 小児保育の意義と概要
▶ 小児保育について

「小児」という用語について，厚生労働省の資料には「医療法施行規則第16条第1項第四号に規定する「小児」とは通常小児科において診療を受ける者をいうのであって，具体的に何歳から何歳までと限定することは困難である。」と記載されている。

また，児童福祉法第4条では，「小児」という用語は使われておらず，以下のように区分されている。

乳児	満1歳に満たない者
幼児	満1歳から，小学校就学の始期に達するまでの者
少年	小学校就学の始期から，満18歳に達するまでの者

このことから医療において，小児とは出生時から思春期までを含む広い範囲の子どもを示す用語であることが分かる。

乳幼児保育において「小児」の捉え方は曖昧であるが，平成29年に告示された保育所保育指針では，「第2章　保育の内容」の中で「1　乳児保育に関わるねらい及び内容」，「2　1歳以上3歳未満児の保育に関わるねらい及び内容」，「3　3歳以上児の保育に関するねらい及び内容」の三区分に乳幼児の発達を分けて記述をしている。「乳児保育」に関しては前章で取り扱っているため，本章「小児保育」では主に「3歳以上児の保育」について取りあげる。

▶ 幼児期の基本的な保育の目的と内容

小児(以下3歳以上児を指す)期の保育に関するねらい及び内容は，保育所保育指針「第2章　保育の内容」において，1歳以上3歳未満児と同様，以下の5領域で示されている。

【3歳以上児】
(1)心身の健康に関する領域「**健康**」
(2)人との関わりに関する領域「**人間関係**」
(3)身近な環境との関わりに関する領域「**環境**」
(4)言葉の獲得に関する領域「**言葉**」
(5)感性と表現に関する領域「**表現**」

小児保育

■▶ 保育の配慮事項

　小児の保育への配慮事項として，保育所保育指針に示された下記のことに特に配慮したい。

・第1章4(2)に示された「幼児期の終わりまでに育ってほしい姿」が，ねらい及び内容に基づく活動全体を通して資質・能力が育まれている子どもの小学校就学時の具体的な姿であることを踏まえ，指導を行う際には適宜考慮すること。

・子どもの発達や成長の援助をねらいとした活動の時間については，意識的に保育の計画等において位置付けて，実施することが重要であること。なお，そのような活動の時間については，保護者の就労状況等に応じて子どもが保育所で過ごす時間がそれぞれ異なることに留意して設定すること。

・特に必要な場合には，各領域に示すねらいの趣旨に基づいて，具体的な内容を工夫し，それを加えても差し支えないが，その場合には，それが第1章1に示す保育所保育に関する基本原則を逸脱しないよう慎重に配慮する必要があること。

2．小児の食と生活

　保育所の特性を生かした食育を推進している。下記に示す内容を特に意識し，「食を営む力」の育成に向けその基礎を培うことを目標にしたい。

・子どもが生活と遊びの中で，意欲をもって食に関わる体験を積み重ね，食べることを楽しみ，食事を楽しみ合う子どもに成長していくことを期待するものであること。

・乳幼児期にふさわしい食生活が展開され，適切な援助が行われるよう，食事の提供を含む食育計画を全体的な計画に基づいて作成し，その評価及び改善に努めること。栄養士が配置されている場合は，専門性を生かした対応を図ること。

・食育の環境の整備等としては，子どもと調理員等との関わりや，調理室など食に関わる保育環境に配慮すること。特に体調不良，食物アレルギー，障害のある子どもなど，一人一人の子どもの心身の状態等に応じ，嘱託医，かかりつけ医等の指示や協力の下に適切に対応すること。栄養士が配置されている場合は，専門性を生かした対応を図ること。

187

3. 小児の疾病とその予防

　子どもが罹患しやすい疾病(特に発熱やけいれん等)の症状を見分けるポイント，体調不良時の対応について理解しておくことが大切である。また，平常時の子どもの健康観察のポイントをしっかり頭に入れておくことも必要である。「いつもと違う」「何か変」ということを早期に気づき，対応できる能力が保育者には必要不可欠である。

　感染症や予防接種についても，子どもが罹患しやすい疾患(感染症や消化器疾患など)について理解を深めることが大切である。感染の予防と対策として，感染源対策，感染経路対策(飛沫感染，空気感染，接触感染，経口感染等)，感受性対策(予防接種等)があり，特に予防接種スケジュールについても理解しておくとよい。また，生ワクチンか不活化ワクチンか，定期接種か任意接種かなど，基本的なことも覚えておきたい。

4. 環境及び衛生管理・安全管理

　環境及び衛生管理・安全管理については，以下の4点の理解を深めるとよい。

【環境及び衛生管理】

　施設内外の環境(温度・湿度・換気・採光・音など)を常に適切な状態に保持するとともに，施設内外の設備及び用具等の衛生管理に努めること。子ども及び全職員が清潔を保つようにすること。また，職員は衛生知識の向上に努めること。

【事故防止及び安全対策】

　保育中の事故防止のために，子どもの心身の状態等を踏まえ，施設内外の安全点検に努め，安全対策のための体制づくりや安全指導を行う。事故防止の取り組みを行う際には，特に睡眠中，プール活動・水遊び中，食事中等の場面において施設内外の環境の配慮や指導の工夫を行い，必要な対策を講じる。また，保育中の事故の発生に備え，施設内外の危険箇所の点検や訓練を実施する。外部からの不審者等の侵入防止のための措置や訓練など不測の事態に備えて必要な対応を行う。その際，子どもの精神保健面にも留意することなどがあげられる。

【災害に備え，施設・設備等の安全確保】

　防火設備，避難経路等の安全性が確保されるよう，定期的にこれらの安全点検を行う。備品，遊具等の配置，保管を適切に行い，日頃から安全環境の整備に努めることが重要である。

小児保育

【災害発生時の対応体制及び避難への備え】

　火災や地震などの災害の発生に備え，緊急時の対応，職員の役割分担，避難訓練計画等に関するマニュアルを作成する。また，定期的に避難訓練を実施するなど，必要な対応を図る。日頃から保護者との密接な連携に努め，連絡体制や引渡し方法等について確認をしておくことが大切である。

5. 母子保健対策と子育て支援

　「保育所を利用している保護者に対する子育て支援のポイント」としては，以下の3点があげられている。

【保護者との相互理解】

　子どもの日々の様子の伝達や収集，保育所保育の意図の説明などを通じて，保護者との相互理解を図るよう努めること。保育の活動に対する保護者の積極的な参加を促すこと。

【保護者の状況に配慮した個別の支援】

　保護者の多様化した保育の需要に応じ，病児保育事業など多様な事業を実施する場合には，保護者の状況に配慮し，子どもの福祉が尊重されるよう努め，生活の連続性を考慮すること。また，子どもに障害や発達上の課題が見られる場合や外国籍家庭など特別な配慮を必要とする家庭の場合には，市町村や関係機関と連携及び協力を図りつつ，保護者に対する個別の支援を行うよう努めること。

【不適切な養育等が疑われる家庭への支援】

　保護者に育児不安等が見られる場合には，希望に応じて個別の支援を行うよう努めること。また，保護者に不適切な養育等が疑われる場合には，市町村や関係機関と連携し，要保護児童対策地域協議会で検討するなど適切な対応を図ること。虐待が疑われる場合には，速やかに市町村又は児童相談所に通告し，適切な対応を図ること。

　次に「地域の保護者等に対する子育て支援のポイント」については，以下の2点があげられている。

【地域に開かれた子育て支援】

　保育所は，児童福祉法第48条の4の規定に基づき，地域の実情や当該保育所の体制等を踏まえ，地域の住民等に対して，専門性を生かした子育て支援を積極的に行うよう努めること。また，地域の子どもに対する一時預かり事業などの活動を行う際には，一人ひとりの子どもの心身の状態などを

専門試験

考慮するとともに，日常の保育との関連に配慮するなど，柔軟に活動を展開できるようにすること。

【地域の関係機関等との連携】

　地域の関係機関等との積極的な連携及び協働を図るとともに，子育て支援に関する地域の人材と積極的に連携を図るよう努めること。また，地域の要保護児童への対応は，要保護児童対策地域協議会など関係機関等と連携及び協力して取り組むよう努めること。

小児保育

Q 演習問題

1 小児の生理機能について適切なものを，次の①～⑤から1つ選びなさい。
(難易度■□□□□)

① 乳児期の胸郭は前後，左右の径がほぼ同じで，腹式呼吸である。年齢とともに胸郭は左右径が大きくなり，2歳ころから胸腹式呼吸となり，7歳ころには胸式呼吸になる。

② 体重に占める水分量の割合は年齢によって違い，新生児では約60%，成人では約50%が水分である。

③ 年少児ほど心拍数が少ない。

④ 安静時の呼吸状態を比べると，年齢が高くなるにしたがい呼吸数が多くなる。

⑤ 小児期の体温は成人に比べて高いが，代謝の活発さとは関係がない。

2 子どもに見られる症状と病名について正しい組み合わせを，あとの①～⑤から1つ選びなさい。
(難易度■■□□□)

ア 高熱から始まり，くしゃみ，咳，鼻水などのかぜ症状が続く。頰の内側の粘膜に白い斑点が見られる。

イ 「おたふくかぜ」とも呼ばれる。3人に1人は症状が出ない。

ウ 発熱と発疹から始まり，軽いかぜ症状。耳の後ろや首のリンパ節が腫れる。

エ 「水ぼうそう」とも呼ばれ，伝染力が強い。小豆大の赤い発疹に水がたまる。

オ 「りんご病」とも呼ばれる。妊婦が感染すると流産，または胎児死亡に至る例がある。

A 麻疹 　　　　　B 風疹 　　C 伝染性紅斑
D 流行性耳下腺炎 　　E 水痘

① ア－B 　イ－E 　ウ－D 　エ－A 　オ－C
② ア－D 　イ－A 　ウ－C 　エ－E 　オ－B
③ ア－C 　イ－D 　ウ－A 　エ－B 　オ－E
④ ア－A 　イ－D 　ウ－B 　エ－E 　オ－C
⑤ ア－E 　イ－C 　ウ－A 　エ－B 　オ－D

191

専門試験

③ 「保育所保育指針解説」(平成30年2月)に示されている3歳以上児の指導
計画について正しいものを，次の①〜⑤から1つ選びなさい。

(難易度■■■■□)

① 集団において，自己を抑制し他の友達との関わりから協調性を身につ
けることに視点を当てて計画する。

② 集団において，他の友達との関わりから力関係を学ぶことに視点を当
てて計画する。

③ 集団において，他の友達との関わりから責任感やリーダーシップを身
につけることに視点を当てて計画する。

④ 集団において，他の友達と競い合うことで一人一人の能力を高めるこ
とに視点を当てて計画する。

⑤ 集団において，安心して自己を発揮し，仲間意識を高めていくことに
視点を当てて計画する。

④ 「保育所保育指針解説」(平成30年2月)に示されている全体的な計画につ
いて正しいものを，次の①〜⑤から1つ選びなさい。　(難易度■■■■□)

① 全体的な計画や延長保育，夜間保育，休日保育の有無は各市町村で定
めることとなっている。

② 全体的な計画は，入所児童の保護者への支援や，地域の子育て支援と
の区別を明確にする必要がある。

③ 全体的な計画は，施設長の責任のもとに全職員が参画して編成する。

④ 全体的な計画は，指導計画やその他の計画と同列に位置付けられる。

⑤ 保育所の実態を問わず，全体的な計画の編成は保育所保育指針に則し
た均一的な保育が実施できるようにする。

⑤ 「保育所保育指針解説」(平成30年2月)に示されている3歳以上児の保育
に関する基本的事項に関して適切なものを，次の①〜⑤から1つ選びなさ
い。　(難易度■■■□□)

① 運動機能がますます発達し，手先を巧みに使いながら様々な遊びに挑
戦する。

② 言葉の発達においては，言葉の理解が進み，自分の意思を親しい大人
に伝えたいという欲求が高まる。

③ 共通の目的の実現に向かって，話し合いを繰り返しながら互いに折り

合いを付ける経験を重ねる中で，身近な保育士等の仲立ちのもと解決し
ようとする姿も見られる。

④　この時期は，集団としての高まりを支えながら，子ども一人一人の自
我の育ちを促す援助が必要になる。

⑤　基本的な生活習慣を確立しつつあり，身辺自立の進む3歳以上児は養護
に関する基本的事項と保育に関する基本的事項を独立させて展開する。

6　「保育所保育指針」（平成29年3月）に示されている3歳以上児の「健康」
に関する保育のねらいとして適切なものの組み合わせを，あとの①〜⑤か
ら1つ選びなさい。　　　　　　　　　　　　　　　　　（難易度■■■■□）

ア　身体感覚が育ち，快適な環境に心地よさを感じる。

イ　明るく伸び伸びと生活し，自分から体を動かすことを楽しむ。

ウ　自分の体を十分に動かし，進んで運動しようとする。

エ　自分の体を十分に動かし，様々な動きをしようとする。

オ　健康，安全な生活に必要な習慣や態度を身に付け，見通しをもって行
動する。

①　ア，イ　　②　イ，エ　　③　ウ，エ　　④　ウ，オ　　⑤　エ，オ

7　「保育所保育指針」（平成29年3月）の「第2章　保育の内容」の「3　3歳
以上児の保育に関するねらい及び内容」に示されている留意点として不適
切なものを，次の①〜⑤から1つ選びなさい。　　　　（難易度■■■□□）

①　「健康」の内容では，いろいろな遊びの中で十分に体を動かす。

②　「人間関係」の内容では，友達と積極的に関わりながら喜びや悲しみを
共感し合う。

③　「環境」の内容では，生活の中で，様々な物に触れ，その性質や仕組み
に興味や関心をもつ。

④　「言葉」の内容では，保育士等や友達の言葉や話に興味や関心をもち，
親しみをもって聞いたり，話したりする。

⑤　「表現」の内容では，感じたこと，考えたことなどを音や動きなどで表
現したり，お手本をもとにかいたり，つくったりなどする。

専門試験

8 次の文章は「保育所保育指針」(平成29年3月)に示されている3歳以上児の「環境」に関する保育の内容の取扱いの抜粋である。空欄(A)～(C)に当てはまる語句の組み合わせとして正しいものを，あとの①～⑤から1つ選びなさい。　　　　　　　　　(難易度■■■□□)

○子どもが，遊びの中で周囲の環境と関わり，次第に周囲の世界に(A)を抱き，その意味や操作の仕方に関心をもち，物事の(B)に気付き，自分なりに考えることができるようになる過程を大切にすること。

○身近な事象や動植物に対する(C)を伝え合い，共感し合うことなどを通して自分から関わろうとする意欲を育てる。

　ア　好奇心　　イ　発見　　　ウ　興味
　エ　法則性　　オ　探究心　　カ　感動
　キ　連続性　　ク　規則性　　ケ　印象

① A-ア　　B-ク　　C-イ
② A-オ　　B-エ　　C-ウ
③ A-ウ　　B-ク　　C-ケ
④ A-ア　　B-エ　　C-カ
⑤ A-オ　　B-キ　　C-カ

9 「保育所保育指針」(平成29年3月)に基づく保育の基本的な考え方として適切でないものを，次の①～⑤から選びなさい。　　(難易度■■■□□)

① 子どもが安心感と信頼感をもって活動できるよう，子どもの主体としての思いや願いを受け止めること。

② 子どもの生活のリズムを大切にし，健康・安全で情緒の安定した生活ができる環境や自己を十分に発揮できる環境を整えること。

③ 子どもが自発的・意欲的に関わることができるような環境を構成し，子どもの主体的な活動等を大切にすること。

④ 乳幼児期にふさわしい体験が得られるように，生活や遊びを通して総合的に保育すること。

⑤ 子どもの健康は，生理的・心理的な育ちとともに，自主性や社会性，豊かな感性の育ちがあいまってもたらされることに留意すること。

10 「保育所保育指針解説」(平成30年2月)に示されている3歳以上児の「表現」の内容に関する記述として適切なものを，次の①～⑤から1つ選びな

さい。 (難易度■■■■□)

① 豊かな感性を養うためには，何よりも子どもを取り巻く環境を重視し，静かで落ち着いた刺激の少ない空間を構成していくことが大切である。

② 保育士等自身は，保育所の生活の様々な場面で子どもが心を動かされている出来事を絵や言葉にして記録することが望ましい。

③ 子どもは，自分なりの表現が他から受け止められる体験を繰り返す中で，安心感や表現の喜びを感じる。

④ 保育士等などの大人が，正しい発声や音程で歌うことや楽器を正しく上手に演奏することは，子どもが音楽に親しむようになる上で，重要な経験である。

⑤ 保育士等は，子どものもっているイメージがどのように遊びの中に表現されているかを理解しながら，そのイメージの世界を十分に楽しめるように，具体的な道具や用具は片付け，子どものイメージを聞きとることが大切である。

⑪ 次の文は，「保育所における感染症対策ガイドライン(2018年改訂版)」(こども家庭庁 2018(平成30)年3月(2023(令和5)年5月一部改訂))に準じた保育所における消毒薬の種類と使用についての記述である。下線部(A)～(D)の語句や数値に関して，適切なものを○，不適切なものを×とした場合の正しい組み合わせを，あとの①～⑤から1つ選びなさい。

(難易度■■■■□)

消毒薬の種類には，アルコール類等と塩素系消毒薬がある。(A)どちらも手指の消毒や遊具，室内環境の消毒に適している。(B)塩素系消毒薬は，一般細菌，真菌，ウイルスなどに有効であり(C)ノロウイルスにも効果がある。嘔吐物の消毒などは，塩素系消毒薬である次亜塩素酸ナトリウム(製品濃度約6％の場合)を使用するが，希釈濃度は0.1％で，水1リットルに対して(D)約10mlである。

	(A)	(B)	(C)	(D)
①	○	○	×	×
②	○	×	○	×
③	○	×	×	○
④	×	○	○	×
⑤	×	×	○	×

専門試験

⑫ 3歳以上児の保育に関わる配慮事項に関する記述として適切なものを，次の①〜⑤から1つ選びなさい。　　　　　　　　　　（難易度■■■■□）

①　この時期は疾病への抵抗力が弱く，心身の機能の未熟さに伴う疾病の発生が多い。特に感染症などの病気にかかりやすいので，生命の保持と情緒の安定に配慮した細かな保育が必要である。

②　睡眠中の突然死を防ぐため，うつぶせ寝を避けるなど，十分な観察と注意が必要な時期である。

③　共働きの家庭が増えているため，食事や排泄，清潔などの基本的な習慣を子どもにつけさせるのは保育士等の役割と考えて指導する必要がある。

④　自分の思い通りにいかないことなどに対して反抗的な態度を示す時は，子どもの気持ちを十分に受け止めたうえで，態度を改めるように言い聞かせる。

⑤　集団のなかでけんかなど，葛藤を生じている子どもを見守りながら，必要に応じて相手の気持ちを知らせ，子どもの心の安定に配慮して援助する。

⑬ 保育所において3歳以上児が自然との関わりを深めるために最も適切といえる活動を，次の①〜⑤から1つ選びなさい。　　　　（難易度■■□□□）

①　きのこ採り

②　小動物の飼育

③　学習ソフトを使ったクイズ

④　身近な農産物の栄養素についての学習

⑤　自分たちで採取した野草を使用しての調理

⑭ 保育所において子どもの情緒を発達させるために最も適切といえる対応を，次の①〜⑤から1つ選びなさい。　　　　　　　　　（難易度■■■□□）

①　子ども同士の関わりを見守り，子どもの考えや気づきを十分に認める。子どもの主体的な活動を援助し，満足感や充実感とともに自己肯定感を育んでいく。

②　けんかなど，子ども同士のぶつかり合いに対しては，できる限り干渉せずに見守り，自分たちで解決できる力を育む。

③　けんかなど，子ども同士のぶつかり合いに対しては，積極的に交渉や

小児保育

合意を援助して，状況が悪化しないように配慮する。

④　子どもが感動や喜びを表現できるようなパソコン用ソフトを積極的に活用する。

⑤　子どもが保護者との関係を通して自己肯定感を育んでいけるよう，保護者に対する援助を行う。

⑮「保育所保育指針解説」（平成30年2月）に示されている保育所保育指針の「改定の方向性」について適切でないものを，次の①〜⑤から1つ選びなさい。　　　　　　　　　　　　　　　　　　　　　　　（難易度■■■■□）

①　保育所では子どもの育ちを保護者と共に喜び合うとともに，地域で子育て支援に携わる他の機関や団体など様々な社会資源との連携や協働を強めていくことが求められることを踏まえて，改定前の保育所保育指針における「子育て支援」の章を「保護者に対する支援」に改めた。

②　平成23年に発生した東日本大震災を経て，安全，防災の必要性に対する社会的意識が高まっている。子どもの生命を守るために，災害発生時の対応を保護者と共有するとともに，平時からの備えや危機管理体制づくり等を行政機関や地域の関係機関と連携しながら進めることが求められることから，安全な保育環境の確保等を中心に更なる充実を図った。

③　幼保連携型認定こども園や幼稚園と共に，幼児教育の一翼を担う施設として，教育に関わる側面のねらい及び内容に関して，幼保連携型認定こども園教育・保育要領及び幼稚園教育要領との更なる整合性を図った。

④　保育現場におけるリーダー的職員等に対する研修内容や研修の実施方法について，「保育士等キャリアアップ研修ガイドライン」が定められた。

⑤　幼児教育において育みたい子どもたちの資質・能力として，「知識及び技能の基礎」「思考力，判断力，表現力等の基礎」「学びに向かう力，人間性等」を示した。そして，これらの資質・能力について「幼児期の終わりまでに育ってほしい姿」として明確化した。

⑯「保育所保育指針解説」（平成30年2月）の「第2章　保育の内容」の「4　保育の実施に関して留意すべき事項　(1)保育全般に関わる配慮事項」に示されている，子どもの性差との関わり方に関する記述である。空欄（　A　）〜（　C　）に当てはまる語句の組み合わせとして正しいものを，あとの①〜⑤から1つ選びなさい。　　　　　　　　（難易度■■■□□）

197

専門試験

保育所において，「こうあるべき」といった固定的なイメージに基づいて，子どもの性別などにより対応を変えるなどして，こうした意識を子どもに，植え付けたりすることがないようにしなければならない。(中略)子どもが将来，性差や個人差などにより人を差別したり，偏見をもったりすることがないよう，(A)に配慮した保育を心がけ，保育士等自らが自己の価値観や言動を省察していくことが必要である。

(B)社会の推進とともに，子どもも，職員も，保護者も，一人一人の可能性を伸ばし，(C)を図っていくことが求められる。

ア 倫理　　イ 人権　　　ウ 男女共同参画
エ 国際化　オ 差別撤廃　カ 自己実現

① A-ア　B-ウ　C-オ　② A-イ　B-エ　C-カ
③ A-イ　B-ウ　C-カ　④ A-イ　B-エ　C-オ
⑤ A-ア　B-ウ　C-カ

17 保育所と家庭との連携に関する記述として最も適切なものを，次の①〜⑤から1つ選びなさい。　　　　　　　　　　(難易度■■■□□)

① 子どもの家庭での様子や過去の傷害を伴う事故等の情報収集は，プライバシーに配慮して，入所時と緊急時にのみ行う。
② 食生活や食育に関しては，子どもだけでなく保護者にも指導を行う必要がある。
③ 感染症の流行が懸念される場合は，保育所は保護者に予防対策を指導する義務がある。
④ 主治医からの指示書および連絡先等を確認し，保育所の独断で医療的ケアの実施に関して主治医からの直接の指示や研修が受けられるように調整する。
⑤ 保育所での子どもの健康と安全に関する基本的取り組み方針等については，入所時に説明する必要がある。

小児保育

解答・解説

1 ①

解説

① 正しい。
② 水分量の割合は，年齢によって大きく違う。新生児では約80%，乳児では70～75%，成人では約60%が水分。
③ 年少児ほど心拍数が多いが，それは1回当たりの心拍出量が少ないためである。
④ 安静時の新生児の呼吸数は5～6歳の約2倍近くで，呼吸数は年齢が低いほど多くなる。1分間の呼吸数は，新生児は40～50回，乳児は30～40回，5～6歳児は20～25回である。
⑤ 小児期は活動性が高く，代謝が活発になるため，体温も成人より高い。

2 ④

解説

ア 麻疹(はしか)。発熱は3日前後続く。白く小さい斑点はコプリック斑と呼ばれ，眼は赤く，目やにが出る。
イ 流行性耳下腺炎(おたふくかぜ)。腫れは耳下腺の片側もしくは両側に見られ(両側性が多い)，疼痛がある。
ウ 風疹。発疹はひとつひとつ離れている。妊娠16週以内に母体が罹患すると，異常をもつ子どもが5人に1人の割合で生まれる危険性がある。
エ 水痘(水ぼうそう)。軽い発熱と背上部の円形赤斑から始まる。合併症として脳炎や肺炎を起こすことがあるため，注意を要する。
オ 伝染性紅斑(りんご病)。熱はほとんどなく，両頬が真赤に腫れる。首，胸腹部，四肢に発疹が見られる。妊婦が感染すると，胎児の発育遅滞が見られる場合があるほか，死亡に至る例がある。

3 ⑤

解説

①～④ 友達との関わりが多くなるのは3歳頃からで，異なる思いや考えを認めるなど社会生活に基本的な力を身につけていくのは5歳頃から。この時期に社会生活における望ましい習慣や態度を身につけさせ，人と関わる力を養う。
⑤ 正しい。3歳以上児の指導計画は，個を大切にする保育を基盤として，

専門試験

集団において安心して自己を発揮し，他の友達との様々な関わりをもち，一緒に活動する楽しさを味わい，協同して遊びを展開して仲間意識を高めていくことに視点を当てて計画することが求められる。集団生活での計画が中心となるが，一人一人の子どもの主体性が重視されてこそ集団の育ちがあるという点を十分に認識したうえで作成することが重要となる。

4 ③
解説

① 保育時間や延長保育，夜間保育，休日保育の有無は保育所ごとに定めることとなっている。

② 全体的な計画は，入所児童の保護者への支援や，地域の子育て支援と密接に関連して行われる業務と位置づけられる。

③ 正しい。全体的な計画は施設長の責任のもと，全職員が参画して共通理解と協力体制のもとに創意工夫して編成する。

④ 全体的な計画は，その他の計画の上位に位置付けられる。

⑤ 保育所保育指針や解説の内容を参考にしながら，保育所ごとの実態に即して工夫して設定する必要がある。さらに子どもの心身の発達や，家庭・地域の実態も踏まえて創意工夫する。

5 ②
解説

① 手先のみではなく，全身を巧みに使えるようになっている。

② 適切。

③ 「身近な保育士等の仲立ちのもと」ではなく，「自分たちで」が正しい。徐々に他の子どもとの役割分担や，互いの思いや考えを出し合うことができるようになる。

④ 「集団としての高まり」と「子ども一人一人の自我の育ち」が逆である。自我の育ちを土台として，仲間とのつながりが深まっていく。

⑤ 養護と保育は3歳以上児であっても一体となって展開される。

6 ④
解説

アは乳児の「健やかに伸び伸びと育つ」，イとエは1歳以上3歳未満児の「健康」に関する保育のねらいである。乳児の保育のねらい及び内容，1歳以上3歳未満児の保育のねらい及び内容と，発達的な連続性をもったもので

200

小児保育

ある。

7 ⑤

解説

①「健康」のねらいの1つは「自分の体を十分に動かし，進んで運動しようとする」であり，ねらいと合致している。

②「人間関係」のねらいの1つは「身近な人と親しみ，関わりを深め，工夫したり，協力したりして一緒に活動する楽しさを味わい，愛情や信頼感をもつ。」であり，ねらいと合致している。

③「環境」のねらいの1つは「身近な環境に親しみ，自然と触れ合う中で様々な事象に興味や関心をもつ」であり，ねらいと合致している。

④「言葉」のねらいの1つは「人の言葉や話などをよく聞き，自分の経験したことや考えたことを話し，伝え合う喜びを味わう。」であり，ねらいと合致している。

⑤「表現」のねらいの1つは「感じたことや考えたことを自分なりに表現して楽しむ」である。正しくは，「感じたこと，考えたことなどを音や動きなどで表現したり，自由にかいたり，つくったりなどする」である。

8 ④

解説

A　3歳以上児の「環境」に関する保育は「周囲の様々な環境に好奇心や探究心をもって関わり，それらを生活に取り入れていこうとする力を養う」ことを指導する。

B　ボールを上に投げると落ちてくるなどの科学的な法則にとどまらず，子どもが自分なりに発見した規則性なども含めて「物事の法則性」としている。

C　感動を伝えられた友達や保育士等が深く共感することが肝要である。共感が得られないと，子どもの感動は次第に薄れてしまう。

9 ⑤

解説

子どもの健康は，生理的，身体的な育ちとともに，自主性や社会性，豊かな感性の育ちとがあいまってもたらされるのであって，「心理的」は間違い。「保育所保育指針」(平成29年3月)の「第2章　保育の内容」の「4　保育の実施に関して留意すべき事項」(1)保育全般に関わる配慮事項イ参照。

201

■ 専門試験

10 ③
解説
① 「刺激の少ない空間」が誤り。静かで落ち着いた環境下では，子どもは小さな刺激であっても敏感に感知することができる。その一方で，様々な刺激を与えながら，子どもの興味や関心を引き出すような魅力ある豊かな環境を構成していくことも大切になる。
② 「絵や言葉にして記録することが望ましい」が誤り。保育士等自身は，子どもとともに感動できる感性が求められている。
③ 適切。
④ 子どもが生活の中で音楽に親しむ態度を育てる上では，音程や奏法が正しいことや上手なことは重要ではない。歌を歌ったり楽器を演奏したりすることを楽しんでいる姿に触れさせることが重要である。
⑤ 「具体的な道具や～」以降が誤り。子どもがイメージの世界を十分に楽しめるように，そのイメージを表現するための道具や用具，素材を用意してやり，環境作りにつとめる。

11 ④
解説
(A) アルコールは手指の消毒やおもちゃの消毒に適応する。次亜塩素酸はおもちゃや哺乳瓶の消毒などには適応するが，刺激が強く手指の消毒には適さないので，使用にあたっては手袋などを着用する。
(D) 0.1％の濃度は，水1リットルに対して約20mlである。

12 ⑤
解説
① 3歳未満児の保育に関わる配慮事項である。3歳以上児も風邪などにかかりやすいのは同じだが，心身の機能はある程度発達しており，3歳未満児と比べれば生命の保持と情緒の安定に配慮した細かな保育が必要というほどではない。
② これも3歳未満児の保育に関わる配慮事項で，乳幼児突然死症候群(SIDS)に関する記述である。SIDSの約8割は生後6か月までに発生している。
③ 共働きの家庭が増えているのは事実だが，食事や排泄，清潔などの基本的な習慣については家庭との連携を図るほか，子ども自身が習慣をつ

けていくことも大切である。

④　自分の思い通りにいかないことなどに対して反抗的な態度を示す時は，子どもの気持ちを十分に受け止めたうえで触れ合いや語りかけを多くし，情緒の安定を図るようにする。

⑤　適切。

⑬ ②

解説

①　天然のきのこは食用にできるものとできないもの(毒性のあるもの)の区別が難しく，なかには死に至るものもあるため，不適切である。

②　適切。この時期の子どもは自然の不思議さに心を躍らせ，自然に触れることを喜び，探究しようとする意欲を持っている。花壇での草花の栽培，小動物の飼育等，保育所の自然環境を工夫することで，子どもが自然と関われるようにしていく。

③　自然に直に触れて楽しむことがより大切であり，学習ソフトを使ったクイズは最も適切とはいえない。

④　健康のために栄養素を知ることは大切だが，自然との関わりを深めるための活動として最も適切とはいえない。

⑤　①のきのこと同様，食用にできるものとできないもの(毒性のあるもの)の区別が難しく，除草剤や動物の排泄物の心配もあるため，最も適切とはいえない。

⑭ ①

解説

①　最も適切である。

②，③　けんかなど，子ども同士のぶつかり合いに対しては，子ども同士のやりとりやぶつかり合いを見守りながら，必要に応じて相手の気持ちを知らせ，子どもの心の安定に配慮して援助する。それぞれの子どもの良いところや得意なことを積極的に認め，他の子どもに伝えていくことも大切である。

④　積み木やブロック，クレヨンなどの画材などを使用するほうが，幼児にとっては手軽で自由度が高い。パソコン用ソフトは最も適切とはいえない。

⑤　自己肯定感を育むには保護者との関係も重要であるが，保育所におい

203

ては①の通り，子ども同士の関わりを見守り，子どもの考えや気づきを十分に認めることや，子どもの主体的な活動を援助し，満足感や充実感とともに，自己肯定感を育んでいくことが中心となる。

15 ①
解説

改訂前の「保護者に対する支援」の章を「子育て支援」に改めた。「保育所保育指針解説」(平成30年2月)の「序章」の「4　改定の方向性」参照。

16 ③
解説

Aには人権，Bには男女共同参画，Cには自己実現が入る。したがって解答は③。なお，わが国が1995年に加入した国連の「人種差別撤廃条約」のもととなっている1963年のあらゆる形態の人種差別の撤廃に関する国際連合宣言の第2条のなかには，「いかなる国家，機関，集団又は個人も，人種，皮膚の色又は種族的出身を理由として人権及び基本的自由に関し，個人，集団又は団体を差別してはならない」とある。

17 ⑤
解説

① 子どもの家庭での生活実態，健康状態，既往症や予防接種歴，過去の傷害を伴う事故等の情報収集は，入所時はもちろん，常に行う必要がある。守秘義務を守ることは言うまでもない。
② 食生活や食育に関しては，子どもだけでなく保護者にも情報提供を行う必要がある。
③ 特に義務づけはされていない。感染症の流行が懸念される場合は，保育所は保護者に予防対策に関する情報提供を行うことが望ましい。
④ 必要に応じて保護者同意のもと同行受診するなどして，医療的ケアの実施に関して主治医からの直接の指示や研修が受けられるようにする。
⑤ 適切。保育所での子どもの健康と安全に関する基本的取り組み方針等については，入所時に説明する必要がある。

第8章

専門試験
保育原理

■ 専門試験

≡POINT≡

1. 保育に関連する法規

　法規関係は，自治体によって出題される・されないが明確に分かれる。しかし，試験で出題されなくても保育に携わる人物として基礎的な法規は把握しておきたい。ここでは特に保育所・保育士に関連する法規について掲載する。

▶ 児童福祉法（抜粋）

(児童の権利)

　第1条　全て児童は，児童の権利に関する条約の精神にのつとり，適切に養育されること，その生活を保障されること，愛され，保護されること，その心身の健やかな成長及び発達並びにその自立が図られることその他の福祉を等しく保障される権利を有する。

(保育の実施)

　第24条　市町村は，この法律及び子ども・子育て支援法の定めるところにより，保護者の労働又は疾病その他の事由により，その監護すべき乳児，幼児その他の児童について保育を必要とする場合において，次項に定めるところによるほか，当該児童を保育所(認定こども園法第3条第1項の認定を受けたもの及び同条第10項の規定による公示がされたものを除く。)において保育しなければならない。(省略)

　そのほか，第2条(国民等の責務)，第4条(児童・障害児の定義)，第18条の4(保育士)等は把握しておきたい。

▶ 児童の権利に関する条約（抜粋）

(子どもの最善の利益)

　第3条　1　児童に関するすべての措置をとるに当たっては，公的若しくは私的な社会福祉施設，裁判所，行政当局又は立法機関のいずれによって行われるものであっても，児童の最善の利益が主として考慮されるものとする。

　2　締約国は，児童の父母，法定保護者又は児童について法的に責任を有する他の者の権利及び義務を考慮に入れて，児童の福祉に必要な保護及び養護を確保することを約束し，このため，すべての適当な立法上及び行政上の措置をとる。

　3　締約国は，児童の養護又は保護のための施設，役務の提供及び設備が，

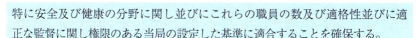

特に安全及び健康の分野に関し並びにこれらの職員の数及び適格性並びに適正な監督に関し権限のある当局の設定した基準に適合することを確保する。

そのほか，第1条(児童の定義)，第6条(生命・生存の権利)，第17条(情報の利用)，第29条(教育の目的)等は把握しておきたい。

▶児童憲章(抜粋)

われらは，日本国憲法の精神にしたがい，児童に対する正しい観念を確立し，すべての児童の幸福をはかるために，この憲章を定める。

児童は，人として尊ばれる。

児童は，社会の一員として重んぜられる。

児童は，よい環境の中で育てられる。

一　すべての児童は，心身ともに健やかにうまれ，育てられ，その生活を保障される。

五　すべての児童は，自然を愛し，科学と芸術を尊ぶように，みちびかれ，また，道徳的心情がつちかわれる。

六　すべての児童は，就学のみちを確保され，また，十分に整つた教育の施設を用意される。

児童憲章は分量が多くないため，そのほか大事なキーワードはすべて覚えるように努めたい。

2. 教育思想

教育史に登場する代表的な人物は，西洋も東洋も区別することなく把握しておきたい。ここでは出題頻度の高い人物とその業績について，掲載をする。

○ロック(1632〜1704年)

イギリスの思想家・哲学者。イギリス経験論の大成者で，すべての知性は経験から得られるという「精神白紙説〈タブラ＝ラサ〉」は，人の発達における環境優位説につながった。主著に『人間悟性(知性)論』がある。

○ルソー(1712〜78年)

フランスの思想家。教育的主著『エミール』の冒頭「造物主の手から出るときはすべて善いものである」という信念のもと，自然に従う教育(自然主義教育)や，自然に先立って教育をしてはいけないという消極的教育を主張した。児

童中心主義の立場から，注入より自発性を，言語より直観や経験を重視した。

○ペスタロッチ(1746～1827年)

　スイスの教育思想家・実践家。言語中心の主知主義教育を批判し，知的・道徳的・技能的な能力の調和的な発達を目指し，直接経験や感覚を通じた教授(直観教授)を展開した。また，幼児教育における家庭の役割を重視し，「生活が陶冶する」教育の原則を示した。主著に『隠者の夕暮』などがある。

○フレーベル(1782～1852年)

　ドイツの教育家で，世界最初の幼稚園の創設者。子どもの本質を神的なものとし，不断の創造によってその本質が展開されると考え，子どもの遊戯や作業を重視した。また，そのための教育遊具として「恩物」を考案した。主著に『人間の教育』がある。

○エレン＝ケイ(1849～1926年)

　スウェーデンの婦人思想家。主著『児童の世紀』では，20世紀は子どもが幸福になり，解放される時代と主張し，20世紀初頭の児童中心主義保育を求める新教育運動に大きな影響を与えた。

○デューイ(1859～1952年)

　アメリカのプラグマティズムの代表的哲学者。シカゴ大学に実験学校(デューイ・スクール)を開設し，実生活における必要性から子どもが自発的に問題を発見し，解決していく問題解決学習を考案，実践した。また，個人の環境との相互作用を経験と呼び，教育において，経験が連続的に再構成されていく過程を教育の本質ととらえた。主著に『学校と社会』『民主主義と教育』がある。

○モンテッソーリ(1870～1952年)

　イタリアの医師であり幼児教育の実践家・思想家。幼児教育施設「子どもの家」での経験を活かし，感覚重視の幼児教育法(モンテッソーリ・メソッド)を確立した。主著に『子どもの発見』がある。

○松野クララ(1853～1941年)

　ドイツ人。フレーベル創設の養成校で保育の理論や実践を学んだ。日本人

と結婚して日本に居住し，東京女子師範学校附属幼稚園創設当時の首席保母として「恩物」の使い方や遊戯など，日本に初めてフレーベルの教授法を導入した。

○**倉橋惣三(1882〜1955年)**

日本において児童中心主義を提唱し，幼稚園教育の基礎を築いた幼児教育研究者。1917年に東京女子高等師範学校附属幼稚園の主事となった。フレーベルの教育精神のもと，子どもの自発性を尊重し，自由な遊びの中で子どもの自己充実を援助できる環境を構築する「誘導保育」を提唱した。

3．保育所保育指針

保育所保育指針は，保育所など多くの保育を実践する施設における重要な指針である。そのため，試験では多数出題されるのはもちろん，保育士として勤務し始めた後も常に目を通しておく必要のあるものである。ここでは目次のみ掲載しておくが，全文に目を通し，実際の保育の場面をイメージしながら理解を深めておきたい。

(目次)
第1章　総則
第2章　保育の内容
第3章　健康及び安全
第4章　子育て支援
第5章　職員の資質向上

4．幼保連携型認定こども園教育・保育要領

2018(平成29)年に改訂された幼保連携型認定こども園教育・保育要領は，総則で，幼保連携型こども園における教育及び保育の基本が示されている。また，幼保連携型認定こども園の教育及び保育において育みたい資質・能力の明確化や小学校教育との接続の推進なども示されている。

(目次)
第1章　総則
第2章　ねらい及び内容並びに配慮事項
第3章　健康及び安全
第4章　子育ての支援

■ 専門試験

Q 演習問題

1 保育所と幼稚園に関する記述として正しいものを，次の①～⑤から1つ選びなさい。　　　　　　　　　　　　　　　　(難易度■■■□□)

① 保育所も幼稚園も乳児や就学前の幼児を対象としており，ともに根拠となる法律は児童福祉法であって，所管官庁は厚生労働省である。

② 保育所の設置者は地方公共団体と社会福祉法人等となっているが，一方，幼稚園はこれらに加えて国も設置者となる。

③ 保育所，幼稚園ともに保育料は保護者負担となっているが，公私で保育料の格差が生じないように保育所，幼稚園とも国が単価についてのガイドラインを示している。

④ 2009(平成21)年の政権交代により，保育所と幼稚園の抱える問題点を解決するため，保育所と幼稚園を一体化する幼保一体化の検討化が始まった。

⑤ 保育と教育を一体的に提供する認定こども園には，幼保連携型，保育所型，幼稚園型，地方裁量型の4つのタイプが認められている。

2 次のA～Eの人物と関係の深い用語の組み合わせを語群から選ぶとき，正しい組み合わせを，あとの①～⑤から1つ選びなさい。

(難易度■■□□□)

A　野口幽香　　B　筧雄平　　C　石井十次　　D　赤沢鐘美
E　渡辺嘉重

〔語群〕
ア　子守学校
イ　二葉幼稚園
ウ　岡山孤児院
エ　農繁期託児所
オ　守孤扶独幼稚児保護会

①	A－ア	B－エ	C－オ	D－ウ	E－イ
②	A－ア	B－イ	C－ウ	D－エ	E－オ
③	A－イ	B－エ	C－ウ	D－オ	E－ア
④	A－イ	B－ウ	C－ア	D－オ	E－エ
⑤	A－ウ	B－ア	C－オ	D－イ	E－エ

保育原理

❸ 「保育所保育指針解説」(平成30年2月)の「第1章　総則」の「1　保育所保育に関する基本原則」の「(1)保育所の役割」で「保育士に求められる主要な知識及び技術」としてあげられている内容として誤っているものを，次の①〜⑤から1つ選びなさい。　　　　　(難易度■■■□□)

① これからの社会に求められる資質を踏まえながら，乳幼児期の子どもの発達に関する専門的知識を基に子どもの育ちを見通し，一人一人の子どもの発達を援助する知識及び技術

② 子どもの発達過程や意欲を踏まえ，子ども自らが生活していく力を細やかに助ける生活援助の知識及び技術

③ 保育所内外の空間や様々な設備，遊具，素材等の物的環境，自然環境や人的環境を生かし，保育の環境を構成していく知識及び技術

④ 子ども一人一人の健康と安全がしっかりと守られるとともに，保育所全体で子どもの健康を増進させるための知識と技術

⑤ 子ども同士の関わりや子どもと保護者の関わりなどを見守り，その気持ちに寄り添いながら適宜必要な援助をしていく関係構築の知識及び技術

❹ 次の文は，「保育所保育指針」(平成29年3月)の「第1章　総則」の「1　保育所保育に関する基本原則」の一部である。(A)〜(C)にあてはまる語句の正しい組み合わせを，あとの①〜⑤から1つ選びなさい。

(難易度■■■□□)

保育所は，その目的を達成するために，保育に関する専門性を有する(A)が，家庭との緊密な連携の下に，子どもの状況や(B)過程を踏まえ，保育所における(C)を通して，養護及び教育を一体的に行うことを特性としている。

	A	B	C
①	保育士	成長	環境
②	職員	発達	設備
③	職員	発達	環境
④	職員	成長	設備
⑤	保育士	成長	設備

211

■ 専門試験

5 次の(a)～(e)は「児童の権利に関する条約」の条項である。空欄(A)～
(E)に当てはまる語句を語群から選ぶとき，正しい語句の組み合わせ
を，あとの①～⑤から1つ選びなさい。　　　　　(難易度■■■□□)

締約国は，児童の教育が次のことを指向すべきことに同意する。

(a) 児童の人格，才能並びに精神的及び身体的な能力をその可能な(A)ま
で発達させること。

(b) 人権及び基本的自由並びに(B)にうたう原則の尊重を育成するこ
と。

(c) 児童の父母，児童の文化的同一性，言語及び価値観，児童の居住国及
び出身国の国民的価値観並びに自己の(C)と異なる(C)に対する
尊重を育成すること。

(d) すべての人民の間の，種族的，国民的及び宗教的集団の間の並びに原
住民である者の間の理解，平和，寛容，両性の平等及び友好の精神に従
い，(D)社会における責任ある生活のために児童に(E)させるこ
と。

(e) 自然環境の尊重を育成すること。

〔語群〕

ア	範囲	イ	最大限度	ウ	理想
エ	国際連合憲章	オ	世界人権宣言	カ	児童権利宣言
キ	文明	ク	国民	ケ	社会
コ	発展ある	サ	持続可能な	シ	自由な
ス	努力	セ	準備	ソ	訓練

① A－ウ　　B－カ　　C－ケ　　D－コ　　E－ソ
② A－イ　　B－エ　　C－キ　　D－シ　　E－セ
③ A－イ　　B－オ　　C－キ　　D－サ　　E－ソ
④ A－ア　　B－エ　　C－ク　　D－コ　　E－セ
⑤ A－ア　　B－カ　　C－ケ　　D－シ　　E－ス

6 次の【Ⅰ群】の法律(条約を含む)の条文と【Ⅱ群】の法律(条約名を含む)の
呼称を結びつけた場合の正しい組み合わせを，あとの①～⑤から1つ選び
なさい。　　　　　(難易度■■■■□)

【Ⅰ群】

A 締約国は，自己の意見を形成する能力のある児童がその児童に影響

212

保育原理

を及ぼすすべての事項について自由に自己の意見を表明する権利を確保する。この場合において，児童の意見は，その児童の年齢及び成熟度に従って相応に考慮されるものとする。

B 児童は，人種的，宗教的その他の形態による差別を助長するおそれのある慣行から保護されなければならない。児童は，理解，寛容，諸国民間の友愛，平和及び四海同胞の精神の下に，また，その力と才能が，人類のために捧げられるべきであるという充分な意識のなかで，育てられなければならない。

C すべての児童は，家庭で，正しい愛情と知識と技術をもつて育てられ，家庭に恵まれない児童には，これにかわる環境が与えられる。

D 全て国民は，児童が良好な環境において生まれ，かつ，社会のあらゆる分野において，児童の年齢及び発達の程度に応じて，その意見が尊重され，その最善の利益が優先して考慮され，心身ともに健やかに育成されるよう努めなければならない。

【Ⅱ群】
　ア　児童の権利宣言(国連)
　イ　児童福祉法(日本)
　ウ　児童憲章(日本)
　エ　児童の権利に関する条約(国連)
　オ　日本国憲法(日本)

	A	B	C	D
①	エ	ア	ウ	イ
②	イ	エ	ア	オ
③	ウ	ア	オ	エ
④	オ	ア	エ	イ
⑤	ア	エ	ウ	イ

7 保育の本質について適切でないものを，次の①〜⑤から1つ選びなさい。
(難易度■■■□□)

① 保育については，子どもの最善の利益が優先されるべきである。
② 近年，核家族化などのさまざまな社会事情により，家庭や地域社会の子育て機能の低下が指摘されている。
③ 2006(平成18)年に改正された教育基本法において，はじめて「父母そ

専門試験

の他の保護者は，子の教育について第一義的責任を有する」と明記された。

④　家庭のもつ養護的機能とは，身辺自立に対するしつけを行い，その家族が属している社会の言葉や文化を伝え，子どもの発達課題を達成させていく機能である。

⑤　保育の場には「家庭」，保育所などの「保育施設」，在宅で個別あるいは小集団で行う保育形態の「家庭的保育」がある。

8 次の【Ⅰ群】の記述と【Ⅱ群】の人物を結びつけた場合の正しい組み合わせを，あとの①〜⑤から1つ選びなさい。　　　　　　　(難易度■■■■□)

【Ⅰ群】

A　彼は，「強制において如何に自由を養うか」を教育における最大の問題とした。彼によれば，教育は機械的なかつ思慮的な二面をもった合自然の技術である。「人間は教育されなければならない唯一の被造物である」「人は教育によって人間に成れるまでのことである」と述べる彼は，人間が単に自然であることから教育的強制が必然であるのではなく，人間を人間たらしめる道徳の次元から義務・命令としての強制が必然とされる。従って，道徳的性格の形成が彼の教育思想の核心を成す。

B　彼の教育思想の特徴は，敬虔主義から啓蒙主義，ロマン主義をへてシェリングの自然哲学やヘーゲルの弁証法体系にいたるまでの，あの市民的思考の精神的自己解放過程が個人の形成過程の中に認められ，しかもその程度たるや，最終的には，市民社会の限界をこえでいくようなライフワークを残すほどのものであった。だが，次に続く世代にとって『人間の教育』に近づくのが困難なのは，彼において，あらゆる新しい認識が，子ども時代に獲得された深い宗教性と独特の仕方で結びついているという事実による。

C　彼は「人類の教育者」とも呼ばれる。彼は，コメニウス以来近代教育思想の基本原理となる直観教授を，数・形・語を基礎とする教授法＝「メトーデ」として発展させ，それ以後の学校改革に決定的な影響を与えることになる。彼は，この「メトーデ」を「基礎陶冶の理念」として確立しようと努力した。彼は，認識を要素にまで分解し，そして最も単純な構成要素(数・形・語＝直観のABC)から事物の表象を再構成する方法的道筋を提唱した。教育は知識を構成する基礎的能力の形成として把握される。

保育原理

【Ⅱ群】

ア ペスタロッチ　　イ カント　　ウ フレーベル　　エ フィヒテ

	A	B	C
①	ア	ウ	イ
②	エ	ウ	イ
③	イ	ウ	ア
④	イ	エ	ア
⑤	エ	ア	イ

9 次の【Ⅰ群】の記述と【Ⅱ群】の人物を結びつけた場合の正しい組み合わせを，あとの①～⑤から1つ選びなさい。　　　　　(難易度■■□□□)

【Ⅰ群】

　A　初期の教育は純粋に消極的でなければならない。

　B　教師は子どもの環境である。

　C　私の家塾で放任主義を行うということは畢竟独立心を養うためである。

【Ⅱ群】

ア シュタイナー　　イ ルソー　　ウ 広瀬淡窓　　エ 津田梅子

	A	B	C
①	ア	ウ	エ
②	ア	エ	イ
③	イ	エ	ウ
④	イ	ア	エ
⑤	ア	ウ	イ

10 次のア～オはわが国の保育の歴史に関する記述である。正しいものの組み合わせを，あとの①～⑤から1つ選びなさい。　　　　　(難易度■■■□□)

ア　大正デモクラシーのなか，倉橋惣三らは，教師ではなく子どもを中心とする児童中心主義を唱えた。

イ　昭和期の戦前・戦中は，徴兵による労働力不足を家族全員によって補うため，託児所が多く作られるようになった。

ウ　1947(昭和22)年，学校教育法により「幼稚園」が学校として位置付けられ，2年後に児童福祉法により託児所が「保育所」として児童福祉施設に位置付けられた。

215

専門試験

エ　1948(昭和23)年，保育所における保育の手引書として「保育要領」が文部省から刊行された。

オ　2006(平成18)年，小学校就学前の子どもに教育・保育を一体的に提供する「認定こども園」が誕生することになった。

①　ア，イ，オ　　②　ア，ウ，オ　　③　イ，ウ，エ　　④　イ，オ

⑤　ウ，オ

11 次の文は，「児童福祉法」第18条の5に規定される保育士資格欠格事由の一部である。(A)～(C)にあてはまる語句の正しい組み合わせを，あとの①～⑤から1つ選びなさい。　　　　　　　(難易度■■■□□)

一　(A)の故障により保育士の(B)を適正に行うことができない者として内閣府令で定めるもの

二　(C)以上の刑に処せられた者

三　この法律の規定その他児童の福祉に関する法律の規定であつて政令で定めるものにより，罰金の刑に処せられ，その執行を終わり，又は執行を受けることがなくなつた日から起算して3年を経過しない者

	A	B	C
①	心身	任務	懲役
②	身体	業務	禁錮
③	精神	業務	懲役
④	身体	任務	懲役
⑤	心身	業務	禁錮

12 次は「保育所保育指針解説」(平成30年2月)が示す「養護」と「教育」に関わる内容である。このうち，「養護」に関わる内容の組み合わせとして正しいものを，あとの①～⑤から1つ選びなさい。　　　　(難易度■■■□□)

ア　生命　　イ　環境　　ウ　健康　　エ　情緒　　オ　表現

①　ア，ウ，エ　　②　ア，エ　　③　イ，ウ，オ　　④　イ，エ，オ

⑤　ウ，エ

13 「保育所保育指針」(平成29年3月)の「第1章　総則」のなかで述べられている「保育の目標」に関する記述として正しいものを，次の①～⑤から1つ選びなさい。　　　　　　　　　　　　　　　　　(難易度■■■□□)

216

保育原理

① 十分に教育の行き届いた環境の下に，くつろいだ雰囲気の中で子ども
の様々な欲求を満たし，生命の保持及び情緒の安定を図ること。
② 人との関わりの中で，人に対する愛情と信頼感，そして環境を大切に
する心を育てるとともに，自主，自立及び協調の態度を養い，道徳性の
芽生えを培うこと。
③ 生命，自然及び社会の事象についての興味や関心を育て，それらに対
する豊かな心情や思考力の芽生えを培うこと。
④ 生活の中で，コミュニケーションへの興味や関心を育て，話したり，
聞いたり，相手の話を理解しようとするなど，言葉の豊かさを養うこと。
⑤ 様々な指導を通して，豊かな感性や表現力を育み，創造性の芽生えを
培うこと。

⑭「保育所保育指針解説」(平成30年2月)で述べられている保育所保育にお
ける保護者支援について適切でないものを，次の①〜⑤から1つ選びなさ
い。　　　　　　　　　　　　　　　　　　　　　(難易度■■■□□)
① 保護者の意見や要望等からその意向を捉える必要がある。
② それぞれの保護者や家庭の状況を考慮し，職員間で連携を図りながら
援助していく。
③ 日頃から保育の意図や保育所の取組について説明し，丁寧に伝える。
④ 保護者と共に考え，対話を重ねていく。
⑤ 保護者への援助に当たっては，子どもと保育士等の関係を軸に，子ど
も・保育士等・保護者の関係が豊かに展開していくことが望まれる。

⑮「保育所保育指針」(平成29年3月告示)の「第1章　総則」のなかで述べ
られている「保育の方法」において，保育士が留意すべきこととして適切
なものの組み合わせを，あとの①〜⑤から1つ選びなさい。
　　　　　　　　　　　　　　　　　　　　　　　(難易度■■■□□)
ア　一人一人の子どもの状況や家庭及び地域社会での生活時間を把握する
とともに，子どもが安心感と信頼感を持って活動できるよう，保護者の
思いや願いを受け止めること。
イ　子どもの生活リズムを大切にし，健康，安全で情緒の安定した生活が
できる環境や，自己を十分に発揮できる環境を整えること。
ウ　子どもの発達について理解し，一人一人の年齢差に応じて保育するこ

217

専門試験

と。その際，子どもの個人差に十分配慮すること。

エ　子ども相互の関係づくりや互いに尊重する心を大切にし，集団における個々の活動を効果あるものにするよう援助すること。

オ　特に，乳幼児期にふさわしい体験が得られるように，生活や遊びを通して総合的に保育すること。

① ア，イ，エ　　② ア，ウ　　③ イ，ウ，エ　　④ イ，オ
⑤ ウ，オ

16 次は，「保育所保育指針」(平成29年3月)の「第1章　総則」から，「保育の環境」を構成するために留意することについて述べた文である。空欄(A)～(D)に当てはまる語句を下の語群から選ぶとき，正しい語句の組み合わせを，あとの①～⑤から1つ選びなさい。

(難易度■■■□□)

・人，物，(A)などの環境が相互に関連し合い，子どもの生活が豊かなものとなるよう，計画的に環境を構成する。

・子ども自らが(B)に関わり，自発的に活動し，様々な経験を積んでいくことができるよう配慮する。

・子どもの活動が豊かに展開されるよう，保育所の設備や環境を整え，保育所の保健的環境や(C)の確保などに努める。

・子どもが(D)と関わる力を育てていくため，子ども自らが周囲の子どもや大人と関わっていくことができる環境を整える。

〔語群〕

ア　自然　　　イ　社会事象　　ウ　保育士等　　エ　場
オ　環境　　　カ　計画　　　　キ　安心　　　　ク　衛生
ケ　協力者　　コ　安全　　　　サ　人　　　　　シ　地域社会

① A－ア　　B－カ　　C－コ　　D－ウ
② A－ア　　B－オ　　C－ク　　D－シ
③ A－イ　　B－エ　　C－キ　　D－カ
④ A－エ　　B－オ　　C－コ　　D－サ
⑤ A－エ　　B－カ　　C－ケ　　D－サ

17 次の文は，「保育所保育指針」(平成29年3月)の「第5章　職員の資質向上」の「2　施設長の責務」の一部である。(A)～(C)にあてはま

218

保育原理

る語句の正しい組み合わせを，あとの①〜⑤から1つ選びなさい。

(難易度■■■□□)

　施設長は，保育所の全体的な(**A**)や，各職員の研修の必要性等を踏まえて，体系的・計画的な研修機会を確保するとともに，職員の(**B**)体制の工夫等により，職員が計画的に研修等に参加し，その(**C**)の向上が図られるよう努めなければならない。

	A	B	C
①	計画	勤務	専門性
②	計画	業務	資質
③	運営	勤務	資質
④	運営	業務	専門性
⑤	計画	勤務	資質

⑱ 次のA〜Eは「保育所保育指針」(平成29年3月)の「第2章　保育の内容」から，乳児期，1歳児から3歳児未満，3歳児以上のそれぞれの発達段階における基本的事項を抜粋したものである。また，ア〜ウは3つの発達段階である。基本的事項と発達段階の組み合わせとして適切なものを，あとの①〜⑤から1つ選びなさい。　　　　　　(難易度■■■□□)

A　仲間と遊び，仲間の中の一人という自覚が生じ，集団的な遊びや協同的な活動も見られる。

B　視覚，聴覚などの感覚や，座る，はう，歩くなどの運動機能が著しく発達する。

C　自分の意思や欲求を言葉で表出できるようになる。

D　食事，衣類の着脱なども，保育士等の援助の下で自分で行うようになる。

E　特定の大人との応答的な関わりを通じて，情緒的な絆が形成される。

　ア　乳児期

　イ　1歳以上3歳未満児

　ウ　3歳以上児

	A	B	C	D	E
①	ア	イ	ウ	ア	ア
②	イ	ア	イ	ウ	ア
③	イ	ウ	ア	ウ	イ
④	ウ	ア	イ	イ	ア
⑤	ウ	イ	ア	イ	ア

219

専門試験

⑲ 次の文は，わが国の「児童憲章」の一部である。（　A　）・（　B　）にあてはまる語句の正しい組み合わせを，あとの①〜⑤から1つ選びなさい。

（難易度■■□□□）

　すべての児童は，心身ともに健やかにうまれ，育てられ，その（　A　）を保障される。

　すべての児童は，家庭で，正しい愛情と（　B　）と技術をもつて育てられ，家庭に恵まれない児童には，これにかわる環境が与えられる。

	A	B
①	養育	責任
②	養育	知識
③	生活	責任
④	生活	知識
⑤	権利	責任

⑳ 「保育所保育指針解説」（平成30年2月)の「第1章　総則」の「3　保育の計画及び評価」で述べられている全体的な計画に関する記述として適切なものを，次の①〜⑤から1つ選びなさい。　　　（難易度■■■□□）

① 全体的な計画は，保育時間や在籍期間の長短が優先され，また在籍するすべての児童が対象となるわけではない。

② 保育所の保育時間は，地域における乳幼児の保護者の労働時間や家庭の状況等に関係なく，1日につき8時間を原則とする。

③ 子どもの発達過程を長期的に見通し，保育所の生活全体を通して，それぞれの時期にふさわしい具体的なねらいと内容を，一貫性をもって構成する。

④ 保育所保育の基本について，児童福祉法や児童の権利に関する条約等，関係法令については職員間の共通理解を図るが，保育所保育指針，保育所保育指針解説の内容については個人で内容を理解する。

⑤ 全体的な計画は，子どもの利益を第一にするよりも保護者の思いを最優先に考え，保護者の意見を全体的な計画に反映するようにする。

㉑ 次のア〜オは「保育所保育指針解説」（平成30年2月)に示されている指導計画に関する記述である。適切なものの組み合わせを，あとの①〜⑤から1つ選びなさい。　　　（難易度■■■□□）

保育原理

ア 指導計画は，全体的な計画に基づいて，保育を実施する際のより具体的な方向性を示すものである。

イ 指導計画は，保育士等が子どもにある活動を与え，させる計画でもある。

ウ 指導計画には，年・期・月など長期的な見通しを示すものと，週・日などの短期的な予測を示すものがある。

エ 指導計画は，次の指導計画を作成するまでは見直さないほうがよい。

オ 3歳以上児については一人一人の個別的に計画を作成する必要があるが，3歳未満児については個人差はあまり出ないため，個別的な計画は特には必要としない。

① ア，イ，オ　　② ア，ウ　　③ ア，エ　　④ イ，ウ，オ
⑤ エ，オ

㉒ 「保育所保育指針解説」(平成30年2月)に示されている保育所での健康，安全に関して適切なものを，次の①～⑤から1つ選びなさい。

(難易度■■■□□)

① 毎日の健康観察では，機嫌，食欲，顔色，活動性などどの子どもにも共通した事項の観察より，子ども特有の所見・病気等に伴う状態の観察に重点を置く。

② 心身の機能の発達は，脳神経系の成熟度合や疾病，異常によるところが大きく，出生前及び出生時の健康状態や発育及び発達状態，生育環境などの影響は受けない。

③ 心身の状態を把握することは，不適切な養育等の早期発見にも有効である。

④ 保育所は児童福祉施設であるが，感染症対策は学校保健安全法に準拠して行われる。

⑤ 保育所における食育は，健康な生活の基本としての「食を楽しむ力」の育成に向け，その基礎を培うことを目標としている。

専門試験

解答・解説

 ⑤

解説

① 保育所は「保育を必要とする」乳幼児が対象，根拠法は「児童福祉法」。所管官庁は厚生労働省であったが，2023(令和5)年4月よりこども家庭庁に移管された。一方，幼稚園は満3歳から小学校就学前までの幼児が対象，根拠法は学校教育法，所管官庁は文部科学省。

② 幼稚園の設置者は国，地方公共団体と学校法人等であり，社会福祉法人等ではない。

③ 保育所は記述のとおりだが，幼稚園は公私間の格差が大きいため，保護者の所得をもとに私立幼稚園就園児に対し，就園奨励金を出し，是正を図っている。

④ 幼保一体化ということばは，民主党政権が使っていたものだが，政権交代以前から，幼保一元化といわれて検討されている課題であった。2010年1月には「子ども・子育てビジョン」が閣議決定され，新たな制度構築が模索されている。

⑤ 正しい。地方裁量型とは認可のない地域の保育・教育施設が認定こども園として機能するタイプ。

 ③

解説

A 野口幽香は1900(明治33)年，森島美根の協力で，貧民のための保育所二葉幼稚園を，東京の麹町に日本で最初に設立し，その後，東京のスラム街に移転した。

B 筧雄平は，1890(明治23)年，農繁期の農家のための託児所を日本で最初に設立した。このような季節託児所(保育所)は，昭和に入って全国的に普及した。

C 石井十次は，1887(明治20)年，日本で最初の孤児院(のちの岡山孤児院)を設立した。

D 赤沢鍾美は妻仲子と1890(明治23)年，日本最初の保育所(のちの守孤扶独幼稚児保護会)を設立した。

E 渡辺嘉重は1883(明治16)年，日本で最初の子守学校を設立した。子守学校は子守などの理由で学校へ通えない就学期の子どものために，明治政

保育原理

府が全国に設置を命じたもの。

3 ④
解説

　保育士に求められる主要な知識及び技術は6項目ある。出題された①，②，③，⑤の他には，「子どもの経験や興味や関心に応じて，様々な遊びを豊かに展開していくための知識及び技術」「保護者等への相談，助言に関する知識及び技術」が挙げられている。関連する事項として，同解説の「第5章　職員の資質向上」の「1　職員の資質向上に関する基本的事項(1)保育所職員に求められる専門性」も確認しておきたい。

4 ③
解説

　保育所とは，「児童福祉法」第39条に明文化されている通り，保育を必要とする子どもの保育を行い，その健全な心身の発達を図ることを目的とする児童福祉施設である。そこでは入所する子どもを保育する家庭や地域と連携を図りながら，入所する子どもの保護者に対する支援及び地域の子育て家庭に対する支援が行われることになる。保育士は，倫理観に裏づけられた専門的知識，技術及び判断をもって，子どもを保育する専門家である。「保育所保育指針」には，これに続いて保育の目標・方法・環境などについて明記されているため，それぞれ整理しておきたい。

5 ②
解説

　「児童の権利に関する条約」(児童の権利条約)は1989年，国連総会で採択され，日本は1994年に批准した。前文と54の条文で構成されており，設問部分は第29条第1項(教育の目的)である。Aには「最大限度」が入る。Bには「国際連合憲章」が入る。Cには「文明」が入る。Dには「自由な」が入る。「自由な社会」と，これに続く「責任ある生活」が対の関係にある。Eには「準備」が入る。したがって解答は②である。

6 ①
解説

　日本国憲法の第3章には「国民の権利及び義務」が列挙されているが，この中で「児童」は「その保護する子女に普通教育を受けさせる義務を負ふ」

専門試験

(第26条)と「児童は，これを酷使してはならない」(第27条)の二度しか登場しない。しかし，第3章には児童が享有する権利も含まれているので，「すべて国民」の読み方に注意したい。「児童福祉法」には，児童(乳児，幼児，少年，障害児を含む)の定義，児童福祉施設，児童福祉審議会，児童相談所，児童福祉司，そして保育士についても詳細な規定がある。「児童福祉法」で初めて「福祉」が法令名に登場したことも覚えておきたい。「児童憲章」は，「児童福祉法」の制定後，さらにその法理を国民に浸透させる目的から起草されたものである。他方，国際的視点から，児童の権利の普及及び定着には国際連合の存在が必要だった。「児童の権利宣言」(1959年)では，その出生の時から姓名及び国籍をもつ権利(第3条)，社会保障の恩恵を受ける権利(第4条)，健康に発育し，かつ成長する権利(第4条)，教育を受ける権利(第7条)，その他，障害のある児童への配慮(第5条)，可能な限り両親の愛護と責任の必要性(第6条)，放任，虐待及び搾取からの保護(第9条)，あらゆる差別からの保護(第10条)などが列挙され，その上で児童は，「理解，寛容，諸国民間の友愛，平和及び四海同胞の精神の下に，また，その力と才能が，人類のために捧げられるべきであるという十分な意識のなかで，育てられなければならない」としている。「児童の権利に関する条約」(1989年)は，わが国では，「世界の多くの児童が今日なお貧困や飢餓などの困難な状況に置かれていることにかんがみ，世界的視野から，児童の人権の尊重，保護の促進を目指したもの」(文部次官通知)として受け入れられた。

7 ④

解説

① 適切。「児童の権利に関する条約」(児童の権利条約)は子どもの最善の利益が優先されるべきとしている。

② 適切。

③ 適切。改正前の教育基本法には「家庭教育」の条項はなかった。改正法において第10条を「家庭教育」とし，その第1項で「父母その他の保護者は，子の教育について第一義的責任を有する」と明記している。

④ 適切ではない。家庭には養護的機能，教育的機能の2つがあり，記述にあるのは教育的機能にあたる。養護的機能とは，基本的生活を保つための機能であり，衣・食・休息などの生理的欲求の充足や精神的安定，あるいは衛生や健康を保つ機能である。

⑤ 適切。「家庭的保育」の代表的なものにベビーシッター，ファミリー・

224

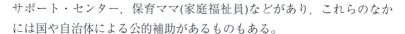

サポート・センター，保育ママ(家庭福祉員)などがあり，これらのなかには国や自治体による公的補助があるものもある。

解説

3人のドイツ語圏の教育思想からの出題である。

A 「道徳律」を重要視する『実践理性批判』を著したカントになる。彼によれば，人間が自己の未成年状態を脱け出ることが「啓蒙」であった。人間はこの状態を自ら克服する努力の中で，自らの理性の行使能力を獲得し，人は人となるのである。

B 『人間の教育』からフレーベルになる。彼は教育活動の源泉を子どもの本能的・衝動的な態度及び活動であると考えた。幼年期・少年期・青年期の要求が忠実に拡充されることにより，人は成人となる。

C 「メトーデ」からペスタロッチになる。彼によれば，あらゆる知識の基礎にはさまざまな要素があるが，その中の基本的要素は数・形・語である。初歩的教授(計算・測定・会話)に熟練することによって，子どもの思考能力は目覚めさせられ，発達に刺激が与えられる。こうした発達の要求を満たすために彼は実物教授(直観教授)の重要性を指摘した。

また，残りの選択肢のフィヒテは，『ドイツ国民に告ぐ』(1807年)で高名な哲学者である。彼はナポレオン戦争敗北後のドイツにあって，国家復興のため学校教育の必要性を説き，その教授法として「メトーデ」を取り上げた。

解説

高名な教育思想家の名言からの出題である。

A 「消極(的)教育」は，ルソーの教育論を象徴する。ルソー『エミール』(1762年)は時間があれば目を通しておきたい。なお，消極教育に与する教育思想書としては，フレーベル『人間の教育』(1826年)やエレン・ケイ『児童の世紀』(1900年)などがあるが，消極とは何かは決して簡単な問題ではない。

B 「環境」は，シュタイナーにとって教師は子どもの環境でしかなかった。つまり，子どもが誕生以来，出会うものの一つにすぎない。その子の親，兄弟姉妹，近所の人，そして就学後は学校の先生や友達だ。ま

た，シュタイナーは，「子どもを畏敬の念で受け入れ，愛によって育み，自由の中へ解き放つ」という言葉を残している。

C 「放任主義」は，津田梅子が創立した女子英学塾(1900年)で採用された。津田は女子英学塾の教育目的を「allround woman」＝「完(まっ)たい女性」として，英語による職業教育を目指した。それは，わが国の女性の独立心の欠如を専門教育によって打破しようとした先進的な試みであった。「日本の女性は自分の頭で考え，行動する力を欠いている」(中嶋みさき)ため，津田は放任主義によって若い女性を家父長的支配から解放し，自己に立ち返らせようとした。

なお，広瀬淡窓は，江戸時代に私塾咸宜園を創設した儒学者・教育学者である。

 ①
解説
ア 正しい。
イ 正しい。
ウ 誤り。「児童福祉法」の成立も1947(昭和22)年であり，同年から幼稚園は学校として，保育所は児童福祉施設として行政上二元化された。
エ 誤り。1948(昭和23)年，文部省から「保育要領」が刊行されたが，これは保育所だけでなく，幼稚園，家庭における保育の手引書であった。
オ 正しい。「就学前の子どもに関する教育，保育等の総合的な提供の推進に関する法律」が成立し，「認定こども園」が誕生することになった。

 ⑤
解説
保育士は，「児童福祉法」第18条の4によれば，保育士の名称を用いて，専門的知識及び技術をもって，児童の保育及び当該児童の保護者に対する保育に関する指導を行うことを業とする者を指す。保育士には，保育士資格欠格事由が存在する。同法第18条の5には，上記のほか，同法の規定その他児童の福祉に関する法律の規定であって政令で定めるものにより，罰金の刑に処せられ，その執行を終わり，または執行を受けることがなくなった日から起算して3年を経過しない者などが規定されている。さらに，「保育士の信用を傷つけるような行為」(同法第18条の21)や「正当な理由がなく，その業務に関して知り得た人の秘密を漏ら」す行為(同法第18条の22)

が禁止されている。しかも，「保育士でなくなった後においても」この禁止規定は適用される。このように責任や倫理が求められる専門職だからこそ，保育士はその名称を独占できる。同法第18条の23は，保育士でない者に「保育士又はこれに紛らわしい名称」の使用を禁止する。

12 ②
解説

「養護とは，子どもの生命の保持及び情緒の安定を図るために保育士等が行う援助や関わり」であり，「教育とは，子どもが健やかに成長し，その活動がより豊かに展開されるための発達の援助」である(『保育所保育指針解説』)。アの生命，エの情緒が養護に関わる内容である。なお，正しくは「生命の保持」「情緒の安定」。保育所保育指針が示す養護に関わる内容はこの2つである。イの環境，ウの健康，オの表現は，それぞれ教育に関わる内容である。教育に関わる内容にはこのほか，人間関係，言葉があり，合わせて5つの領域で構成される。

13 ③
解説

① 「教育の行き届いた環境の下」でなく「養護の行き届いた環境の下」である。それによって，生命の保持，情緒の安定を図る。
② 「環境を大切にする心」ではなく「人権を大切にする心」である。
③ 正しい。
④ 「コミュニケーション」でなく「言葉」である。
⑤ 「指導を通して」でなく「体験を通して」である。

「保育所の保育」は，保育の目標として，①～⑤のほか，「健康，安全など生活に必要な基本的な習慣や態度を養い，心身の健康の基礎を培うこと」を加え，6つを目指して行うこととされている。

14 ⑤
解説

いずれも「保育所保育指針解説」第1章1の(2)保育の目標からの出題。
① 適切。
② 適切。その場合，常に，子どもの最善の利益を考慮して取り組むことが必要である。
③ 適切。

専門試験

④ 適切。
⑤ 適切ではない。保護者への援助に当たっては,「子どもと保育士等の関係」ではなく「子どもと保護者の関係」を軸に関係が豊かに発展していくことが望まれる。「保育所は,入所する子どもの保護者に対し,その意向を受け止め,子どもと保護者の安定した関係に配慮し,保育所の特性や保育士等の専門性を生かして,その援助に当たらなければならない」とあるように,子どもと保護者の安定した関係に配慮する必要がある。

解説

ア 適切ではない。「生活時間」ではなく「生活の実態」である。生活の実態は生活時間だけからはわからない。また「保護者の思いや願い」ではなく「子どもの主体としての思いや願い」である。
イ 適切。「健康,安全で情緒の安定した生活」は養護,「自己を十分に発揮できる」は教育に主に関わってくる。
ウ 適切ではない。「一人一人の年齢差」ではなく「一人一人の発達過程」である。
エ 適切ではない。「集団における個々の活動」ではなく,「集団における活動」である。子ども相互のかかわりを重視し,集団としての成長を促そうというものである。そして,集団の活動が個の成長を促していくことになる。
オ 適切。

解説

Aには「場」が当てはまる。人とは保育士等や子どもなどの人的環境,物は施設や遊具などの物的環境などである。さらには自然や社会の事象などがあり,こうした人,物,場などの環境が相互に関連し合い,子どもの生活が豊かになるよう計画的に環境を構成していく。その留意点として4つあげている。Bには「環境」が当てはまる。留意点の1つは子ども自ら関わる環境である。Cには「安全」が当てはまる。留意点の2つ目は安全で保健的な環境である。3つ目は暖かな雰囲気と生き生きとした活動の場(本問では略)。Dには「人」が当てはまる。留意点の4つ目として,人との関わりを育む環境の重要性を指摘している。したがって解答は④である。

①
解説

　施設長を含む保育所職員には,「子どもの最善の利益」を考慮し,「人権に配慮した保育」を行うために,職員一人ひとりの倫理観,人間性並びに保育所職員としての職務及び責任の理解と自覚が必要である。特に,施設長は,保育所の役割や社会的責任を遂行するために,法令等を遵守し,保育所を取り巻く社会情勢等をふまえ,施設長としての専門性等の向上に努め,保育所における保育の質及び職員の専門性の向上のために必要な環境の確保に努めなければならない。職員の研修機会を確保するために施設長は,職場内での研修の充実を図ると同時に,外部研修への参加機会を確保するよう努めなければならない。

 ④
解説

B, E 　乳児期の発達に関する基本的事項である。出題の他には,乳児期の保育は愛情豊かに,応答的に行われることが特に必要であることなどに留意する。

C, D 　1歳以上3歳未満児の発達に関する基本的事項である。出題の他には,歩き始めから,歩く,走る,跳ぶなどへと,基本的な運動機能が次第に発達し,排泄の自立のための身体的機能も整うようになることなどに留意する。

A 　3歳以上児の発達に関する基本的事項である。出題の他には,運動機能の発達により,基本的な動作が一通りできるようになるとともに,基本的な生活習慣もほぼ自立できるようになることや,理解する語彙数が急激に増加し,知的興味や関心も高まってくることなどに留意する。

 ④
解説

　「児童憲章」は,児童憲章制定会議によって,1951年5月5日に制定された。「児童福祉法」の施行後,児童の権利を権利章典の形で表現したわが国独自の児童の権利宣言であり,その後の子ども関連法規に甚大な影響を与えた。その前文は,日本国憲法の精神に従って,「児童に対する正しい観念を確立し,すべての児童の幸福をはかるために」児童憲章を定めると述べている。つまり,児童は「人として」「社会の一員として」「よい環境の中

で」育てられなければならない。前文を含む全条文を徹底的に読み込み，丸暗記する覚悟で臨みたい。なお，国際的には，1959年11月20日の国際連合総会で「人類は，児童に対し，最善のものを与える義務を負う」と謳った「児童の権利宣言」が満場一致で採択されている。その20周年にあたる1979年を国際連合は「国際児童年」とし，それから10年後，1989年に「児童の権利に関する条約」が誕生する。

　③
解説

　全体的な計画における具体的なねらいや内容は，発達過程に即して組織する。保育所保育指針や同解説に示されている発達過程や養護及び教育のねらい・内容を参考にしながら，それぞれの保育所の実態に即して工夫して設定することが必要である。
① 全体的な計画は，保育時間の長短，在籍期間の長短に関わりなく在籍している全ての子どもを対象とする。
② 保育所の保育時間は，1日につき8時間を原則とし，地域における乳幼児の保護者の労働時間や家庭の状況等を考慮して，各保育所において定める。
③ 適切。
④ 全体的な計画作成に当たっては，条約や関係法令のみではなく，保育所保育指針・保育所保育指針解説の内容についても，職員間の共通理解を図る。
⑤ 全体的な計画は，保護者の思いを受け止め，全体的な計画に反映するかどうかなど検討することが求められるが，子どもの最善の利益を第一義にすることが前提である。

　②
解説

ア　適切。具体的には，ある時期における保育のねらいと内容，環境，そこで予想される子どもの活動，保育士等の援助，家族との連携等で構成される。
イ　適切ではない。指導計画は，子どもの実態に基づいて，今育ちつつある子どもの様々な資質・能力を十分に引き出すためのものである。
ウ　適切。子どもの発達を見通した長期的な指導計画と，それに関連しな

がらより具体的な短期的な指導計画を作成する。
エ　適切ではない。その期間の指導計画を見直し，次の期間の指導計画に生かしていく必要がある。
オ　適切ではない。3歳未満児は，特に心身の発育・発達が顕著な時期であると同時にその個人差も大きいため，個別的な計画が必要である。(「保育所保育指針解説」第1章3(2)指導計画の作成「3歳未満児の指導計画」)

 ③
解説
① 機嫌，食欲，顔色，活動性なども重要な観察事項である。
② 出生前及び出生時の健康状態や発育及び発達状態，生育環境などの影響も大きい。
③ 適切。定期的・継続的に把握することによって不適切な養育等のほかにも，慢性疾患や障害の早期発見につなげることが期待される。
④ 従来，学校保健安全法に準拠して行われていたが，保育所保育指針の改定(平成20年3月)により，新たに「保育所における感染症対策ガイドライン」が策定され(平成21年8月。30年3月改訂)，このガイドラインに基づくこととなった。なお，保育所の管轄が厚生労働省からこども家庭庁に移管されたため，こども家庭庁で修正され，2023(令和5)年5月一部改訂，10月一部修正されたものが最新である。乳幼児は学童・児童と比較して抵抗力が弱いことなどの特性を踏まえた対応が必要なためである。
⑤ 「食を楽しむ力」ではなく，「食を営む力」である。

第9章

専門試験
社会的養護

専門試験

≡ POINT ≡

1．社会的養護の意義
▶ 社会的養護とは何か
社会的養護とは

> 保護者のない児童や，保護者に監護させることが適当でない児童を，公的責任で社会的に養育し，保護するとともに，養育に大きな困難を抱える家庭への支援を行う

こと。

▶ 社会的養護の基本理念
社会的養護は「こどもの最善の利益」と「社会全体でこどもを育む」という考え方を基本理念としている。

2．社会的養護の基本
▶ 子どもの人権擁護と社会的養護
古代や中世の社会で子どもは，大人の所有物や小さな大人などとして認知され，「安価な労働力」として扱われるなど，今日的な人権思想とはかけ離れた扱いがなされていた。その後，子どもの権利を守ろうとする国際的な動きが活発となり，1989年には国連が「児童の権利に関する条約」(子どもの権利条約)を採択している(わが国は1994年に同条約に批准)。2016年には児童福祉法が大改正され，児童の権利に関する条約との関連性が明記されるようになった。なお，児童福祉法は2024年4月に施行されたものが最新の改正となっている。子育て世帯に対する包括的な支援のための体制強化及び事業の拡充として，こども家庭センターの設置や，自立支援の強化として児童養護施設，障害児入所施設の入居者を22歳までの入所継続を可能とする他，虐待や性犯罪から児童を守るための取り組みなどがある。

今日のわが国の社会的養護では，児童の権利に関する条約に基づき，保護者に養護される権利を持つ子どもの権利が保障されない場合の代替的養護の実施など，子どもの権利が明確に示されている。虐待問題や特別なニーズ(個別のニーズ)に応じたケアや支援，家庭環境の調整など，さまざまな支援や特別な配慮に関する子どもの権利についても押さえておきたい。

社会的養護

▶ 社会的養護の基本原則

社会的養護の基本理念である「こどもの最善の利益」と「社会全体でこどもを育む」という考え方をもとに，

① 家庭的養護と個別化
② 発達の保障と自立支援
③ 回復をめざした支援
④ 家族との連携・協働
⑤ 継続的支援と連携アプローチ
⑥ ライフサイクルを見通した支援

という6つの原理が示されている。

▶ 社会的養護における保育士等の倫理と責務

社会的養護に携わる保育士等には，専門職としての倫理が求められる。これら倫理は，**全国保育会倫理綱領**や**全国児童養護施設協議会倫理綱領**など，各種団体の倫理綱領により定められている。

また，保育士には児童福祉法において，信用失墜行為の禁止，守秘義務，自己研鑽の努力義務などが規定されている。

3. 社会的養護の制度と実施体系施設における児童養護

▶ 社会的養護の制度と法体系

児童福祉法をはじめとする社会的養護の関連法規や制度は，社会的養護に関する各種の施策の実施に関する基本事項を定めている。これら基本事項の理解は社会的養護の理解のための基礎となるため，確実に押さえておきたい。

▶ 社会的養護の仕組みと実施体系

社会的養護の基本的な流れとして，児童相談所への相談・通告・送致から始まり，受理会議や調査，一時保護を経て施設や里親等への措置までの経緯を押さえておきたい。また，委託された子どもの支援には，アドミッションケア(施設入所前の支援)，インケア(施設入所中の支援)，リービングケア(施設退所直前の支援)，アフターケア(施設退所後の支援)といった一連の流れがあることを理解しておきたい。

235

4. 社会的養護の対象と形態

▶ 社会的養護の対象

社会的養護の対象については，その対象となる子どもや家庭等の状況から，

① 予防的支援の対象
② 在宅措置の対象
③ 代替養育の対象
④ アフターケアの対象

という4つの視点の理解が大切である。それぞれの対象についてどのような支援が行われているのかを整理しておきたい。

▶ 家庭養護と施設養護

わが国の社会的養護は，施設で子どもたちの養育を行う「**施設養護**」と里親等の家庭における養育である「**家庭養護**」の2つに大きく分けられる。また，児童福祉法改正後の「**新しい社会的養育ビジョン**」に基づいた取り組みが進められており，社会的養護の実施体系は

① 施設
② 良好な家庭的環境【施設(小規模型)】
③ 家庭と同様の養育環境【小規模住居型児童養育事業，里親，養子縁組】
④ 家庭【実親による養育】

の4つに整理されている(下図参照)。

社会的養育の推進に向けて(令和5年4月　こども家庭庁支援局家庭福祉課)

▶ 社会的養護に関わる専門職

社会的養護に関わる専門職員の職種や人員の規定は，「**児童福祉施設の設備及び運営に関する基準**」に定められている。各種資格の要件やそれぞれの専門性，また，職種間の連携の在り方等についても理解しておきたい。

5. 社会的養護の現状と課題

▶ 社会的養護に関する社会的状況

社会的養護の対象となる子どもの大半は施設で生活をしている。近年は特に虐待により措置される子どもが継続して増加傾向にあり，児童養護施設を利用する子どもの約65％程度が虐待を受けた経験を有している。

▶ 施設等の運営管理

社会的養護の施設は，要保護児童に対する適切な支援や援助を提供するために，子どもの人権や最善の利益を保障できる運営管理が求められている。各施設の運営管理に関する具体的な方針として，運営指針やガイドラインがこども家庭庁などにより定められているので，確実に理解しておきたい。

▶ 被措置児童等の虐待防止

社会的養護の施設や里親委託先で子どもが職員(里親)から虐待を受けること(被措置児童等虐待)を防止するための取り組みとして，**第三者評価制度**や**苦情解決制度**に関して理解をしておきたい。また，「**被措置児童等虐待対応ガイドライン**」など各種指針やガイドラインについても把握しておくことが大切である。

▶ 社会的養護と地域福祉

社会的養護の対象は，要保護児童や家庭に限定されるものではなく，児童相談所や施設には地域の中での子育て相談や社会的養護への理解や啓発の活動も行われている。それら取り組みについても理解しておきたい。

専門試験

Q 演習問題

1 民間の児童福祉事業の代表的施設と，その創設者の組み合わせとして適切なものを，次の①〜⑤から1つ選びなさい。　　　　(難易度■■□□□)

① 滝乃川学園——石井十次

② 家庭学校———石井亮一

③ 岡山孤児院——留岡幸助

④ 整肢療護園——柏倉松蔵

⑤ 二葉幼稚園——野口幽香

2 社会的養護の体系における施設養護として適当でないものを，次の①〜⑤から1つ選びなさい。　　　　(難易度■■■□□)

① 乳児院

② グループホーム

③ ファミリーホーム

④ 児童自立支援施設

⑤ 児童心理治療施設

3 里親制度に関する記述として適切なものを，次の①〜⑤から1つ選びなさい。　　　　(難易度■■■□□)

① 里親には，養育里親，専門里親，親族里親，短期里親，養子縁組里親の5種類がある。

② 全ての里親になろうとする者には，必要な研修を受講することが義務づけられている。

③ 里親への委託が可能な子供の年齢は原則として15歳未満までとされている。

④ ファミリーホーム(小規模住居型児童養育事業)は，社会福祉法に定める第二種社会福祉事業である。

⑤ 里親及びファミリーホームは，社会的養護を必要とする子どもを，養育者の家庭に迎え入れる「家庭的養護」である。

4 フォスタリング機関(里親養育包括支援機関)の業務として不適切なものを，次の①〜⑤から1つ選びなさい。　　　　(難易度■■■□□)

238

社会的養護

① 養子縁組成立のための相談及び縁組成立後の養親と養子へのフォロー
② 里親登録の前後及び委託後における里親に対する研修
③ 子どもと里親家庭のマッチング
④ 里親養育への支援
⑤ 里親のリクルート及びアセスメント

5 施設養護の基本原理に関する記述として適切なものを，次の①～⑤から1つ選びなさい。　　　　　　　　　　　　　　　（難易度■■■□□）

① 家庭復帰が実現しないまま社会復帰するケースもあるので，入所中に炊事などの生活技能訓練を行うことも必要である。
② 集団生活による施設での養護は，小集団や里親による養護と比べ，社会性を育むことが難しいとされている。
③ 施設養護のメリットとして，子どもへの援助が均一化，標準化されているという点がある。
④ 援助者を親とみなし，施設が本当の家庭であると感じられるように温かな環境作りを心がけるべきである。
⑤ 親子関係の尊重と調整が援助の原則であり，被虐待児童においても親と子の意思を尊重し，親子のコミュニケーションの機会を多くしなければならない。

6 社会的養護の歴史に関する記述として適切なものを，次の①～⑤から1つ選びなさい。　　　　　　　　　　　　　　　（難易度■■■□□）

① 明治期には，石井十次らキリスト教徒や宣教師によって，家庭的環境を重視した非行少年教育が実践された。
② 国際障害者年以降，日本では障害者のための居住施設整備が進み，障害児入所施設も増加している。
③ 日本では戦後まで知的障害児のための施設は存在せず，戦後の児童福祉法成立によって初めて児童福祉施設の一つとして位置づけられた。
④ 国連の「児童の権利に関する条約」への批准を受け，わが国でも特定の児童・母子を対象とするのではなく，すべての子どもの健全育成を対象とする施策へと転換が図られた。
⑤ 欧米では人格形成などの観点から集団での養護が望ましいとされており，家庭養護から施設での集団的な施設養護へと移行が進んでいる。

239

専門試験

❼ 児童福祉施設に関する記述として正しいものを，次の①〜⑤から1つ選びなさい。　　　　　　　　　　　　　　　　　（難易度■■■■□）

① グループホームは原則6人までの少人数で，一般住宅などを利用して本来育つべき家庭や地域に近い形態で子どもを養育する家庭養護の一形態である。

② 児童養護施設で養育されるのは父母が死別，または遺棄された子どもであり，虐待を受けている子どもは母子生活支援施設で保護される。

③ 乳児院では，1歳未満の乳児の養育を行い，1歳以上になった子どもは両親，里親，親戚などの元へ引き取られるか，または児童養護施設に措置変更となる。

④ 児童自立支援施設は，非行児童を教護する児童福祉施設で，市区町村の決定によって措置を行っている。

⑤ 福祉型障害児入所施設では，障害のある児童の保護，日常生活の指導及び独立自活に必要な知識技能の付与を目的としている。

❽ 児童福祉施設の運営・管理に関する記述として正しいものの組み合わせを，あとの①〜⑤から1つ選びなさい。　　　　　　　（難易度■■■■□）

ア 児童心理治療施設には，心理療法を担当する職員を，おおむね児童10人につき1名以上配置しなければならない。

イ 児童養護施設には，児童指導員，看護師，保育士，栄養士及び調理員，職業指導を行う場合は職業指導員を配置しなければならない。

ウ 保育所における保育士の数は，乳児おおむね6人につき1人以上が必要である。

エ 乳児院の設備は，寝室，観察室，診察室，病室，ほふく室，相談室，調理室，浴室及び便所を設けなければならない。

オ 母子生活支援施設には，母子支援員，嘱託医，児童指導員及び調理員を配置しなければならない。

① ア，ウ　　② ア，エ　　③ イ，エ　　④ ア，オ
⑤ ウ，エ

❾ 児童養護施設の日常生活援助に関する記述として適切なものを，次の①〜⑤から1つ選びなさい。　　　　　　　　　　　　　（難易度■■□□□）

① 子どもの社会性を育てるため，地域の子どもたちとの友達関係を大切に

240

し，友人の家に遊びに行ったり，施設に招いたりできるよう援助していく。

② 児童養護施設では生活面や心理面の援助を行い，個別の学習指導は行わないことが原則である。

③ 服装・髪型・ファッションなどは，職員が子どもに合うものや適切だと思うものを選び，買い与える。

④ 食事は各自の好みや習慣を重視し，調理員が提供する。

⑤ 集団生活では私物の管理についてのトラブルが起こりやすいので，貴重品などは職員が一括で管理する。

❿ 「児童福祉法」に関する記述として正しいものを，次の①〜⑤から1つ選びなさい。 (難易度■■□□□)

① 「児童福祉法」では，児童が心身ともに健やかに生まれかつ育成されるよう努める責務はその保護者にあることを明記している。

② 「児童福祉法」には，乳児家庭全戸訪問事業についての規定が加えられている。

③ 「児童福祉法」には，児童福祉施設の設備や職員配置などの最低基準が示されている。

④ 「児童福祉法」は障害児を対象としておらず，その療育やサービスについての基本原則は「障害者総合支援法」に定められている。

⑤ 保育所への入所要件である「保育を必要とする乳児または幼児」かどうかを決めるのは，市町村である。

⓫ 里親制度に関する記述として正しいものを，次の①〜⑤から1つ選びなさい。 (難易度■■■□□)

① 2002(平成14)年の改正で，単親でも里親として認定されることになった。

② 日本では近年，里親登録数，委託数が増加しており，里親等委託率は全国で3割程度となっている。

③ 里親制度についての規定は，「児童の権利に関する条約」により定められている。

④ 委託児童を養育している里親家庭が一時的な休息を必要とする場合，レスパイト・ケアの制度が利用できる。

⑤ 専門里親とは，厚生労働省によって，要保護児童を養育する里親として名簿に登録された者である。

■■ 専門試験

⓬ 近年の社会的養護の動向として適切な記述を，次の①～⑤から1つ選び
なさい。　　　　　　　　　　　　　　　　　　（難易度■■■■□）

① 近年，社会的養護は里親制度から施設養護への移行が進められている。

② 保育所等訪問支援は，平成24年4月1日施行の改正児童福祉法により創
設された支援である。

③ 被虐待児童に対してはより専門的な処遇が必要であるとの観点から，
被虐待児童は里親やファミリーホームではなく，児童養護施設に措置す
ることが適当とされる。

④ 近年は里親制度に関する改革と理解が進み，乳児院を利用する児童数
は減少傾向にある。

⑤ 重度障害児や知的障害児は，従来は在宅で親と一緒に暮らしている者
が多かったが，社会的養護の必要性から，近年は施設での生活へと移行
している。

⓭ 虐待に関する記述として正しいものを，次の①～⑤から1つ選びなさい。
　　　　　　　　　　　　　　　　　　　　　　（難易度■■□□□）

① 虐待を受けた子どものほとんどは，虐待を行った養育者ともう一度一
緒に生活したいとは考えられず，養護施設の援助者や里親との関係に依
存する傾向がある。

② 虐待を行う保護者が，保護した子どもに面会や通信を求めた場合，家
庭裁判所の命令がない限り拒否することはできない。

③ 子どもの前でDV行為を行うことや，放置，好ましくないしつけなど
は虐待ではなく家庭環境問題として扱われる。

④ 子どもの両親，家族からの暴力だけでなく，同居人や婚姻関係のない
パートナーなどからの暴力も虐待通報することができる。

⑤ 「小さな子どもを残して親が度々外出している」，「子どもの泣き声が頻
繁に聞こえる」などの理由だけでは，他人が関係機関や専門家に通報す
ることはできない。

⓮ 養護技術に関する記述として適切なものを，次の①～⑤から1つ選びな
さい。　　　　　　　　　　　　　　　　　　（難易度■■■□□）

① 児童養護施設での援助は生活面での日常的援助に限られ，知的障害や
発達障害などを持つ子どもは他の機関での専門的援助を要する。

② 　日課は子どもと職員が話し合って作成し，決めたことを確実に遂行していくことを重視する。

③ 　一人一人が自分の時間をのびのびと過ごし，個性を伸ばしていくような働きかけが大切である。

④ 　集団にとけ込めない子どもや，問題行動の多い子どもには本人なりの理由があるので，無理に指導せず，距離を置いて見守る。

⑤ 　子どもの指導法として，民法に抵触しない程度に，適切なタイミングで体罰を与えることは許されている。

⑮ 次の文は児童に関する法律等の成立についての記述である。(　A 　)〜(　C 　)に当てはまる語句の組み合わせとして正しいものを，あとの①〜⑤から1つ選びなさい。　　　　　　　　　　　　　　（難易度■■□□□）

わが国では1947年に(　A 　)が成立し，それまでの孤児の保護を中心とした対策からすべての児童を対象とする総合的な児童福祉へと概念が変更された。その後，1951(昭和26)年には(　B 　)が国会で採択され，広く社会にその理解と実施を求めた。さらに国連は「児童権利宣言」から30年後の1989(平成元)年に(　C 　)を採択した。

　　ア　「児童権利宣言」　　　　　　　イ　「児童憲章」
　　ウ　「児童の権利に関する条約」　　エ　「児童虐待防止法」
　　オ　「児童福祉法」

① 　A−イ　　　B−ウ　　　C−オ
② 　A−オ　　　B−イ　　　C−ウ
③ 　A−ア　　　B−イ　　　C−ウ
④ 　A−イ　　　B−エ　　　C−ア
⑤ 　A−オ　　　B−エ　　　C−イ

⑯ 社会的養護に関連する用語について述べた文として正しいものを，次の①〜⑤から1つ選びなさい。　　　　　　　　　　　　　　（難易度■■■□□）

① 　パーソナルスペースとは，他人に近づかれると不快に感じる空間・対人距離のことである。近年，社会的養護関連施設における子ども間の性的問題等とも関連して，その教育・対応が重要視されている。

② 　スーパービジョンとは，子どもに役割を与えることで責任や達成感などを学ばせる指導法のことである。

243

■ 専門試験

③ ホスピタリズムとは，相手の立場に立って考え，心地よさや喜びを提供しようと努める姿勢のことである。

④ ノーマライゼーションとは，子どもの個性やニーズを認識し，個別に対応するよう心がける姿勢のことである。

⑤ アタッチメントとは，乳幼児期に関わるさまざまな養育者との間に形成される愛着関係のことである。

17 次のア～エの記述は，乳幼児期におけるアタッチメントの形成過程に関するものである。ア～エを形成過程の順に並べたものとして適切なものを，あとの①～⑤から1つ選びなさい。　(難易度■■■□□)

ア　いつも世話をしてくれる人を識別する。その人がいないと不安になったり，人見知りをしたりする。

イ　自分をかわいがり，世話をしてくれる人に関心を示す。その人に対して，笑ったり，泣いたり，しがみついたりする。

ウ　自立して行動するようになる。恐いときや不安なときなど以外は，世話をしてくれる人にまとわりつくことが少ない。

エ　人に対して関心を示す。人の顔を見たり，人の声を聞いたり，人に抱かれたりすることを好む。

　　① ウ－ア－イ－エ
　　② ウ－イ－ア－エ
　　③ エ－ア－イ－ウ
　　④ エ－イ－ア－ウ
　　⑤ エ－ア－ウ－イ

18 児童心理治療施設に関する記述として正しいものを，次の①～⑤から1つ選びなさい。　(難易度■■■■□)

① 児童心理治療施設は居住型のほか，自宅から通うタイプのものもあり，学校に行ける子どもは地域の学校に通いながら施設での治療を併用することもできる。

② 児童心理治療施設には心理療法を担当する職員として，児童養護の知識を有する看護師，保育士，児童指導員などを配置することができる。

③ 児童心理治療施設での心理療法はプレイセラピーや箱庭療法などが中心であり，カウンセリングの形式では行われない。

244

社会的養護

④　児童心理治療施設では，さまざまな原因から社会不適応が起きている子どもの治療として，均等に役割が分担され，集団行動や社会性の訓練を重視する。

⑤　児童心理治療施設のニーズは高いものの施設数は年々減少している。

⑲　要保護児童等の進路に関する記述として正しいものを，次の①～⑤から1つ選びなさい。 （難易度■■■■□）

①　近年は，生活技術の習得，職場体験など施設退所後の自立を念頭に置いたトレーニングや，退所後も継続的に連絡を取り，自立を助けるレスパイト・ケアが重視されている。

②　児童養護施設の児童が高校に進学する際の学費や必要経費は，奨学金やアルバイトなどによる自己負担となる。

③　児童養護施設の入所対象は，原則として満1歳以上満18歳未満とされているが，必要に応じて満22歳に達するまで延長できる。

④　施設を退所した自閉症児の作業活動は，生活が単調にならないよう，日ごとに多様な経験ができるようなものが望ましい。

⑤　自立援助ホームとは，犯罪などの不良行為をしたり，またはするおそれのある児童を入所または通所させ，指導を行って自立を支援する施設である。

⑳　自立支援計画および子どもの権利擁護に関する記述として適切なものを，次の①～⑤から1つ選びなさい。 （難易度■■□□□）

①　援助者は，それぞれの子どもの重点テーマを決めて日常生活を記録し，その記録をもとに援助サービスを評価することが大切である。

②　子どもの権利がどのようなものかを知るために，施設の職員と保護者には子どもの権利ノートが配布される。

③　被虐待児が「家に帰りたい」と言う場合は，親権者の状態が不安定であったり，虐待リスクが高いと考えられる場合でも面会させ，両者間で話し合わせて決めるべきである。

④　子どもが施設での生活に慣れて自発的に努力するようになるまでは時間がかかるので，援助がうまく展開しない場合でも，最初に作成した援助計画は変更するべきではない。

⑤　児童養護施設に入所する子どもへの援助は，個別援助が基本であり，

■ 専門試験

グループワークは行われない。

21 次のア〜オのうち，児童福祉施設の職員構成として正しいものの組み合わせを，あとの①〜⑤から1つ選びなさい。　　　　（難易度■■■■□）

ア　乳児院−小児科の診療に相当の経験を有する医師または嘱託医，看護師，個別対応職員，家庭支援専門相談員，栄養士又は管理栄養士，調理員

イ　児童自立支援施設−児童生活支援員，児童の遊びを指導する者，嘱託医及び精神科の診療に相当の経験を有する医師または嘱託医，個別対応職員，家庭支援専門相談員，栄養士又は管理栄養士，調理員

ウ　児童養護施設−児童指導員，嘱託医，保育士，個別対応職員，家庭支援専門相談員，栄養士又は管理栄養士，調理員

エ　児童心理治療施設−医師，心理療法担当職員，児童指導員，保育士，個別対応職員，看護師，家庭支援専門相談員，栄養士又は管理栄養士，調理師

オ　主として自閉症児を入所させる医療型障害児入所施設−医療法に規定する病院として必要な職員，保育士，児童発達支援管理責任者

① ア，イ，オ　　② ア，ウ，オ　　③ イ，ウ，エ
④ ア，ウ，エ　　⑤ イ，エ，オ

22 次のア〜オのうち，「児童福祉法」に規定されている児童福祉施設の組み合わせとして正しいものを，あとの①〜⑤から1つ選びなさい。

（難易度■■■□□）

ア　少年院　　　　　　　イ　特別支援学校　　ウ　助産施設
エ　児童自立支援施設　　オ　母子生活支援施設

① ア，ウ，エ　　② イ，ウ，エ　　③ イ，オ　　④ エ，オ
⑤ ウ，エ，オ

23 次のア〜オのうち，「児童福祉法」に示された都道府県の業務として正しいものの組み合わせを，あとの①〜⑤から1つ選びなさい。

（難易度■■■□□）

ア　児童に関する家庭その他からの相談のうち，専門的な知識及び技術を必要とするものに応ずること。

イ　児童の保健について，正しい衛生知識の普及を図ること。

246

ウ 児童及びその家庭につき，必要な調査並びに医学的，心理学的，教育学的，社会学的及び精神保健上の判定を行うこと。

エ 児童の一時保護を行うこと。

オ 児童の健康相談に応じ，又は健康診査を行い，必要に応じ，保健指導を行うこと。

① ア，エ ② ウ，エ ③ ウ，オ ④ ア，イ，エ
⑤ ア，ウ，エ

専門試験

解答・解説

 ⑤

解説

① 1891(明治24)年に石井亮一によって設立された「孤女学院」(孤児のための施設)を，1897(明治30)年日本で最初の知的障害児教育の専門施設の「滝乃川学園」として改修・改称したもので日本初の知的障害者の教育施設とされている。

② 家庭学校は，不良少年の感化施設として，留岡幸助によって1899(明治32)年に東京巣鴨に設立された。今日の児童自立支援施設の先駆けである。

③ 岡山孤児院は1887(明治20)年に石井十次によって設立された，今日の児童養護施設の先駆けである。

④ 柏倉松蔵は1921(大正10)年に日本初の肢体不自由児の療育のための施設である柏学園を東京小石川に開設した。整肢療護園は1942(昭和17)年に高木憲次により開設された肢体不自由児の療育施設である。

⑤ 正しい。1900(明治33)年に野口幽香と森島峰によって，保育施設の先駆とされる二葉幼稚園(後，保育園)が東京の麹町に開設された。

 ③

解説

社会的養護とは，家庭で適切な養育が受けられない子どもを国や社会が養育する仕組みであり，施設養護と家庭養護の2種の類型がある。施設養護では，基本的に子どもたちは施設に入所して集団生活を送っており，そこに職員が通勤・住み込み等をする形態をとる。一方，家庭養護は養育者の住居等(養育者の生活拠点)で子どもを養育する形態をとる。なお，施設養護の中で可能な限り家庭的な環境を提供しようとする施設の分園であるグループホーム(地域小規模児童養護施設)や施設における小規模グループケアの導入をする取り組みのことを家庭的養護という。

① 乳児院は，保護者の養育を受けられない乳幼児を養育する施設。乳幼児の基本的な養育機能に加え，被虐待児・病児・障害児などに対応できる専門的養育機能も持つ。

② 児童養護施設の分園として運営されるグループホーム(地域小規模児童養護施設)はファミリーホーム(小規模住居型児童養育事業)と形態が似て

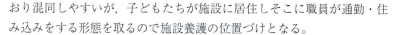

おり混同しやすいが，子どもたちが施設に居住しそこに職員が通勤・住み込みをする形態を取るので施設養護の位置づけとなる。

③　ファミリーホーム(小規模住居型児童養育事業)は，里親や児童福祉事業に携わったことのある養育者が5～6人の子どもたちを自身の生活拠点(住居等)で養育する家庭養護で，里親を拡大・事業化したようなものと考えると理解しやすい。

④　児童自立支援施設は不良行為を行った子どもや行う恐れのある子ども，家庭の環境上の理由により生活指導などを要する子どもを対象とする施設である。

⑤　児童心理治療施設は「家庭環境，学校における交友関係その他の環境上の理由により社会生活が困難となった児童を，短期間入所させ，又は保護者の元から通わせて，社会生活に適応するために必要な心理に関する治療および生活指導を主として行う」施設である。

❸ ④
解説

①　養育里親は，さまざまな事情により保護者と暮らせない子どもを一定期間，家族に迎え入れ養育する里親のことである。専門里親は，養育里親のうち一定期間の里親経験のある者や，児童福祉の分野に従事した経験のある者が，専門里親研修を受けて登録できる里親のことである。親族里親は養護を必要とする子どもを三親等以内の親族が養育するものである。現在，短期里親の区分は省令上，廃止されて養育里親に含まれる形となっている。養子縁組里親は，将来的に養子縁組をすることを前提として，最低6か月以上の期間，子どもを養育する里親である。

②　現在，親族里親については研修の義務化はなされていない(任意で受けることは可能)。養子縁組里親については平成28年の児童福祉法改正により，研修が義務付けられることになった。

③　この内容は特別養子縁組に関するもの。特別養子縁組は原則として15歳未満までの子どもに対して行われる。

⑤　家庭的養護とは，施設における小規模化の取り組み(グループホームや小規模グループケアの導入など)のことである。里親やファミリーホームは「家庭養護」に位置付けられる。

専門試験

4 ①
解説
②〜⑤は2018(平成30)年の厚生労働省通知の別添として示された「フォスタリング機関(里親養育包括支援機関)及びその業務に関するガイドライン」にフォスタリング業務として定義されている。

5 ①
解説
① 適切。家庭復帰が実現されない場合、社会復帰が施設養護の最終目標となる。
② 集団生活には、子どもの人格形成に好ましく作用するような、集団ならではの力動性が期待されている。
③ メリットではなくデメリットである。援助は子どもの個性、家庭環境、生育歴などに留意し、個別的であることが望ましい。
④ 温かな環境作りは大切だが、施設養護ではあくまでも子どもの親子関係を尊重し、その関係の回復を援助することが優先される。
⑤ 虐待などがあり子どもの権利が守られない場合については、児童虐待防止法に基づき面会や通信の制限を行う。

6 ④
解説
① 記述は留岡幸助による家庭学校についての記述である。熱心なキリスト教徒であった石井十次は明治期に岡山孤児院を設立した。
② 国際障害者年には「障害のある人も地域であたりまえの生活を」というノーマライゼーションの理念が具現化され、日本においても施設整備中心の施策から在宅福祉施策へと転換が図られた。知的障害児施設数も年々減少している。
③ 1891(明治24)年に石井亮一によって孤女学院(孤児のための施設)を滝乃川学園と改装・改称し、知的障害児の教育施設とした。
④ 正しい。1993(平成5)年の「子どもの未来21プラン研究会報告書」で示唆された方針である。
⑤ 欧米では脱施設化やノーマライゼーションの考え方が浸透しており、養護の形は里親やグループホームなどの小規模なものが多くなっている。

社会的養護

 ⑤
解説
① グループホームは2000年から制度化された児童養護施設の本体から分離した地域小規模児童養護施設の通称であり，施設養護に位置づけられる。
② 児童養護施設には虐待を理由に保育環境を得られない子どもが多く入所しており，近年は増加傾向にある。
③ 乳児院では主に1歳未満の乳児の養育を行うが，2004年の児童福祉法改正により年齢要件が変更され，必要に応じて小学校入学前の幼児も養育できることとなった。
④ 家庭裁判所などの決定により児童自立支援施設への措置を行っているのは児童相談所である。
⑤ 正しい。

 ②
解説
イ 児童養護施設には，児童指導員，嘱託医，保育士，個別対応職員，家庭支援専門相談員，栄養士又は管理栄養士及び調理員並びに乳児が入所している施設では看護師を配置しなければならない。
ウ 保育所における保育士の数は，乳児おおむね3人につき1人以上，満1歳以上満3歳に満たない幼児おおむね6人につき1人以上，満3歳以上満4歳に満たない幼児おおむね15人につき1人以上，満4歳以上の幼児おおむね25人につき1人以上が必要である。
オ 児童指導員ではなく，少年を指導する職員を配置する必要がある。

 ①
解説
① 適切。地域の人々や同年代の子どもたちと積極的に関わりを持ち，社会性を育てるよう援助していくべきである。
② 家庭環境が不安定であることから学業が不振になる子どもが多いので，学校の教員と連絡を取りながら，個別の学習指導を検討する必要がある。学生ボランティアなどによる学習指導も検討する。
③ 服装や髪型などは子どもの好みや表現を尊重することが原則である。年長児は買い物を含めて自分に選択させる。

専門試験

④　施設養護での食事は全員に同じ食事を調理員が調理し，提供する。

⑤　物を大切にする心を養うためにも，私物は各自で管理する。

⑩ ②

解説

①　保護者とともに，国及び地方公共団体にその責務があることを明記している。

②　正しい。2008(平成20)年の児童福祉法等の一部改正により，新たに乳児家庭全戸訪問事業についての規定が加わった。子育ての孤立化を防ぐ目的で，すべての乳児がいる家庭に市町村から専門の知識を有する者が訪問し，必要な支援に結び付けるサービスである。

③　児童福祉施設の設備や職員配置などの最低基準が示されているのは「児童福祉施設の設備及び運営に関する基準」である。

④　障害児も児童福祉法の対象となっている。

⑤　法改正により，保育を必要とするか否かを決めるのは市町村ではなく保護者となった。

⑪ ④

解説

①　単親里親制度は1987(昭和62)年の改正で認定されている。

②　社会的養護を必要とする児童のうち，ファミリーホームを含む里親等に委託された割合(里親等委託率)は23.5％(2021(令和3)年度末)であり，依然低調である。

③　「児童福祉法」第6条の4に定められている。

④　正しい。2002(平成14)年の厚生労働省通知「里親の一時的な休息のための援助の実施について」により，レスパイト・ケアが制度化されている。なお，同通知は2012(平成24)年3月の改正により「里親の一時的な休息のための援助(レスパイト・ケア)実施要綱」と改題されている。レスパイト・ケアは，年7日以内とされていたが，改正により都道府県が必要と認める日数，委託児童を児童養護施設や他の里親に再委託することができるようになった。

⑤　厚生労働省ではなく，都道府県知事が正しい。

社会的養護

12 ②
解説
① 国の方針として，施設養護から里親制度やファミリーホームなど，より本来の家庭に近い養護への移行が図られている。
② 適切。「児童福祉法」第6条の2の2第5項に規定されている。
③ 被虐待児童にはより個別的で専門的な処遇が必要であるとの観点から，里親制度やファミリーホームでの処遇が重要であると指摘されている。
④ 里親制度に対する理解は十分ではなく，乳児院を利用する児童数も増加傾向にある。
⑤ 地域移行とそのための支援が重要視されており，重度障害児や知的障害児は在宅者の割合が高く，近年はさらに増加傾向にある。

13 ④
解説
① ほとんどの子どもは虐待さえなければ本来の養育者と一緒に生活したいと望む。援助者は子どもと養育者が関係を修復できるよう支援していくべきである。
② 子どもの意に反したり，子どもの権利が守られない場合は，親の同意を得て保護した場合でも面会や通信の拒否を行うことができる。
③ 子どもの前でのDV(ドメスティック・バイオレンス)行為や放置，好ましくないしつけも児童虐待である。
④ 正しい。同居人からの虐待や，それを知りながら放置することも児童虐待に含まれる。
⑤ 保護者が子どもの監護を著しく怠る行為は虐待とされる。それらの徴候に気付いた者は，虐待が事実か確認できなくても，児童相談所や市区町村の関係機関などに通報する義務がある。

14 ③
解説
① 児童養護施設にも障害を持つ子どもが多く入所している。専門機関と連携を取りながら，子どもの発達や能力に合った日課や生活習慣を見つけていく。
② 子どもと話し合って日課を決め，家庭における日課と同様，ある程度柔軟性を持たせるべきである。

③ 適切。子どもが主体性を持ってのびのびと過ごせるよう働きかけるべきである。
④ 施設入所する子どもには少なからず心理的な不安がある。家庭環境や子どもの心の葛藤，欲求不満や怒り，寂しさなどの心理的な背景を知り，職員との信頼関係を深めながら徐々に周囲と協調的な人間関係を築けるよう支援する。
⑤ 「児童福祉施設の設備及び運営に関する基準」(第9条の2)では虐待等の禁止が定められている。

15 ②
解説

Aには**オ**の「児童福祉法」，Bには**イ**の「児童憲章」が入る。Cには**ウ**の「児童の権利に関する条約」が入る。1959(昭和34)年に国連総会で採択された「児童権利宣言」の30周年に合わせ，1989(昭和64)年に「児童の権利に関する条約」が採択されている。この国際条約は，日本では1994(平成6)年に批准，翌年発効されている。したがって解答は②である。なお，**エ**の「児童虐待防止法」は，正式名称を「児童虐待の防止等に関する法律」といい，2000(平成12)年に制定されている。

16 ①
解説
① 正しい。
② スーパービジョンとは，対人援助職において指導的立場にある者(スーパーバイザー)から援助者(スーパーバイジー)がスキル向上等のために指導してもらうこと。
③ ホスピタリズムは施設で育った子どもが母親との接触や愛情関係を得られなかったために発育の遅れや情緒不安定などの症状を示し，成熟した後も人格の発達が不完全である状態のこと。施設症とも呼ばれる。
④ ノーマライゼーションとは，障害を持っている人も健常者と均等に，当たり前に生活するという福祉の理念である。
⑤ アタッチメントとは，乳幼児期に特定の養育者との間に形成される愛着関係のこと。

社会的養護

 ④

解説

アタッチメントの形成過程順に並べると，**エ**は生後2〜3か月頃，**イ**は生後6か月頃，**ア**は生後7〜8か月頃，**ウ**は生後1歳過ぎ頃である。もちろん成長に個人差はあるが，このような過程を経て愛着関係が形成される。愛着関係が形成されない場合はかえって親から離れられない場合がある。

 ①

解説

① 正しい。児童心理治療施設の利用には入所と通所があり，児童相談所が決定し措置する。
② 心理療法を担当する職員は，「児童福祉施設の設備及び運営に関する基準」に学校教育法の規定による大学(短期大学を除く。以下この項において同じ。)若しくは大学院において，心理学を専修する学科，研究科若しくはこれに相当する課程を修めて卒業した者又は同法の規定による大学において，心理学に関する科目の単位を優秀な成績で修得したことにより，同法第102条第2項の規定により大学院への入学を認められた者であつて，個人及び集団心理療法の技術を有し，かつ，心理療法に関する一年以上の経験を有するものでなければならない。」と定められている。
③ ある程度年長の子どもにはカウンセリングも行われる。
④ 児童心理治療施設では軽度の情緒障害児の社会的適応を図ることを目的とし，集団生活をしながら，一人一人の状況に合った個別の治療が行われる。
⑤ 厚生労働省は児童心理治療施設を各都道府県に1施設以上設置することを求めており，施設数は年々増加している。全国に53施設(2024年)となっている。

 ③

解説

① 記述はリービングケア(退所準備)およびアフターケア(退所後のケア)についての説明である。レスパイト・ケアは里親が一時的に休息を必要とする場合，施設や他の里親に児童を再委託できる制度。
② 児童福祉施設入所児や里親委託児が高校進学を希望する際は，国から特別育成費が支給される。

255

③　正しい。大学への進学や，障害があることによりすぐに自立ができないなど特別な理由がある場合は満22歳まで延長できる。
④　自閉症児はやり方を変更せず継続的に行えるような作業活動に適性があるとされる。
⑤　記述は児童自立支援施設についての説明である。自立援助ホームは，義務教育終了後，他の社会的養護(児童養護施設，里親，児童自立支援施設など)の措置を解除された15歳から20歳未満(状況によっては22歳になる年度の末まで)の者に対して，共同生活を営む住居においての相談，その他の日常生活の援助，生活指導，就業の支援等を行う事業のことである。

20 ①

解説

①　適切。数人がチームを組んで援助する際，子どもの本来の姿を把握するためにも記録は大切である。また，援助サービスを記録に基づいて評価することは，サービスを向上させていくために不可欠である。
②　子どもの権利ノートは，施設での意志表明権や知る権利などについて知るために子ども自身に配布される。
③　子どもの心身の安全が優先され，客観的に判断されなければならない。児童相談所が，家族分離が必要と判断した場合は措置や面会・通信の制限ができる。
④　実践したプログラムの評価を必ず行い，うまく展開しないときには問題点を明確化し，展開のしかたを点検し，変更していく。
⑤　グループワークも行われる。一人一人のニーズに応じた援助が基本であるが，集団がもつ力動性，ピアカウンセリングの機能，社会性獲得のための集団遊びなどの役割も大きい。

21 ④

解説

　イの児童自立支援施設には児童の遊びを指導する者ではなく児童自立支援専門員を，**オ**の主として自閉症児を入所させる医療型障害児入所施設には児童指導員も配置しなければならない。したがって解答は**ア，ウ，エ**の④である。

⑤
解説

　アの少年院は少年院法，イの特別支援学校は学校教育法に規定されている。ウ，エ，オは児童福祉法で規定されている。助産施設は保健上必要があるにもかかわらず，経済的理由により入院助産を受けることができない妊産婦を入所させて，助産を受けさせることを目的とする。児童自立支援施設は不良行為をなし，又はなすおそれのある児童及び家庭環境その他の環境上の理由により生活指導等を要する児童を入所させ，又は保護者の下から通わせて，個々の児童の状況に応じて必要な指導を行いその自立を支援し，あわせて退所した者について相談その他の援助を行うことを目的とする。母子生活支援施設は母子家庭の母と子を入所させ，これらの者を保護するとともに，自立の促進のためにその生活を支援し，あわせて退所した者には相談その他の援助を行う施設である。したがって解答は⑤である。

 ⑤
解説

　ア，ウ，エは，児童福祉法第11条第二号に規定されている。イ，オは児童福祉法第12条の6に保健所の業務として示されている。

第10章

専門試験
保育内容

■ 専門試験

≡ POINT ≡

1．保育所保育における保育

　平成29年に告示された保育所保育指針では，第1章「総則」の中で，「1　保育所保育に関する基本原則」，「2　養護に関する基本的事項」，「3　保育の計画及び評価」「4　幼児教育を行う施設として共有すべき事項」について記述されている。

　第2章以降の内容はすべて第1章を基礎として記述されているため，第1章は保育所保育指針の核となる箇所である。特に下線部分は，保育所保育指針内で何度も説明される内容であるので，要点を押さえておきたい。

保育所保育指針(抜粋)

1　保育所保育に関する基本原則

(1)保育所の役割

ア　保育所は，児童福祉法(昭和22年法律第164号)第39条の規定に基づき，①保育を必要とする子どもの保育を行い，その健全な心身の発達を図ることを目的とする児童福祉施設であり，入所する子どもの最善の利益を考慮し，その福祉を積極的に増進することに最もふさわしい生活の場でなければならない。

イ　保育所は，その目的を達成するために，保育に関する専門性を有する職員が，②家庭との緊密な連携の下に，子どもの状況や発達過程を踏まえ，保育所における環境を通して，③養護及び教育を一体的に行うことを特性としている。

ウ　保育所は，入所する子どもを保育するとともに，家庭や地域の様々な社会資源との連携を図りながら，入所する子どもの保護者に対する支援及び④地域の子育て家庭に対する支援等を行う役割を担うものである。

エ　保育所における保育士は，児童福祉法第18条の4の規定を踏まえ，保育所の役割及び機能が適切に発揮されるように，⑤倫理観に裏付けられた専門的知識，技術及び判断をもって，子どもを保育するとともに，子どもの②保護者に対する保育に関する指導を行うものであり，その職責を遂行するための専門性の向上に絶えず努めなければならない。

　近年の保育の背景では，下線①から⑤の部分に特に注目が集まっている。

保育内容

〈保育を必要とする子どもの保育(①)〉

　「保育を必要とする子どもの保育」を行うことが保育所の目的と記述されているが，改定前は「保育に欠ける子どもの保育」という表現であった。これは共働きなどの家庭の子どもを指すが，共働きでなくても「保育が必要」である子どもであれば誰でも保育を受ける権利があるという視点に変化した。質の高い乳幼児保育・教育が，子どもの将来に良い影響を及ぼすという国内外の様々な研究結果の成果でもある。

〈家庭との緊密な連携(②)〉

　乳幼児への虐待などの不適切な養育をする保護者や子育ての技術が未熟である家庭に対し，保育所が家庭と共に子育てをし，保護者自身が子育ての喜びを感じられるように支援することが重要視されている。

〈養護及び教育を一体的に行う(③)〉

　養護については今まで通りであるが，教育については保育所も幼稚園と同様に「幼児教育を行う施設」として位置付けられ，さらに養護と教育が一体となって保育が展開されていることを理解しておきたい。

〈地域の子育て家庭に対する支援等(④)〉

　在園児の保護者だけでなく，在園外の地域の子育て支援をすることが保育所の役割となっている。保育所は地域の子育て支援の拠点となることが重要であり，地域の子育て家庭を園に招いて一緒に行事を楽しんだり，近隣の公園で出前保育を行い，地域の子育て家庭と一緒に遊びを楽しんだり，相談にのったりする活動等がなされている。

〈倫理観に裏付けられた専門的知識，技術及び判断(⑤)〉

　社会福祉法人全国社会福祉協議会・全国保育協議会・全国保育士会の「全国保育士会倫理綱領　プライバシーの保護」で「私たちは，一人ひとりのプライバシーを保護するため，保育を通して知り得た個人の情報や秘密を守ります」と示されている。特に，個人情報の扱い方には細かい配慮が必要であるため，専門職としての知識や判断も重要である。

261

2. 保育の内容

　保育所保育指針では，乳児保育，1歳以上3歳未満児，3歳以上児の保育の3つに分けて子どもの発達に裏付けられた保育内容を記述している。また，それぞれの「ねらい及び内容」については，乳児保育では3つの視点としてまとめられ，1歳以上3歳未満児，3歳以上児の保育では5領域としてまとめられている。それぞれの関連性，発展性は以下の図の通りである。視点，領域が個々に独立しているわけではなく，それぞれが関連し合い，発展しながら学びとなり，子どもの生活や遊びを支えているのである。養護については，「生命の保持」と「情緒の安定」を図るために保育士等が行う援助や関わりのことであり，教育は5領域に関連する側面を扱っているが，実際の保育では養護と教育が一体となって展開されている。

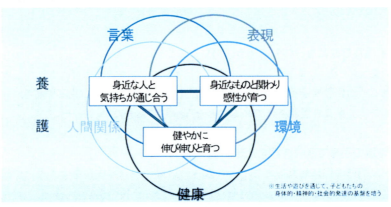

「保育所保育指針の改定について」(平成29年7月　厚生労働省　子ども家庭局　保育課)

3. 保育の内容における5領域

　1歳以上3歳未満児，3歳以上児の保育では5領域として保育の内容が保育所保育指針にまとめられている。

> 2　1歳以上3歳未満児の保育に関わるねらい及び内容
> (1)基本的事項
> イ　本項においては，この時期の発達の特徴を踏まえ，保育の「ねらい」及び「内容」について，心身の健康に関する領域「健康」，人との関わりに関する領域「人間関係」，身近な環境との関わりに関する領域「環境」，言葉の獲得に関する領域「言葉」及び感性と表現に関する領域「表現」としてまとめ，示している。

また，5領域内のねらいや内容の関係については，以下の通りである。

第2章　保育の内容

この章に示す「ねらい」は，第1章の1の(2)に示された保育の目標をより具体化したものであり，子どもが保育所において，安定した生活を送り，充実した活動ができるように，保育を通じて育みたい資質・能力を，子どもの生活する姿から捉えたものである。また，「内容」は，「ねらい」を達成するために，子どもの生活やその状況に応じて保育士等が適切に行う事項と，保育士等が援助して子どもが環境に関わって経験する事項を示したものである。

内容はねらいを達成するために保育士等が行う事項等のことである。さらにそれぞれについて「内容の取扱い」という項目があり，細かい留意点が記述されている。

■専門試験

Q 演習問題

❶ 次の文のうち，「保育所保育指針」(平成29年3月)の「第1章　総則」の
「1　保育所保育に関する基本原則」に関する記述として，適切な記述を
○，不適切な記述を×とした場合の正しい組み合わせを，あとの①～⑤から
1つ選びなさい。　　　　　　　　　　　　　　　　　　（難易度■■■■□）

A　保育所は，保育を必要とする子どもの保育を行い，その健全な心身の
発達を図ることを目的とする児童福祉施設である。

B　保育所は，その目的を達成するために子どもの状況や発達過程を踏ま
え，保育所における環境を通して保育及び教育を一体的に行うことを特
性としている。

C　保育所は，入所する子どもの保護者に対する支援及びすべての子育て
家庭に対する支援等を行う役割を担うものである。

D　保育所における保育士は，子どもの保護者に対する保育に関する指導
を行うものであり，その職責を遂行するための積極性の向上に絶えず努
めなければならない。

```
      A   B   C   D
①    ○   ○   ×   ×
②    ○   ×   ×   ×
③    ○   ×   ×   ○
④    ×   ×   ○   ○
⑤    ×   ○   ○   ○
```

❷ 「保育所保育指針」(平成29年3月)の「第1章　総則」の「1　保育所保
育に関する基本原則」に関する記述として，適切でないものを，次の①～
⑤から1つ選びなさい。　　　　　　　　　　　　　　　（難易度■□□□□）

①　一人一人の子どもの状況や家庭及び地域社会での生活の実態を把握す
るとともに，子どもが安心感と信頼感をもって活動できるよう，子ども
の主体としての思いや願いを受け止めること。

②　子どもの発達について理解し，一人一人の発達過程に応じて保育する
こと。その際，子どもの生命の保持に十分配慮すること。

③　子どもが自発的・意欲的に関われるような環境を構成し，子どもの主
体的な活動や子ども相互の関わりを大切にすること。特に，乳幼児期に

264

保育内容

　　ふさわしい体験が得られるように，生活や遊びを通して総合的に保育すること。
　④　子ども相互の関係づくりや互いに尊重する心を大切にし，集団における活動を効果あるものにするよう援助すること。
　⑤　一人一人の保護者の状況やその意向を理解，受容し，それぞれの親子関係や家庭生活等に配慮しながら，様々な機会をとらえ，適切に援助すること。

❸　次のA〜Dの文のうち，「保育所保育指針」(平成29年3月)の「第1章　総則」の「1　保育所保育に関する基本原則」に関する記述として，適切な記述を○，不適切な記述を×とした場合の正しい組み合わせを，あとの①〜⑤から1つ選びなさい。　　　　　　　　　　　　(難易度■■■■■)

A　十分に養護の行き届いた環境の下に，くつろいだ雰囲気の中で子どもの様々な欲求を満たし，基本的信頼感を形成すること。
B　様々な体験を通して，豊かな感性や表現力を育み，創造性の芽生えを培うこと。
C　生命，自然及び社会の事象についての興味や関心を育て，それらに対する好奇心や探究心の芽生えを培うこと。
D　人との関わりの中で，人に対する愛情と信頼感，そして人権を大切にする心を育てるとともに，自主，自立及び協調の態度を養い，道徳性の芽生えを培うこと。

	A	B	C	D
①	○	×	×	×
②	○	×	○	○
③	×	○	○	○
④	×	×	○	○
⑤	×	○	×	○

❹　次のア〜オの文のうち，「保育所保育指針」(平成29年3月)の「第1章　総則」の「3　保育の計画及び評価」の「(1)全体的な計画の作成」に関する記述として，正しいものの組み合わせを，あとの①〜⑤から1つ選びなさい。　　　　　　　　　　　　　　　　　　　　　　(難易度■■■□□)
　ア　保育所は，保育の目標を達成するために，各保育所の保育の方針や目

標に基づき，子どもの発達過程を踏まえて，保育の内容が組織的・計画的に構成され，保育所の生活の全体を通して，総合的に展開されるよう，全体的な計画を作成しなければならない。

イ　保育所は，保育の目標を達成するために，保育の基本となる「保育課程」を編成するとともに，これを具体化した「指導計画」を作成しなければならない。

ウ　全体的な計画は，子どもや家庭の状況，地域の実態，保育時間などを考慮し，子どもの育ちに関する長期的見通しをもって適切に作成されなければならない。

エ　保育課程に基づき，子どもの生活や発達を見通した長期的な指導計画と，それに関連しながら，より具体的な子どもの日々の生活に即した短期的な指導計画を作成しなければならない。

オ　全体的な計画は，保育所保育の全体像を包括的に示すものとし，これに基づく指導計画，保健計画，食育計画等を通じて，各保育所が創意工夫して保育できるよう，作成されなければならない。

① ア，イ，ウ，オ　　② ア，ウ，オ　　③ イ，ウ，オ
④ イ，エ　　　　　　⑤ ウ，エ，オ

5 「保育所保育指針」（平成29年3月）の「第1章　総則」の「4　幼児教育を行う施設として共有すべき事項」では，10項目の幼児期の終わりまでに育ってほしい姿をあげている。次のア～コのうち，その内容として誤っているものの組み合わせを，あとの①～⑤から1つ選びなさい。

(難易度■■■■□)

ア　健康な心と体　　　　　　　　イ　自立心
ウ　協調性　　　　　　　　　　　エ　学び・意識向上の芽生え
オ　社会生活との関わり　　　　　カ　思考力の芽生え
キ　自然との関わり・生命尊重
ク　数量や図形，標識や文字などへの関心・感覚
ケ　表現力による伝え合い　　　　コ　豊かな感性と表現

① ア，イ，ウ　　② ウ，エ，カ　　③ カ，キ，ク
④ ウ，エ，ケ　　⑤ キ，ケ，コ

保育内容

6 次の(a)〜(d)の下線部のうち,「保育所保育指針」(平成29年3月)の「第1章　総則」の「1　保育所保育に関する基本原則」の「(4)保育の環境」に関する記述として,正しいものを○,誤ったものを×とした場合の正しい組み合わせを,あとの①〜⑤から1つ選びなさい。

(難易度■■□□□)

　保育の環境には,保育士等や子どもなどの人的環境,施設や遊具などの物的環境,更には(a)自然や社会の事象などがある。保育所は,こうした人,物,場などの環境が相互に関連し合い,子どもの(b)生活が豊かなものとなるよう,次の事項に留意しつつ,(c)総合的に環境を構成し,(d)安全に保育しなければならない。

　　(a)　(b)　(c)　(d)
① ○　○　×　×
② ○　×　○　○
③ ×　○　○　×
④ ○　×　○　×
⑤ ×　○　×　○

7 次の文のうち,「保育所保育指針」(平成29年3月)の「第1章　総則」の「3　保育の計画及び評価」の「(3)指導計画の展開」に関する記述として,適切な記述を○,不適切な記述を×とした場合の正しい組み合わせを,あとの①〜⑤から1つ選びなさい。

(難易度■■■■□)

A　施設長,保育士など,全職員による適切な役割分担と協力体制を整えること。

B　子どもが行う具体的な活動は,生活の中で様々に変化することに留意して,子どもが望ましい方向に向かって自ら活動を展開できるよう積極的な支援を行うこと。

C　子どもの能動的な遊びを促すためには,保育士等が多様な関わりをもつことが重要であることを踏まえ,子どもの情緒の安定や発達に必要な豊かな体験が得られるよう援助すること。

D　保育士等は,子どもの実態や子どもを取り巻く状況の変化などに即して保育の過程を記録するとともに,これらを踏まえ,指導計画に基づく保育の内容の見直しを行い,改善を図ること。

専門試験

	A	B	C	D
①	○	×	×	○
②	○	×	○	×
③	×	○	○	×
④	×	×	○	○
⑤	×	○	×	○

8 「保育所保育指針」(平成29年3月)の「養護に関わるねらい及び内容」のうち，生命の保持のねらいとして適切でないものを，次の①～⑤から1つ選びなさい。　　　　　　　　　　　　　　　(難易度■□□□□)

①　一人一人の子どもが，快適に生活できるようにする。

②　一人一人の子どもが，健康で安全に過ごせるようにする。

③　一人一人の子どもの生理的欲求が，十分に満たされるようにする。

④　一人一人の子どもの健康増進が，積極的に図られるようにする。

⑤　一人一人の子どもの心身の疲れが癒されるようにする。

9 「保育所保育指針」(平成29年3月)の「第1章　総則」の「2　養護に関する基本的事項」に関する記述として，適切でないものを，次の①～⑤から1つ選びなさい。　　　　　　　　　　　　　　(難易度■■□□□)

①　一人一人の子どもの平常の健康状態や発育及び発達状態を的確に把握し，異常を感じる場合は，速やかに適切に対応する。

②　子どもは疾病への抵抗力が弱く，心身の機能の未熟さに伴う疾病の発生が多いことから，一人一人の発育及び発達状態や健康状態についての適切な判断に基づく保健的な対応を行う。

③　清潔で安全な環境を整え，適切な援助や応答的な関わりを通して子どもの生理的欲求を満たしていく。また，家庭と協力しながら，子どもの発達過程等に応じた適切な生活のリズムがつくられていくようにする。

④　子どもの発達過程等に応じて，適度な運動と休息を取ることができるようにする。また，食事，排泄，衣類の着脱，身の回りを清潔にすることなどについて，子どもが意欲的に生活できるよう適切に援助する。

⑤　家庭との連携を密にし，嘱託医等との連携を図りながら，子どもの疾病や事故防止に関する認識を深め，保健的で安全な保育環境の維持及び向上に努める。

保育内容

⑩ 次の(a)〜(d)の下線部のうち，「保育所保育指針」（平成29年3月）の「第1章　総則」の「1　保育所保育に関する基本原則」の「(5)保育所の社会的責任」として，正しいものを○，誤ったものを×とした場合の正しい組み合わせを，あとの①〜⑤から1つ選びなさい。　　　　（難易度■■□□□）

ア　保育所は，(a)子どもの発達に十分配慮するとともに，子ども一人一人の人格を尊重して保育を行わなければならない。

イ　保育所は，(b)地域社会との交流や連携を図り，保護者や地域社会に，当該保育所が行う保育の内容を適切に説明するよう努めなければならない。

ウ　保育所は，入所する子ども等の(c)プライバシーを適切に取り扱うとともに，(d)保護者の苦情などに対し，その解決を図るよう努めなければならない。

	(a)	(b)	(c)	(d)
①	○	○	×	×
②	○	×	○	○
③	○	○	○	×
④	×	×	○	○
⑤	×	○	×	○

⑪ 「保育所保育指針」（平成29年3月）の「第2章　保育の内容」の「3　3歳以上児の保育に関するねらい及び内容」の「(2)ねらい及び内容　イ　人間関係」の内容に関する記述として適切でないものを，次の①〜⑤から1つ選びなさい。　　　　（難易度■■■■■）

① 自分で考え，自分で行動する。

② 自分でできることは自分でする。

③ よいことや悪いことがあることに気付き，考えながら行動する。

④ 保育士等や友達と触れ合い，安定感をもって行動する。

⑤ 共同の遊具や用具を大切にし，皆で使う。

■■ 専門試験

⓬ 次のA〜Dの文のうち，「保育所保育指針」（平成29年3月）の「第2章保育の内容」の「3　3歳以上児の保育に関するねらい及び内容」の「(2)ねらい及び内容　エ　言葉」に関する記述として，適切な記述を○，不適切な記述を×とした場合の正しい組み合わせを，あとの①〜⑤から1つ選びなさい。　　　　　　　　　　　　　　　　　　　　　　　　（難易度■■■■□）

A　子どもが自分の思いを言葉で伝えるとともに，他の子どもの話などを聞くことを通して，次第に話を理解し，言葉による伝え合いができるようになるよう，気持ちや経験等の言語化を行うことを援助するなど，子ども同士の関わりの仲立ちを行うようにすること。

B　身近な人に親しみをもって接し，自分の感情などを伝え，それに相手が応答し，その言葉を聞くことを通して，次第に言葉が獲得されていくものであることを考慮して，楽しい雰囲気の中で保育士等との言葉のやり取りができるようにすること。

C　絵本や物語などで，その内容と自分の経験とを結び付けたり，想像を巡らせたりするなど，楽しみを十分に味わうことによって，次第に豊かなイメージをもち，言葉に対する感覚が養われるようにすること。

D　子どもが日常生活の中で，文字などを使いながら思ったことや考えたことを伝える喜びや楽しさを味わい，文字に対する興味や関心をもつようにすること。

	A	B	C	D
①	○	○	×	○
②	○	×	○	○
③	×	○	○	×
④	×	×	○	○
⑤	×	×	○	×

⓭ 次の(a)〜(d)の下線部のうち，「保育所保育指針」（平成29年3月）の「第2章　保育の内容」の「3　3歳以上児の保育に関するねらい及び内容」の「(2)ねらい及び内容　ウ　環境」として，正しいものを○，誤ったものを×とした場合の正しい組み合わせを，あとの①〜⑤から1つ選びなさい。　　　　　　　　　　　　　　　　　　　　　　　　（難易度■■■□□）

ア　身近な環境に親しみ，(a)動植物と触れ合う中で様々な事象に興味や関心をもつ。

270

保育内容

イ 身近な環境に自分から関わり，発見を楽しんだり，考えたりし，それを(b)遊びに取り入れようとする。
ウ 身近な事象を見たり，考えたり，扱ったりする中で，(c)物の性質や数量，文字などに対する(d)知識を豊かにする。

```
     (a)  (b)  (c)  (d)
①    ×   ○   ×   ×
②    ×   ○   ○   ○
③    ×   ×   ○   ×
④    ○   ×   ○   ×
⑤    ○   ×   ×   ○
```

14 次のA〜Dの文のうち，「保育所保育指針」(平成29年3月)の「第2章 保育の内容」の「3 3歳以上児の保育に関するねらい及び内容」の「(2)ねらい及び内容 オ 表現」に関する記述として，適切な記述を○，不適切な記述を×とした場合の正しい組み合わせを，あとの①〜⑤から1つ選びなさい。　　　　　　　　　　　　　　　　(難易度■■■■■)

A 生活の中で様々な音，形，色，手触り，動きなどに気付いたり，感じたりするなどして楽しむ。
B 友達同士で表現する過程を楽しんだりし，表現する喜びを味わい，意欲をもつようになる。
C 音楽に親しみ，歌を歌ったり，簡単なリズム楽器を使ったりなどする楽しさを味わう。
D 自分のイメージを動きや言葉などで表現したり，演じて遊んだりするなどの楽しさを味わう。

```
     A   B   C   D
①   ○   ○   ×   ○
②   ○   ×   ○   ○
③   ○   ○   ○   ×
④   ×   ○   ×   ×
⑤   ×   ×   ○   ×
```

■ 専門試験

⑮ 「保育所保育指針」(平成29年3月)の「第2章　保育の内容」の「2　1歳以上3歳未満児の保育に関わるねらい及び内容」の「(2)ねらい及び内容　ア　健康」の内容に関する記述として，適切でないものを，次の①〜⑤から1つ選びなさい。　　　　　　　　　　　　　　　　　(難易度■■□□□)

① 食事や午睡，遊びと休息など，保育所における生活のリズムが形成される。

② 走る，跳ぶ，登る，押す，引っ張るなど全身を使う遊びを楽しむ。

③ 個人差に応じて授乳を行い，離乳を進めていく中で，様々な食品に少しずつ慣れ，食べることを楽しむ。

④ 保育士等の助けを借りながら，衣類の着脱を自分でしようとする。

⑤ 便器での排泄(せつ)に慣れ，自分で排泄(せつ)ができるようになる。

⑯ 次の(a)〜(d)の下線部のうち，「保育所保育指針」(平成29年3月)の「第2章　保育の内容」の「4　保育の実施に関して留意すべき事項」として，正しいものを○，誤ったものを×とした場合の正しい組み合わせを，あとの①〜⑤から1つ選びなさい。　　　　　　　　　　　　　(難易度■■■□□)

　子どもの生活の(a)重要性を踏まえ，家庭及び地域社会と(b)協力して保育が展開されるよう配慮すること。その際，家庭や地域の機関及び団体の協力を得て，(c)地域の自然，(d)外国籍や地域の子ども等を含む人材，行事，施設等の地域の資源を積極的に活用し，豊かな生活体験をはじめ保育内容の充実が図られるよう配慮すること。

　　　(a)　(b)　(c)　(d)
① 　×　　×　　○　　×
② 　×　　○　　○　　○
③ 　○　　○　　×　　×
④ 　○　　×　　○　　○
⑤ 　○　　×　　×　　○

保育内容

解答・解説 A

1 ②
解説

A 適切。児童福祉施設の設備及び運営に関する基準第35条の規定に基づいた施設である。

B 不適切。保育及び教育ではなく,「養護及び教育」である。養護と教育が一体となり,保育は展開される。

C 不適切。すべての子育て家庭ではなく,「地域の子育て家庭」である。第4章「子育て支援」には,地域の保護者等に対する子育て支援について記述されている。

D 不適切。積極性ではなく「専門性」である。第5章「職員の資質向上」では,保育所職員に求められる専門性についての記述がある。

2 ②
解説

① 適切。安心感と信頼感とは基本的信頼感のことである。これが基盤となり,子どもの主体的な活動へつながっていく。

② 不適切。子どもの生命の保持ではなく,「子どもの個人差」である。生命の保持とは,養護の概念の中に含まれる内容である。

③ 適切。それぞれの発達段階を踏まえた保育が必要である。生活に必要な習慣や態度を身に付けながら,安定感をもって遊ぶことが重要である。

④ 適切。人間関係領域では,1歳以上3歳未満児は保育士等の仲立ちにより他の子どもと関わりながら遊ぶこと,3歳以上児では,集団的で協同的な活動の中で遊ぶことが記述されている。

⑤ 適切。保護者がそれぞれ抱えている背景に配慮し,適切に援助することが重要である。

3 ⑤
解説

A 不適切。基本的信頼感を形成することではなく,「生命の保持及び情緒の安定を図ること」である。

B 適切。5領域のうちの表現領域に関する記述である。

C 不適切。好奇心や探究心ではなく,「豊かな心情や思考力」である。好奇心や探究心は,「幼児期の終わりまでに育ってほしい姿」の「キ　自

専門試験

然との関わり・生命尊重」に記述されている。

D　適切。「保育の目標」の前文に，生涯にわたる人間形成にとって極めて重要な時期であることが記述されている。乳幼児期に人との関わり方の基礎を培い，のぞましい未来をつくり出す力へつなげていく。

❹ ②
解説

イ，エはともに従前の「保育所保育指針」(平成20年3月)に含まれているものである。

❺ ④
解説

ウは「協調性」ではなく「協同性」，エは「学び・意識向上」ではなく「道徳性・規範意識の芽生え」，ケは「表現力による伝え合い」ではなく「言葉による伝え合い」である。

❻ ①
解説

(a)　正しい。保育環境は3つに分類されている。人的環境，物的環境，自然や社会の事象である。

(b)　正しい。イの記述に「子どもの活動が豊かに展開されるよう，保育所の設備や環境を整え，保育所の保健的環境や安全の確保などに努めること」とあるように，すべての環境が子どもの生活に影響していると考えられている。

(c)　誤り。正しくは「計画的に」である。「3　保育の計画及び評価」では「保育の内容が組織的・計画的に構成され，保育所の生活の全体を通して，総合的に展開されるよう，全体的な計画を作成しなければならない」と記述されている。計画的に環境を構成し，総合的な保育へつなげていくということである。

(d)　誤り。正しくは「工夫して」である。(b)の引用にあるように，保健や安全の確保にも記述があるが，そのことだけにはとどまらない。

❼ ①
解説

A　適切。保育所では多様職種の職員が協力して保育を実施している。第5

章「職員の資質向上」では,「保育士・看護師・調理員・栄養士等,それぞれの職務内容に応じた専門性を高めるため」とその職員構成を具体的に記述している。
B　不適切。積極的な支援ではなく「必要な援助」である。「援助」は子どもへ,「支援」は保護者や家庭へ使用する。
C　不適切。能動的な遊びではなく「主体的な活動」である。保育所保育指針では子どもの主体性や主体的な活動を重視している。
D　適切。「(4)保育内容等の評価」では,保育記録を通して評価を行い,保育実践の改善に努めることが記載されている。

8 ⑤
解説

①～④は「子どもの命を守り,一人一人の子どもが快適に,そして健康で安全にすごせるようにするとともに,その生理的欲求が十分に満たされ,健康増進が積極的に図られるようにすることは一人一人の子どもの生存権を保障する」ことでもある。　⑤は「情緒の安定」のねらいの1つである。

9 ②
解説

①　適切。養護の理念には「子どもの生命の保持及び情緒の安定を図るために保育士等が行う援助や関わり」であることが記述されている。これは,生命の保持に関連する文である。
②　不適切。この文は「乳児保育における保育の実施に関わる配慮事項」の記述である。
③　適切。養護のねらいにあるように,健康や安全についての記述である。
④　適切。養護のねらいにあるように,積極的な健康増進についての記述である。
⑤　適切。特に生命の保持に関わる子どもの体調の変化には迅速な対応と正確な判断が求められる。

10 ⑤
解説

(a)　誤り。正しくは「子どもの人権」である。第5章「職員の資質向上」では,保育所職員の専門性として,「子どもの最善の利益を考慮し,人権に配慮した保育を行う」ために倫理観等が基盤となることが記述されている。

専門試験

(b) 正しい。家庭及び地域社会との連携は保育所保育指針の中で重要とされている。

(c) 誤り。正しくは「個人情報」である。プライバシーについては第4章「子育て支援」で「子どもの利益に反しない限りにおいて，保護者や子どものプライバシーを保護し，知り得た事柄の秘密を保持すること」と記述されている。

(d) 正しい。「苦情」という言葉が出てくるのは，この文だけである。

⓫ ④

解説

①，② 適切。人間領域では人々と支え合って生活するために，自立心を育てることをねらいとしている。

③，⑤ 適切。社会生活における望ましい習慣や態度を身に付けることがねらいとされている。

④ 不適切。健康領域の内容である。しなやかな心と体の発達を促すことが，健康領域の内容の取扱いで記述されている。

⓬ ④

解説

A，B 不適切。この文は「1歳以上3歳未満児の保育に関わるねらい及び内容」の記述である。

C，D 適切。絵本や物語，文字などへの記述は3歳以上児の保育で初めて示されている。

⓭ ③

解説

(a) 不適切。正しくは「自然」である。環境領域では，自然と動植物への親しみや感動などが大切にされている。

(b) 不適切。正しくは「生活」である。「生活や遊び」と並列で記述されることが多いが，ここでの「生活」は，遊びを含んだ子どもの日常生活全般を指す。

(c) 適切。幼児期の終わりまでに育ってほしい姿にも数量などに対する記述がある。

(d) 不適切。正しくは「感覚」である。「育みたい資質・能力」のひとつに「知識及び技能の基礎」と記述されているが，それらを身につけさせ

276

保育内容

ることは体験を通した感覚である。

⑭ ②
解説

A　適切。表現領域の「内容」①における記述である。このために遊具や用具などを整えることが大切である。

B　不適切。「幼児期の終わりまでに育ってほしい姿」の「コ　豊かな感性と表現」における記述の一部である。

C　適切。Aと同様の⑥における記述である。乳児保育以外では表現領域に「音楽」に関連する記述が見られ，乳児保育では「歌やリズム」と限定的な表現になっている。

D　適切。Aと同様の⑧における記述である。「演じる」ことについての記述はこの部分だけであるが，3歳児以下の保育でも演じる経験，何かを模倣する経験は大切にされている。

⑮ ③
解説

①　適切。健康領域の「内容」②における記述である。乳児保育では「生活のリズムの感覚が芽生える」とされ，1歳以上児の保育ではこのような記述となっている。

②　適切。「内容」③における記述である。この時期の運動発達での特徴は歩行の完成である。また手指の細かい動きも可能となってくる。

③　不適切。この記述は，乳児保育での「健やかに伸び伸びと育つ」視点での記述である。離乳は生後5か月前後からスタートする。

④　適切。領域の「内容」⑥における記述である。手指の動きが発達してくる時期なので，ボタンはめなどもできるようになる。

⑤　適切。領域の「内容」⑦における記述である。おむつがはずれる時期は個人差があるが，この時期には排尿感覚がわかるようになり，また「おしっこ出た」など言語での伝達も可能となる。

⑯ ①
解説

(a)　不適切。正しくは「連続性」である。連続性とは長期的スパンでの時間的経過を指しているが，乳児期から幼児期，児童期以降への切れ目のない保育・教育が重要とされている。

専門試験

(b) 不適切。正しくは「連携」である。協力は力を合わせることであるが，連携は連絡提携の意味を持ち，こまめに連絡を取り合いながら一緒に物事を進めていくことである。

(c) 適切。

(d) 不適切。正しくは，「高齢者や異年齢の子ども」である。外国籍の子どもに対しては，第4章「子育て支援」で個別配慮の対象として記述されている。

第11章

専門試験
保育の現状

| 専門試験

```
≡ POINT ≡
```

1. 少子化問題・対策
▶ 少子化問題・対策

　日本の合計特殊出生率は，第1次ベビーブーム期には4.3を超えていたが，1950年以降急激に低下し，2005年には過去最低である1.26まで落ち込んだ。その後，2015年には1.45まで上昇したものの，2023年は1.20と8年連続で前の年を下回り，過去最低となった。

　少子化の背景には，核家族化の進展など家族を取り巻く環境の多様化や，個々人の結婚や出産，子育ての希望の実現を阻む様々な要因が絡み合っている。

▶ 新たな「少子化社会対策大綱」

　新たな「少子化社会対策大綱」が2020年5月29日に閣議決定された。基本的な目標として「希望出生率1.8」の実現を掲げ，目標実現のための具体的な道筋を示すことがねらいである。

【新たな「少子化社会対策大綱」のポイント】
(1) 結婚支援
　地方公共団体が行う総合的な結婚支援の取組を一層支援し，結婚に伴う新生活のスタートアップに係る経済的負担を軽減
(2) 妊娠・出産への支援
〈不妊治療〉不妊治療の費用助成を行うとともに，適応症と効果が明らかな治療には広く医療保険の適用を検討し，支援を拡充
〈切れ目のない支援〉産後ケア事業の充実等
(3) 仕事と子育ての両立
〈男性の家事・育児参画促進〉男性の育休取得率30％を目標に向けた総合的な取組の推進
〈育児休業給付〉上記取組の推進状況を踏まえ，中長期的な観点からその充実を含め，効果的な制度の在り方を総合的に検討
〈待機児童解消〉保育の受け皿確保
(4) 地域・社会による子育て支援
　保護者の就業の有無等にかかわらず多様なニーズに応じて，全ての子育て家庭がそれぞれが必要とする支援にアクセスでき，安全かつ安心して子供を育てられる環境を整備

(5) 経済的支援

〈児童手当〉財源確保の具体的な方策と併せて，子供の数や所得水準に応じた効果的な給付の在り方を検討

〈高等教育の修学支援〉多子世帯に更に配慮した制度の充実を検討

〈幼児教育・保育の無償化〉2019年からの無償化を着実に実施

2. 認可保育所と認可外保育所

認可保育所とは，児童福祉法に基づき都道府県または政令指定都市または中核市が設置を認可した施設をいう。児童福祉法上の保育所に該当するが認可を受けていない保育施設は，「認可外保育施設」または「認可外保育所」と呼ばれ，設置は届出制である。

令和5年度の認可保育所数は30,520か所であり，利用児童は2,543,370人である(令和5年社会福祉施設等調査の概況)。また，認可外保育所数は19,955か所であり，利用児童数は226,985人である(令和4年度 認可外保育施設の現況取りまとめ)。

「**新子育て安心プラン**」では，さらに保育の受け皿の整備を行うとし，幼稚園の空きスペースやベビーシッター(認可外の居宅訪問型保育事業)を含めた地域のあらゆる子育て資源を活用するとしている。

3. 多様な保育サービスと支援

子どもを取り巻く環境は多様になってきている。子どもの貧困，虐待，外国籍，ひとり親など子どもの成長・発達にネガティブな影響を与えると考えられている要因が数多く存在し，それぞれの家庭の背景に応じて，多様なサービスを用意し，必要な支援をしていく必要がある。

保育所保育指針「第4章 子育て支援」では，「保育所における保護者に対する子育て支援は，全ての子どもの健やかな育ちを実現することができるよう，第1章及び第2章等の関連する事項を踏まえ，子どもの育ちを家庭と連携して支援していくとともに，保護者及び地域が有する子育てを自ら実践する力の向上に資するよう，次の事項に留意するものとする」と記載されている。その中でも「2 保育所を利用している保護者に対する子育て支援」で病児保育，障害や発達上の課題，外国籍家庭，育児不安，不適切な養育，虐待など配慮が必要な家庭への支援について次のように記載されている。

専門試験

(2) 保護者の状況に配慮した個別の支援

ア　保護者の就労と子育ての両立等を支援するため，保護者の多様化した保育の需要に応じ，病児保育事業など多様な事業を実施する場合には，保護者の状況に配慮するとともに，子どもの福祉が尊重されるよう努め，子どもの生活の連続性を考慮すること。

イ　子どもに障害や発達上の課題が見られる場合には，市町村や関係機関と連携及び協力を図りつつ，保護者に対する個別の支援を行うよう努めること。

ウ　外国籍家庭など，特別な配慮を必要とする家庭の場合には，状況等に応じて個別の支援を行うよう努めること。

(3) 不適切な養育等が疑われる家庭への支援

ア　保護者に育児不安等が見られる場合には，保護者の希望に応じて個別の支援を行うよう努めること。

イ　保護者に不適切な養育等が疑われる場合には，市町村や関係機関と連携し，要保護児童対策地域協議会で検討するなど適切な対応を図ること。また，虐待が疑われる場合には，速やかに市町村又は児童相談所に通告し，適切な対応を図ること。

4. 保育の課題と対策

▶ 少子化対策

少子化対策の一環として，結婚支援，妊娠・出産への支援，男女共に仕事と子育てを両立できる環境の整備，地域・社会による子育て支援，経済的な支援等，ライフステージに応じた総合的な少子化対策を推進している。2023(令和5)年12月22日に閣議決定された「こども未来戦略」で2026年度までの3年間を集中取組期間と位置付け，その期間に実施する具体的な政策を「こども・子育て加速化プラン」として示している。「こども・子育て加速化プラン」には4つの柱があり，①経済的支援の強化，②全てのこども・子育て世帯への支援，③共働き・共育ての推進，④こども・子育てにやさしい社会づくりのための意識改革となっている。

282

保育の現状

こども未来戦略 「加速化プラン」施策のポイント

参考資料1

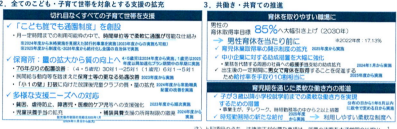

▶ 子ども虐待

子ども虐待による死亡事例等の検証結果等について(第20次報告,厚生労働省)では,虐待死亡事例の半数近くが0歳児であることからも,子どもが低年齢・未就園である場合や離婚・未婚等によりひとり親である場合に,特に注意して対応する必要がある。

■ 専門試験

Q 演習問題

❶ 日本の戦後の出生数及び合計特殊出生率について述べた文として適切でないものを，次の①〜⑤から1つ選びなさい。　　(難易度■■■□□)

① 合計特殊出生率とは，一人の女性が一生の間に産むとした子供の数の平均を示す。

② 第1次ベビーブーム期の1949年は，戦後最高の出生数であった。

③ 1966年のひのえうまの年は，前年より合計特殊出生率が下がった。

④ 2023年は，過去最低の合計特殊出生率であった。

⑤ 2015年からは，毎年合計特殊出生率が上がり続けている。

❷ 少子化に関する記述として適切なものを，次の①〜⑤から1つ選びなさい。
　　(難易度■■■□□)

① 人口が長期的・安定的に維持される合計特殊出生率を人口置換水準というが，国際連合は人口置換水準が2.1となった場合，少子化傾向にあるとしている。

② 欧米ではわが国にさきがけて1960年代から少子化傾向が見られるようになったが，その後，わが国の合計特殊出生率が急激に下がったため，1980年代には同水準となった。

③ 少子化は先進国共通の問題であり，アジアで少子化が深刻な社会問題となっているのはわが国だけであって，その他のアジア諸国はむしろ多産社会となっている。

④ 1989(平成元)年の人口動態統計で合計特殊出生率が1.57となり，1966(昭和41)年の1.58を下回ったため，「1.57ショック」として少子化問題が社会的な関心を集めた。

⑤ わが国の合計特殊出生率は，2005(平成17)年の国勢調査による確定値で同年は1.26と過去最低を記録，その後も横ばい状態が続いている。

❸ 次のA〜Dの文のうち，少子高齢化に関する2023年の国民生活基礎調査の結果の概要の記述として，適切な記述を○，不適切な記述を×とした場合の正しい組み合わせを，あとの①〜⑤から1つ選びなさい。
　　(難易度■■□□□)

A 65歳以上の高齢者が単独で生活している世帯は855万世帯(31.7%)と

保育の現状

なっている。

B 児童のいる世帯は全世帯の18.1％となっており，児童が1人いる世帯は児童のいる世帯の48.6％となっている。

C 1986年の調査では，1〜3人以上の児童がいる世帯は46.2％であったが，年々減少し，2023年では18.1％となっている。

D 少子高齢化になり，高齢者と児童が共に生活する三世代世帯は増加傾向にある。

	A	B	C	D
①	○	○	○	×
②	○	×	×	×
③	○	×	×	○
④	×	×	○	○
⑤	×	○	○	○

4 次の(a)〜(d)の下線部のうち，令和3年度出生に関する統計の概況における国際比較の内容として，正しいものを○，誤ったものを×とした場合の正しい組み合わせを，あとの①〜⑤から1つ選びなさい。

(難易度■■■■□)

韓国，シンガポール，フランス，ドイツ，イタリア，スウェーデン，イギリス及びアメリカについて合計特殊出生率の年次推移をみると，ヨーロッパの5か国は，1960年代後半から1970年代前半にかけて(a)上昇傾向がみられた後，フランス，スウェーデン及びイギリスは上下変動しながらも2000年から2010年頃まで(b)上昇したものの，その後(c)低下している。一方，(d)アメリカ及びシンガポールは，時期に差があるものの，合計特殊出生率3〜4という高い水準からの急激な低下がみられた後，1に近い水準で推移している。

	(a)	(b)	(c)	(d)
①	○	○	×	×
②	○	×	○	○
③	×	○	○	×
④	○	×	○	×
⑤	×	○	×	○

285

専門試験

5 令和5年12月22日閣議決定された「こども大綱」に示されているこども施策に関する基本的な方針として該当しないものを，次の①〜⑤から1つ選びなさい。　　　　　　　　　　　　　　　　（難易度■■■□□）

① こども・若者を権利の主体として認識し，こども・若者の今とこれからの最善の利益を図る。

② こどもや若者，子育て当事者の視点を尊重し，その意見を聴き，対話しながら，ともに進めていく。

③ こどもや若者，子育て当事者のライフステージに応じて切れ目なく対応し，十分に支援する。

④ 良好な成育環境を確保し，貧困と格差の解消を図り，全てのこども・若者が幸せな状態で成長できるようにする。

⑤ 科学技術の成果など新たなリソースを積極的に活用していく。

6 認定こども園に関する記述として不適切なものを，次の①〜⑤から1つ選びなさい。　　　　　　　　　　　　　　　　　　　　（難易度■■□□□）

① 認定こども園は，教育・保育を一体的に行う施設で，幼稚園と保育所の両方の良さを併せ持っている施設である。

② 認定こども園には，幼保連携型，幼稚園型，保育所型，地方裁量型の4つのタイプが認められている。

③ すべてのタイプの認定こども園における必要な職員資格は，幼稚園教諭免許である。

④ 2011年には認定こども園数は762であったが，2024年には10,483に増加した。

⑤ 幼稚園型の認定こども園は，認可幼稚園が，保育が必要な子どものための保育時間を確保するなど，保育所的な機能を備えて認定こども園としての機能を果たすタイプである。

7 認定こども園の説明について適切でないものを，次の①〜⑤から1つ選びなさい。　　　　　　　　　　　　　　　　　　　　　　（難易度■□□□□）

① 幼稚園，保育所のうち，一定の機能と基準を満たす施設が，厚生労働大臣から認定を受けることができる。

② すべての子育て家庭を対象に，子育て不安に対応した相談活動や親子の集いの場の提供を行う。

保育の現状

③ 保護者が働いている，いないにかかわらず子どもを受け入れて，教育・保育を一体的に行う。

④ 具体的な認定基準は，文部科学大臣と厚生労働大臣が協議して定める「国の指針」を参酌して，各都道府県が条例で定める。

⑤ 地域の実情に応じて，幼保連携型，幼稚園型，保育所型，地方裁量型の多様なタイプが認められる。

⑧ 次の表は，2013年から2023(令和5)年4月1日時点までの待機児童数の推移を示したものである。この表の説明として誤っているものを，あとの①～⑤から1つ選びなさい。　(難易度■□□□□)

	待機児童数	
	4月1日時点	増減数
2013(平成25)年	22,741人	▲2,084人
2014(平成26)年	21,371人	▲1,370人
2015(平成27)年	23,167人	1,796人
2016(平成28)年	23,553人	386人
2017(平成29)年	26,081人	2,528人
2018(平成30)年	19,895人	▲6,186人
2019(平成31)年	16,772人	▲3,123人
2020(令和2)年	12,439人	▲4,333人
2021(令和3)年	5,634人	▲6,805人
2022(令和4)年	2,944人	▲2,690人
2023(令和5)年	**2,680人**	**▲264人**

(厚生労働省　保育所等関連状況取りまとめ　令和5年4月1日)

① 2023年4月の待機児童数は，前年と比べて少なくなっている。

② 2017年4月の待機児童数が最も多い。

③ 2020年4月の待機児童数は，前年よりも4,333人増加している。

④ 最も待機児童数が少ないのは，2023年4月である。

⑤ 待機児童数は2017年をピークに現在では減少している。

⑨ 待機児童に関する記述として適切なものを，次の①～⑤から1つ選びなさい。　(難易度■■■■□)

① 待機児童とは，保育を必要とする保育所入所申請をしているにもかかわらず，保育所の施設定員超過などの理由で入所できない状態，またはその状態にある児童のことをいう。

② 1994年の「エンゼルプラン」を契機に保育所の新設が例年実施されてきたが，待機児童の数は増える一方となっている。

③ 待機児童は都市部よりも，認可保育所の数が少ない地方，特に過疎地

専門試験

域に多く見られるという現象が起きている。

④ 待機児童を3歳児以上と3歳児未満で区分した場合，3歳児未満が減少しているのに対し，3歳児以上の待機児童は1999(平成11)年以降，右肩上がりに増えている。

⑤ 待機児童の解消を目指し，女性の就業率の上昇を踏まえた保育の受け皿整備，地域の子育て資源の活用を進めるため，「子育て安心プラン」が2020(令和2)年に策定された。

⑩ 次の【Ⅰ群】の記述と【Ⅱ群】の語句を結びつけた場合の正しい組み合わせを，あとの①〜⑤から1つ選びなさい。　　　　　(難易度■■■■□)

【Ⅰ群】

A　すべての子どもは，豊かな愛情のなかで心身ともに健やかに育てられ，自ら伸びていく無限の可能性を持っています。

B　全て児童は，児童の権利に関する条約の精神にのつとり，適切に養育されること，その生活を保障されること，愛され，保護されること，その心身の健やかな成長及び発達並びにその自立が図られることその他の福祉を等しく保障される権利を有する。

C　保育所は，児童福祉法(昭和22年法律第164号)第39条の規定に基づき，保育を必要とする子どもの保育を行い，その健全な心身の発達を図ることを目的とする児童福祉施設であり，入所する子どもの最善の利益を考慮し，その福祉を積極的に増進することに最もふさわしい生活の場でなければならない。

【Ⅱ群】

　ア　保育所保育指針
　イ　児童福祉法
　ウ　児童憲章
　エ　全国保育士会倫理綱領

	A	B	C
①	ウ	イ	ア
②	エ	イ	ア
③	ウ	ア	イ
④	エ	ウ	イ
⑤	イ	ウ	ア

保育の現状

⓫ 次のA～Dの文のうち，幼児教育・保育の無償化に関する令和6年版「こども白書」の記述として，適切な記述を○，不適切な記述を×とした場合の正しい組み合わせを，あとの①～⑤から1つ選びなさい。

（難易度■■■■■）

A 令和元年10月より，3歳から5歳までの子供及び0歳から2歳までの住民税非課税世帯の子供についての幼稚園，保育所，認定こども園等の費用が無償化された。

B 若い世代が理想の子供数を持たない理由は，晩婚化や晩産化であり，子育ての負担軽減措置を講じることは，重要な少子化対策の一つとなるものである。

C 幼児教育・保育の無償化の他，教育支援として，生活困窮者自立支援制度，子どもの学習支援・生活支援事業，ひとり親家庭及び低所得子育て世帯のこどもの学習支援も貧困対策として実施している。

D 就学前の障害児の発達支援については，無償化する措置を講じていない。

	A	B	C	D
①	○	○	○	×
②	○	×	○	×
③	○	×	×	○
④	×	×	×	○
⑤	×	○	○	○

■ 専門試験

12 次の表は，1998年から2022年4月1日時点までの貧困率の推移を示したものである。この表を説明した記述として誤っているものを，あとの①～⑤から1つ選びなさい。　　　　　　　　　　　　　　　　　　(難易度■■■■□)

こどもの貧困率／ひとり親世帯の貧困率

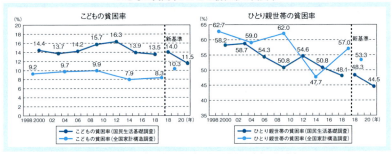

(出典) 厚生労働省「国民生活基礎調査」、総務省「全国家計構造調査(旧全国消費実態調査)」を基に作成。
(注)「国民生活基礎調査」における「新基準」の2018年及び2021年の数値は、2015年に改定されたOECDの所得定義の新たな基準で算定した数値。それ以外は当該改定前の旧基準に基づく数値。
「全国家計構造調査」における「新基準」の2019年の数値は、2015年に改定されたOECDの所得定義の新たな基準で算定した数値。それ以外は当該改定前の旧基準に基づく数値。

(令和6年版　こども白書)

① 国民生活基礎調査における子供の貧困率は，2012年をピークに減少している。
② 国民生活基礎調査におけるひとり親世帯の貧困率は，近年減少している。
③ 全国家計構造調査におけるひとり親世帯の貧困率は，全体のおよそ半数に及び，高い水準にある。
④ 国民生活基礎調査における子供の貧困率は，2015年よりも2018年の方が0.4％減少している。
⑤ 子供がいる現役世帯のうち大人一人の世帯の貧困率は，全国消費実態調査では，2009年が最も低い値である。

13 次の【Ⅰ群】の記述と【Ⅱ群】の語句を結びつけた場合の正しい組み合わせを，あとの①～⑤から1つ選びなさい。　　　　　　　　(難易度■■■□□)

【Ⅰ群】

A　子どもの人格や才能などを伸ばし，社会において自律した生活を送れるようにすることなどの目的から，子どもをサポートして社会性を育む行為である。

B　子どもの身体に何らかの苦痛を引き起こし，または不快感を意図的にもたらす行為(罰)である。

C　大人と同様に子どももまた，尊厳を有する人権の主体であり，叩く

保育の現状

等の行為は人権侵害として許されない。

【Ⅱ群】

ア　子どもの権利侵害　　イ　体罰

ウ　しつけ　　　　　　　エ　暴力

オ　教育

	A	B	C
①	ウ	イ	ア
②	ウ	エ	オ
③	ウ	イ	エ
④	オ	エ	ウ
⑤	オ	イ	ア

14 次のA～Dの文のうち，ヤングケアラーに関する記述として適切な記述を○，不適切な記述を×とした場合の正しい組み合わせを，あとの①～⑤から1つ選びなさい。　　　　　　　　　　　　　　（難易度■■■□□）

A　令和4年の調査報告で「ヤングケアラー」と思われる子どもがいるかわからないと回答した学校に理由をきいたところ，「家族内のことで問題が表に出にくく，子どものヤングケアラーとしての状況の把握が難しい」という回答が85％以上あった。

B　令和4年の調査報告では，ヤングケアラーと思われる子どもの状況については，「きょうだいの世話」が最も高く，80％近くを占めている。

C　「ヤングケアラー」とは，本来大人が担うと想定されているような家事や家族の世話などを時々行っている18歳未満の子どものことを指す。

D　「ヤングケアラー」はその責任や負担の重さにより，学業や友人関係などに影響が出てしまうことがあるので，周囲の人々の気付きや支援が必要である。

	A	B	C	D
①	○	○	×	○
②	○	×	○	×
③	×	○	×	○
④	○	×	○	○
⑤	×	○	○	×

■ 専門試験

⑮ 次のネグレクトに関する記述のうち，【Ⅰ群】の記述と【Ⅱ群】の語句を結びつけた場合の正しい組み合わせを，あとの①〜⑤から1つ選びなさい。
（難易度■■■■■）

【Ⅰ群】

A 本人・家族に寄り添った支援を継続することに加え，母本人への早期のアプローチとして，母の生活圏において妊娠期や周産期に関する情報を容易に取得・相談等ができる支援体制の整備等，中心となって進めていく必要がある。

B 0日児死亡事例の母は，社会的孤立が顕著で，助産師などの立ち会いなしに自宅等で出産した事例が多いと考えられるため，把握が難しい。

C 一定程度のリスクを有する母や妊婦の情報を把握した場合は，ネグレクトが生じる可能性のある事例として関係者間で共有するなどし，その家庭を見守り，慎重に対応していくことが重要である。

【Ⅱ群】

ア 地方自治体　　イ 児童相談所　　ウ 医療機関　　エ 家族

	A	B	C
①	ウ	イ	ア
②	エ	イ	ウ
③	ウ	エ	イ
④	ア	ウ	イ
⑤	イ	ウ	ア

⑯ 次の(a)〜(d)の下線部のうち，保育所の状況における内容として，正しいものを○，誤ったものを×とした場合の正しい組み合わせを，あとの①〜⑤から1つ選びなさい。
（難易度■■□□□）

「保育所等関連状況取りまとめ(令和6年4月1日)」によると，保育所等利用定員は304万人であり，前年比0.6万人の(a)減少となっている。また，保育所等を利用する児童の数は271万人であり，前年比1.2万人の(b)増加である。年齢区分別待機児童数を見てみると，(c)3歳未満児が全体の91.1％を占める。そのうち，特に(d)0・1歳児(2,178人(84.8％))が多い。

292

保育の現状

	(a)	(b)	(c)	(d)
①	○	×	○	×
②	○	×	○	○
③	×	○	○	×
④	○	×	×	○
⑤	×	○	×	○

17 保育所等に関する記述として適切なものを，次の①～⑤から1つ選びなさい。　　　　　　　　　　　　　　　　　　　　　　（難易度■■■■■）

① 保育所等数は平成27年度から令和6年度まで，平成28年に一度減少に転じた以外は増加しつづけている。

② 保育所の定員は，平成27年度から令和6年度まで，増加し続けている。

③ 保育所等利用児童数は，平成27年度から令和5年度まで増加し続けていたが，令和6年度では減少した。

④ 保育所等待機児童数は，令和2年度に1万人を切った。

⑤ 保育利用率は平成26年度以降，増加しつづけている。

18 認可保育所に関する記述として適切なものを，次の①～⑤から1つ選びなさい。　　　　　　　　　　　　　　　　　　　　　　　（難易度■□□□□）

① 保育所，幼稚園ともに児童福祉施設である。

② 対象児童は保育所が0歳から就学前の保育を必要とする児童であるのに対し，幼稚園は満3歳から就学前の幼児である。

③ 入所は保育所，幼稚園とも市町村と保護者との契約によって決定する。

④ 幼稚園には春，夏，冬休みがあるが，保育所の休みとなるのは基本的に祝祭日に限られている。

⑤ 保育所や認定こども園を管轄するのは厚生労働省，幼稚園を管轄するのは文部科学省である。

19 児童福祉施設の設備及び運営に関する基準に規定された保育所の設備の基準として適切なものを，次の①～⑤から1つ選びなさい。

（難易度■■□□□）

① 乳児又は満2歳に満たない幼児を入所させる保育所には，乳児室，医務室，調理室及び便所を設けること。

293

専門試験

② 乳児室の面積は，乳児又は満2歳に満たない幼児1人につき3.3平方メートル以上であること。

③ 満2歳以上の幼児を入所させる保育所には，保育室又は遊戯室，屋外遊戯場，調理室及び便所を設けること。

④ 保育室又は遊戯室の面積は満2歳以上の幼児1人につき，3.3平方メートル以上であること。

⑤ 保育室には，保育に必要な用具を備えること。

⑳ 次の(a)〜(d)の下線部のうち，医療的ケア児における状況として，正しいものを○，誤ったものを×とした場合の正しい組み合わせを，あとの①〜⑤から1つ選びなさい。　　　　　　　　　　　(難易度■■□□□)

医療的ケア児とは，医学の進歩を背景として，NICU等に長期入院した後，引き続き人工呼吸器や胃ろう等を使用し，たんの吸引や経管栄養などの医療的ケアが(a)<u>日常的</u>に必要な児童のことである。全国の医療的ケア児(在宅)は推計約2万人とされている。医療的ケア児の支援に向けた主な取組としては，医療的ケア児(b)<u>保育支援事業</u>があげられる。保育所等において医療的ケアを必要とする子どもの受入体制の整備を推進するため，(c)<u>医師</u>等の配置や(d)<u>看護師</u>等の喀たん吸引等に係る研修の受講等への支援を実施する。

	(a)	(b)	(c)	(d)
①	○	×	○	×
②	○	○	×	×
③	×	×	○	×
④	○	○	×	○
⑤	×	○	×	○

㉑ 次のA〜Dの文のうち，多様な保育状況に関する記述として，適切な記述を○，不適切な記述を×とした場合の正しい組み合わせを，あとの①〜⑤から1つ選びなさい。　　　　　　　　　　　(難易度■■□□□)

A　夜間保育は，夜間，保護者の就労等により保育に欠ける児童の保育を実施することであり，おおよそ午後10時までとされている。

B　延長保育事業は，就労形態の多様化等に伴い，やむを得ない理由により，保育時間を延長するものであり，年々実施か所は増加している。

C　病児保育事業は，子どもが病気で自宅での保育が困難な場合に，病院

294

保育の現状

や保育所等で病気の児童を一時的に保育する事業である。

D　障害児保育は，平成22年には13,950か所で行われており，令和4年度には21,874か所で行われ，増加している。

```
    A   B   C   D
①  ○   ○   ×   ○
②  ○   ×   ○   ×
③  ×   ○   ×   ○
④  ○   ×   ○   ○
⑤  ×   ○   ○   ×
```

㉒ 次の(a)～(d)の下線部のうち，外国籍の子どもの状況に関する記述として，正しいものを○，誤ったものを×とした場合の正しい組み合わせを，あとの①～⑤から1つ選びなさい。　　　　　　(難易度■■■■□)

近年，日本に在留する外国人の増加に伴い，外国籍の乳幼児数が増加している。そのため，保育所等においても外国にルーツを持つ子どもの受入れが増加し，(a)英語が通じないことによるコミュニケーションの問題や(b)文化の違いに起因するトラブル，子どもの(c)行動発達の課題など様々な困難に直面する可能性があることが明らかになっている。

```
    (a)  (b)  (c)
①   ×    ×    ○
②   ○    ×    ○
③   ×    ○    ○
④   ○    ×    ×
⑤   ×    ○    ×
```

㉓ 「保育政策の新たな方向性」に関する記述として適切なものを，次の①～⑤から1つ選びなさい。　　　　　　(難易度■■■■□)

①　待機児童の解消を目指し，保育の受け皿を整備する「保育政策の新たな方向性」が令和7年度にスタートした。

②　待機児童問題の早期解消を目指し，待機児童数50名以上の自治体数を令和7年度に0にする。

③　令和6年度に「こども未来戦略」(加速化プラン)に基づき，4・5歳児の職員配置基準を20：1に改善を図った。今後，1歳児の職員配置の改善も

■ 専門試験

進める。

④ 全ての子育て家庭に対して多様な働き方やライフスタイルにかかわらない形での支援を強化するため，こども誰でも通園制度を創設し，令和7年度から制度化，令和8年度から本格実施する。

⑤ 保育現場では手書きやアナログの業務が存続しているが，手続きや管理上ICT化が難しいため，これまで同様にICTの導入は限定的に留める。

㉔ 次のA～Dの文のうち，保育士のキャリアアップに関する記述として，適切な記述を○，不適切な記述を×とした場合の正しい組み合わせを，あとの①～⑤から1つ選びなさい。　　　　　　　　(難易度■■■□□)

A 保育士等キャリアアップ研修とは，保育現場におけるリーダー的職員の育成に関する研修である。

B 研修時間は，1分野15時間以上とされており，研修終了後には，修了証が交付される。

C 研修実施機関は各園であり，園内研修などが含まれる。

D 専門分野別研修・マネジメント研修・保育実践研修の3つの研修分野があり，すべてを受講しなければいけない。

	A	B	C	D
①	○	○	×	○
②	○	×	○	×
③	×	○	×	○
④	×	×	○	○
⑤	○	○	×	×

㉕ 子どもや家族を支える施設や機関，法律等として適切でないものを，次の①～⑤から1つ選びなさい。　　　　　　　　(難易度■■□□□)

① 各市町村などに設置されている子育て支援センターでは，子育て中の親が集う場を提供したり，様々な相談活動などを実施したりしている。

② 子育てを巡る様々な課題を解決するために，「子ども・子育て支援法」という法律が平成24年に公布された。

③ 幼稚園と保育所は，厚生労働省所管の児童福祉施設である。

④ 保護者が労働等により昼間家庭にいない児童(小学生)が，放課後に小学校の余裕教室，児童館等で過ごすことができるようにしている取組と

保育の現状

して，放課後児童クラブがある。

⑤　認定こども園とは，保育所と幼稚園の機能を併せ持つ施設である。0歳から就学前までのすべての乳幼児が対象となる。

26 次の(a)～(d)の下線部のうち，認可外保育施設における状況に関する記述として，正しいものを○，誤ったものを×とした場合の正しい組み合わせを，あとの①～⑤から1つ選びなさい。　（難易度■■■■□）

「認可外保育施設」とは，児童福祉法に基づく認可を受けていない(a)ベビーホテルなどの保育施設のことである。届出対象の認可外保育施設数は令和5年3月現在全国に19,955か所あり，前年の令和4年度よりも(b)減少している。就学前入所児童数は226,985人であり，その他に両親が夜間働いているなどの理由で認可外保育施設を利用している(c)幼児も8,842人いる。最も多く認可外保育施設が設置されている都道府県は(d)神奈川県である。

　　　(a)　(b)　(c)　(d)
① 　○ 　× 　○ 　×
② 　○ 　○ 　× 　×
③ 　× 　× 　○ 　×
④ 　○ 　○ 　× 　○
⑤ 　× 　○ 　× 　○

27 次のア～オの文のうち，「少子化社会対策大綱～新しい令和の時代にふさわしい少子化対策へ～」(令和2年5月29日閣議決定)で示されている基本的な考え方に関する記述として，正しい記述の組み合わせを，あとの①～⑤から1つ選びなさい。　（難易度■■■□□）

ア　結婚・子育て世代が将来にわたる展望を描ける環境をつくる
イ　多様化する子育て家庭の様々なニーズに応える
ウ　家庭内の事情に応じたきめ細かな取組を進める
エ　結婚，妊娠・出産，子供・子育てに温かい社会をつくる
オ　特別給付金制度など新たなリソースを積極的に活用する

　①　ア，イ，エ　　②　ア，ウ，オ　　③　イ，ウ　　④　イ，エ，オ
　⑤　ウ，オ

297

専門試験

1 ⑤
解説

2006年から合計特殊出生率の上昇傾向が続き，2015年は1.46で上昇傾向が続いていたが，2023年は1.20で8年連続で下がり続け過去最低となっている。晩産化や結婚をしない人が増えている影響が大きいとされている。

2 ④
解説

① 人口が長期的・安定的に維持される人口置換水準が2.1であり，それを合計特殊出生率が相当長期間下回っている状態を少子化という。
② 1960年代は，日本より欧米のほうが合計特殊出生率は高かった。1970年代に急激に低下し，1980年代前半にほぼ日本と同水準となった。
③ 韓国，台湾，シンガポールなどのNIESでも少子化が問題となっている。むしろ日本より急激な少子化傾向にある。
④ 適切。1966(昭和41)年は丙午にあたっていたため，出産抑制がおきた。それを下回ったため，「1.57ショック」といわれた。
⑤ 過去最低を記録したのち，やや増加に転じ，2010(平成22)年，2015(平成27)年は1.46まで上昇したが翌年から減少し続けている。

3 ①
解説

A 適切。夫婦のみの世帯は863万5千世帯(65歳以上の者のいる世帯の32.0%)で最も多い。
B 適切。児童のいる世帯18.1%のうち，一人っ子が最も多く8.8%，2人が7.2%，3人以上が2.1%である。
C 適切。2023年では8割以上が児童のいない世帯である。
D 不適切。児童が生活する三世代世帯は，1986年では468万8千世帯(27.0%)，2023年では110万5千世帯(同11.2%)となっており，減少している。

4 ③
解説

(a) 誤り。正しくは「低下傾向」である。

保育の現状

(b), (c)　正しい。上昇した理由には，保育サービスの充実や子育て・就労に関する選択肢の増加などが原因として考えられるが，根本的な解決にはならなかった。

(d)　誤り。正しくは，「韓国」である。シンガポールは1970年には4を超えていたが，2020年は1.10である。また韓国は，1975年に3.3程度であったが，2020年には0.84であり，世界で最速で0人台になった。これはOECD加盟の38か国でも韓国だけである。

⑤ ①
解説

　2019年の出生数が90万人を割り込み，「86万ショック」とも呼ぶべき危機的な少子化の進展が浮き彫りになった。深刻さを増す少子化の問題は，社会経済に多大な影響を及ぼし，新型コロナウイルス感染症を乗り越えた先にも存在し続ける国民共通の困難である。この困難に真正面から立ち向かい，子供や家族が大事にされる社会への転換が急務となっている。こうした少子化の問題に取り組むための基本方針として，2020年5月29日に新たな少子化社会対策大綱が閣議決定された。新たな大綱では，基本的な目標として「希望出生率1.8」の実現に向け，令和の時代にふさわしい環境を整備し，国民が結婚，妊娠，出産，子育てに希望を見出せるとともに，男女が互いの生き方を尊重し，主体的な選択により，希望する時期に結婚でき，かつ，希望するタイミングで希望する数の子どもを持てる社会をつくることを掲げている。基本的な考え方の残り1つは「結婚・子育て世代が将来にわたる展望を描ける環境をつくる」である。

⑥ ③
解説

①　適切。子ども・子育て支援新制度の中で，地域の実情に応じて設置される幼稚園・保育所の両方の機能を併せ持った施設である。

②　適切。もっとも多く設置されているタイプは幼保連携型であり，令和4年まででは全体のおよそ70％以上を占める。ついで，保育所型，幼稚園型，地方裁量型である。

③　不適切。幼保連携型では保育士資格と幼稚園教諭免許の併有が求められているが，一定の経過措置がある。他のタイプでは満3歳児未満の保育には保育士資格が必要とされている。

専門試験

④ 適切。認定こども園の数は，令和元年7,208，令和2年8,016，令和3年8,585，令和4年9,220，令和5年9,822，令和6年10,483と増加を続けている。

⑤ 適切。保育所型は，「保育が必要な子ども以外の子どもも受け入れるなど，幼稚園的な機能を備えることで認定こども園としての機能を果たすタイプ」である。

7 ①
解説

① 不適切。認定こども園は，就学前の子どもに幼児教育・保育と提供する機能と地域における子育て支援を行う機能を備え，認定基準を満たした施設(幼稚園，保育所など)が都道府県から認定を受ける。

②，③ 適切。認定こども園の機能は「就学前の乳幼児に幼児教育・保育を提供」「地域における子育て支援」の2つである。

④ 適切。都道府県に担当部署を設けることも推進されている。

⑤ この4つのタイプが地域の実情に応じて設置されている。東京都，山口県，福岡県では幼稚園型が多いが，長野県，島根県では保育所型が多い。その他の道府県は幼保認定型が多い(令和4年4月1日現在　認定こども園の数)。

8 ③
解説

2020年4月の待機児童数は，前年より減少している。待機児童が減少した原因として，保育の受け皿が拡充したことや，新型コロナウイルス感染症を背景とした利用控えが考えられている。

9 ①
解説

① 適切。ただし，入所可能な保育所があるにもかかわらず，第1志望の保育所に入所するため待機している児童などはあてはまらない。

② エンゼルプランの策定後も様々な対策が継続的に講じられ，待機児童数は増減している。2010(平成22)年に「子ども・子育てビジョン」が制定された後，待機児童は2011(平成23)年から2014(平成26)年にかけて減少した。2015(平成27)年以降待機児童数は増加していたが，2017年(平成29年)をピークに減少している。

③ 待機児童は都市部に多く見られる状況にあり，全体の約6割を占めてい

保育の現状

　④　待機児童は1・2歳児に多く全体の85.1％を占めており，1・2歳児の受け皿拡大を中心に対策を進めていく方針である。
　⑤　2020(令和2)年に策定されたのは「新・子育て安心プラン」，「子育て安心プラン」は2017(平成29)年に策定。

 ②
解説

A　全国保育士倫理綱領の一部である。
B　児童福祉法「第1章　総則」の第1条である。
C　保育所保育指針「第1章　総則」の「1　保育所保育に関する基本原則」の「(1)保育所の役割」である。

 ②
解説

A　適切。これまで段階的に推進してきた取組を一気に加速し，令和元年通常国会(第198回国会)において，「子ども・子育て支援法の一部を改正する法律(令和元年法律第7号)」が成立した。これを受けて，令和元年10月の消費税率引上げによる財源を活用することにより，幼児教育・保育の無償化が実現した。
B　不適切。20歳代や30歳代の若い世代が理想の子供数を持たない理由は，「子育てや教育にお金がかかり過ぎるから」という経済的理由が最大の理由である。
C　適切。
D　不適切。障害児の発達支援も無償化となった。

 ⑤
解説

　子供がいる現役世帯のうち大人一人の世帯の貧困率は，2009年が最も「高い値」である。問題文グラフ(2)のひとり親家庭の平均所得は，他の世帯と比べて大きく下回っており，子供の大学進学率も低い状況にある(全世帯が73.0％であるのに対し，ひとり親家庭は58.5％)。家庭の経済状況等によって，進路の選択肢が限定されることのないように様々な支援が求められている。

301

専門試験

⓭ ①
解説

　令和元年6月に成立した児童福祉法等の改正法において，体罰が許されないものであることが法定化され，令和2年4月から施行された。

A　しつけについての説明である。

B　体罰についての説明である。保護者が「しつけ」と称して暴力・虐待を行い，子どもの死亡に至る等の重篤なケースにつながるという背景から，両者の定義が明確にされた。

C　子どもの権利侵害についての説明である。すべての子どもが健やかに成長・発達し，その自立が図られる権利が保障されている。また，保護者は子どもを心身ともに健やかに育成することについて，第一義的責任を負うことが平成28年の児童福祉法の改正によって明確になっている。

⓮ ①
解説

A，B　適切。子ども自身も家庭も「ヤングケアラー」だという自覚がない場合もあり，その把握は困難である。

C　不適切。正しくは，「日常的に」である。

D　適切。障害のある家族に代わり家事をしたり，幼いきょうだいや障害児者の身の回りの世話を日常的にしているため，学業や友人関係に使える時間が少なくなっている。

⓯ ④
解説

A　地方自治体についての説明である。そのほかにも，「妊娠・出産や避妊に関する知識の提供，内容及びそれら知識を獲得できる機会の充実等」があげられている。

B　医療機関についての説明である。同居中の祖父母を含め，周囲に妊娠を告げることが少ないため，把握が難しい。

C　児童相談所についての説明である。担当者がネグレクトに関する正しい知識を持ち，正しくアセスメントを行うことが支援の第一歩として重要である。

保育の現状

 ①
解説
(a) 適切。
(b) 不適切。正しくは「減少」である。
(c) 適切。
(d) 不適切。正しくは「1・2歳児」である。

 ⑤
解説
以下の数値は全て「保育所等関連状況取りまとめ」(こども家庭庁、令和6年8月30日)による。
① 平成27年度から順に、28,783カ所、30,859カ所、32,793カ所、34,763カ所、36,345カ所、37,652カ所、38,666カ所、39,244カ所、39,589カ所、39,805カ所と増加を続けており、1度も減少していない。
② 保育所に限れば定員は平成27年から令和5年にかけて平成31年から令和2年を除き減少している。
③ 保育所等利用児童数は令和3年まで増加していたが、令和4年度から減少に転じている。
④ 保育所等待機児童数は令和2年は12,439人、令和3年は5,634人、令和4年は2,944人、令和5年は2,680人、令和6年は2,567人となっている。
⑤ 適切。

 ②
解説
① 保育所は児童福祉施設だが、幼稚園は学校教育法に位置づけられており、学校という扱いになる。
② 適切。保育所が「保育を必要とする児童」すなわち、親の就労など入所に条件があるのに対し、幼稚園や認定こども園は誰でも利用できる。
③ 保育所は市町村と保護者との契約だが、幼稚園は幼稚園と保護者の契約による。②の解説でも述べたとおり、保育所への入所は条件があるが、幼稚園はだれでも入れるので、希望する幼稚園と保護者が直接契約すればよい。
④ 保育所は「保育を必要とする児童」を預かる施設なので、春、夏、冬休みがないだけでなく、休日、祝祭日にも対応する。

■ 専門試験

⑤　2023年3月まで，認定こども園は内閣府，保育所は厚生労働省，幼稚園
は文部科学省の管轄であった。2023年4月のこども家庭庁創設にともな
い，認定こども園と保育所はこども家庭庁の成育部門に移管された。

19 ③
解説

① 「乳児室」ではなく，「乳児室又はほふく室」である。児童福祉施設の
設備及び運営に関する基準第32条第一号に規定されている。

② 「3.3平方メートル」ではなく，「1.65平方メートル」。同条第二号に規定
されている。なお，「3.3平方メートル」はほふく室についての基準で，
同条第三号に規定されている。

③ 適切。同条第五号に規定されている。なお，屋外遊戯場には，保育所
付近にある屋外遊技場に代わるべき場所を含む。

④ 同条第六号の規定で，「保育室又は遊戯室の面積は，前号の幼児1人に
つき1.98平方メートル以上，屋外遊戯場の面積は，前号の幼児1人につき
3.3平方メートル以上であること」となっている。

⑤ 「保育室」ではなく，「保育室又は遊戯室」。同条第七号に規定されてい
る。

20 ②
解説

(a)　適切。日常的なケアを医療機関から在宅へ，そして保育の場でも支援
する。

(b)　適切。乳幼児期にはこのほかにも，「医療的ケア児支援センター」の設
置などの医療的ケア児総合支援事業や妊娠期から子育て期にわたる切れ
目のない支援のための子育て世代包括支援センターなどがある。

(c)　不適切。正しくは看護師である。

(d)　不適切。正しくは保育士である。

21 ④
解説

A　適切。令和5年度では，全国73か所の保育所で夜間保育が実施されてい
る。

B　不適切。実施か所数は令和元年度29,463か所，令和2年度28,425か所，
令和3年度29,277か所，令和4年度29,535か所で実施されている。

304

保育の現状

C　適切。
D　適切。多様な保育は，このほかにも医療的ケア児の保育や一時預かり事業がある。

 ⑤
解説

(a)　不適切。正しくは「言語が通じないことによるコミュニケーション」である。英語だけにはとどまらない。
(b)　適切。宗教や食文化，保育や教育に対する考え方などがあげられる。
(c)　不適切。正しくは「言語発達」である。家庭では外国にルーツをもつ言語，保育所では日本語を主として使用するため，子どもの言語発達への課題がある。

 ④
解説

①　「保育政策の新たな方向性」は，待機児童対策を中心とした「保育の量の拡大」から，「地域のニーズに対応した質の高い保育の確保・充実」と，「全てのこどもの育ちと子育て家庭を支援する取組の推進」に政策の軸を転換した。
②　正しくは「令和8年度」に0自治体にすることを目指している。
③　正しくは「25：1」。従前の基準が「30：1」だったものを「25：1」とした。
④　適切。
⑤　保育DXの推進による業務改善を掲げており，保育現場におけるICT(保育に関する計画・記録や保護者との連絡，こどもの登降園管理等の業務，実費徴収等のキャッシュレス決済)や，こどもの安全対策に資する設備(午睡センサー・AI見守りカメラ)等の導入を推進する。

 ⑤
解説

A　適切。保育現場では，初任後から中堅までの職員が，多様な課題への対応や若手の指導等を行うリーダー的な役割を果たしており，こうした職務内容に応じた専門性の向上を図るための研修機会である。
B　適切。指定保育士養成施設の教員又は研修内容に関して，十分な知識及び経験を有すると都道府県知事が認める者が講師として配置される。

専門試験

C　不適切。都道府県又は都道府県知事の指定した研修実施機関が実施できる。

D　不適切。専門分野研修はリーダー的職員育成のため，マネジメント研修はミドルリーダーを担う保育士の育成のため，保育実践研修は実習経験の少ない者や潜在保育士が対象になっている。

㉕ ③

解説

③が誤りであり，幼稚園は文部科学省の管轄，保育園は厚生労働省の管轄である。②に関して，平成24年「子ども・子育て支援法」によって，「認定こども園」が開設された。更に平成27年4月，内閣府は「子ども・子育て支援新制度」を立ち上げ，認定こども園の改善や居宅訪問型保育，家庭的保育，小規模保育，事業所内保育の地域型保育事業を創設した。

㉖ ②

解説

(a)　適切。ベビーホテルの他に，院内保育施設を含む事業所内保育施設，ベビーシッターなどの認可外の居宅訪問型保育事業等である。

(b)　適切。令和4年度20,058か所であり，103か所減少している。

(c)　不適切。正しくは「小学校就学児」である。

(d)　不適切。正しくは「東京都」である。東京都の認可外保育施設数は3,586か所，次いで千葉県が592か所，埼玉県が484か所である。しかし，指定都市別では神奈川県横浜市が最も多く751か所である。

㉗ ①

解説

「少子化社会対策大綱」は，少子化社会対策基本法に基づく総合的かつ長期的な少子化に対処するための施策の指針で，2004年，2010年，2015年に続く第4次の大綱である。基本的な目標として，「希望出生率1.8」の実現に向け，令和の時代にふさわしい環境を整備し，国民が結婚，妊娠・出産，子育てに希望を見出せるとともに，男女が互いの生き方を尊重しつつ，主体的な選択により，希望する時期に結婚でき，かつ，希望するタイミングで希望する数の子供を持てる社会をつくる。結婚，妊娠・出産，子育ては個人の自由な意思決定に基づくものであり，個々人の決定に特定の価値観を押し付けたり，プレッシャーを与えたりすることがあってはならないこ

306

とに十分留意する。**ウ**は「家庭内の事情」ではなく「地域の実情」，**オ**は「特別給付金制度」ではなく「科学技術の成果」である。

第12章

論作文試験対策

■ 論作文試験対策

1.「論作文試験」とはなにか
▮▶「論作文試験」を実施する目的

かつて18世紀フランスの博物学者，ビュフォンは「文は人なり」と言った。その人の知識・教養・思考力・思考方法・人間性などを知るには，その人が書いた文章を見るのが最良の方法であるという意味だ。

知識の質・量を調べる筆記試験の教養試験だけでは，判定しがたい受験生の資質をより正確にとらえるため，あるいは受験生の公務員としての適性を判断するため，多角的な観点から考査・評価を行う必要がある。

そのため論作文試験は，公務員採用試験のみならず，一般企業でも重視されているわけだが，とりわけ公務員の場合は，行政の中核にあって多様な諸事務を処理して国民に奉仕するという職務柄，人物試験(面接)とともに近年は一層重視されているのが現状だ。しかも，この傾向は，今後もさらに強くなると予想される。

同じ国語を使って，同じように制限された字数，時間の中で同じテーマの論作文を書いても，その論作文はまったく違ったものになる。おそらく学校で，同じ先生に同じように文章指導を受けたとしても，そうなるだろう。その違いのなかにおのずと受験生の姿が浮かび上がってくることになる。

採用側からみた論作文試験の意義をまとめると，次のようになる。

〈公立保育士としての資質を探る〉

公立保育士というのは，公務員として公務に従事し，地域住民に直接に接する機会も多い。民間企業の場合は，新入社員研修が何ヶ月もかけて行われることもあるが，公務員の場合は，ほとんどが短期間のうちに現場の真っ只中に入ることになる。したがって自立性や創造力などの資質を備えた人物が求められるわけで，論作文試験を通じて，そのような資質を判定することになる。

〈総合的な知識・理解力を知る〉

論作文試験によって，公立保育士として必要な言語能力・文章表現能力を判定することや，公立保育士として職務を遂行するのにふさわしい基礎的な知識の理解度や実践への応用力を試すことができる。

換言すれば，日本語を文章として正しく表現するための常識や，これまでの学校教育などで得た政治や経済などの一般常識を今後の実践の中でどれほ

論作文試験対策

ど生かすことができるか，などの総合的な知識・理解力の判定をもしようということである。

〈思考過程・論理の構成力を知る〉

　教養試験は，出題の質が総括的・分散的になりがちである。いわば「広く浅く」が出題の基本となりやすい。これでは受験生の思考過程や論理の構成力を判定することは不可能である。その点，論作文試験ではひとつの重要な課題に対する奥深さを判定しやすい。

〈受験生の人柄・人間性の判定〉

　人物試験(面接)と同様に，受験生の人格・人柄を判定しやすい。これは，文章の内容からばかりではなく，文章の書き方，適切な語彙の使用，誤字・脱字の有無，制限字数への配慮，文字の丁寧さなどからも判断される。

　論作文試験には，以上のような意義があるのだ。

■▶「論作文試験」の実施状況

　公務員採用試験全体における人物重視の傾向とあいまって，前述したように論作文試験も重視される傾向にある。地方公務員の場合，試験を実施する都道府県・市町村などによって異なるが，行政事務関係はほぼ実施しており，公立保育士でも重要度は増してきている。

■▶ 字数制限と時間制限

　最も一般的な字数は800字程度である。地方公務員の場合，最も少ないところが400字，最高が1,600字と大きく開きがある。

　時間制限は，60〜90分，あるいは120分というのが一般的である。この時間は，けっして充分なものではない。試しにストップウォッチで計ってみると，他人の論作文を清書するだけでも，600字の場合なら約15分程度かかることがわかる。テーマに即して，しかも用字・用語に気を配って書くということになると，かなりのスピードが要求されるわけである。情報を整理し，簡潔に説明できる力を養う必要があるだろう。

■▶「論作文試験」の評価の基準

　採用試験の答案として書く論作文なので，その評価基準を意識して書くこ

311

論作文試験対策

とも大切である。しかし，公務員採用試験における論作文の評価の基準は，いずれの自治体などでも公表しておらず，今後もそれを期待することは難しいだろう。

ただ，過去のデータなどから手掛りとなるものはあるので，ここではそれらを参考に，一般的な評価基準を考えてみよう。

【形式的な面からの評価】

　①　表記法に問題はないか。

　②　文脈に応じて適切な語句が使われているか。

　③　文(センテンス)の構造，語句の照応などに問題はないか。

【内容的な面からの評価】

　①　テーマを的確に把握しているか。

　②　自分の考え方やものの見方をまとめ，テーマや論旨が明確に表現されているか。

　③　内容がよく整理され，段落の設定や論作文の構成に問題はないか。

【総合的な面からの評価】

　①　公務員に必要な洞察力や創造力，あるいは常識や基礎学力は十分であるか。

　②　ものの見方や考え方が，公務員として望ましい方向にあるか。

おおよそ以上のような評価の視点が考えられるが，これらはあらゆるテーマに対して共通しているということではない。それぞれのテーマによってそのポイントが異なり，また，実施する自治体などによっても，このうちのどれに重点を置くかが異なってくる。

2.「論作文試験」の事前準備
▶ 試験の目的を理解する

　論作文試験の意義や評価の目的については前述したように，試験の準備を進めるためには，まずそれについてよく考え，理解を深めておく必要がある。その理解が，自分なりの準備方法を導きだすことにつながるのである。

　例えば，あなたに好きな人がいたと仮定しよう。ラブレター(あるいはメール)を書きたいのだが，あいにく文章は苦手である。文章の上手い友人に代筆を頼む手段もあるが，これでは真心は通じない。そこで，便せんいっぱいに「好きだ，好きだ，好きだ，好きだ，好きだ，好きだ」とだけ書いたとする。それで十分に情熱を伝えることができるし，場合によっては，どんな名文を

書き連ねるよりも最高のラブレターになることさえある。あるいはサインペンで用紙いっぱいに一言「好き」と大書して送ってもいい。個人対個人間のラブレターなら、それでもいいのである。つまり、その目的が、「好き」という恋心を相手にだけわかってもらうことにあるからだ。

文章の長さにしてもそうで、例えばこんな文がある。

「一筆啓上　火の用心　お仙泣かすな　馬肥やせ」

これは徳川家康の家臣である本多作左衛門重次が、妻に宛てた短い手紙である。「一筆啓上」は「拝啓」に当たる意味で、「お仙泣かすな」は重次の唯一の子どもであるお仙(仙千代)を「泣かしたりせず、しっかりと育てなさい」と我が子をとても大事にしていたことがうかがえる。さらに、「馬肥やせ」は武将の家には欠くことのできない馬について「いざという時のために餌をしっかり与えて大事にしてくれ」と妻へアドバイスしている。短いながらもこの文面全体には、家族への愛情や心配、家の主としての責任感などがにじみ出ているかのようだ。

世の中にはもっと短い手紙もある。フランスの文豪ヴィクトル・ユーゴーは『レ・ミゼラブル』を出版した際にその売れ行きが心配になり、出版社に対して「？」と書いただけの手紙を送った。すると出版社からは「！」という返事が届いたという。意味がおわかりだろうか。これは、「売れ行きはどうか？」「すごく売れていますよ！」というやりとりである。前提になる状況と目的によっては、「？」や「！」ひとつが、幾千万の言葉よりも、意思と感情を的確に相手に伝達することもあるのだ。

しかし、論作文試験の場合はどうだろうか。「公立保育士を志望した動機」というテーマが出題されたと仮定しよう。「私は公立保育士になりたい、私は公立保育士になりたい、私は公立保育士になりたい、……」と600字分書いても、評価されることはないだろう。

つまり論作文というのは、人物試験を兼ねあわせて実施されるものである。この意義や目的を忘れてはいけない。しかも公務員採用試験の場合と民間企業の場合では、求められているものに違いもある。

民間企業の場合でも業種によって違いがある。ということは、それぞれの意義や目的によって、対策や準備方法も違ってくるということである。これを理解した上で、自分なりの準備方法を見つけることが大切である。

論作文試験対策

▶ 文章を書く習慣を身につける

　多くの人は「かしこまった文章を書くのが苦手」だという。携帯電話やパソコンで気楽なメールを頻繁にしている現在では，特にそうだといえる。論作文試験の準備としては，まずこの苦手意識を取り除くことが必要だろう。

　文章を書くということは，習慣がついてしまえばそれほど辛いものではない。習慣をつけるという意味では，第一に日記を書くこと，第二に手紙を書くのがよい。

〈「日記」を書いて筆力をつける〉

　実際にやってみればわかることだが，日記を半年間書き続けると，自分でも驚くほど筆力が身につく。筆力というのは「文章を書く力」で，豊かな表現力・構成力，あるいはスピードを意味している。日記は他人に見せるものではないので，自由に書ける。材料は身辺雑事・雑感が主なので，いくらでもあるはずである。この「自由に書ける」「材料がある」ということが，文章に慣れるためには大切なことなのだ。パソコンを使ってブログで長い文章を書くのも悪くはないが，試験本番はキーボードが使えるわけではないので，リズムが変わると書けない可能性もある。やはり紙にペンで書くべきだろう。

〈「手紙」を書いてみる〉

　手紙は，他人に用件や意思や感情を伝えるものである。最初から他人に読んでもらうことを目的にしている。ここが日記とは根本的に違う。つまり，読み手を意識して書かなければならないわけだ。そのために，一定の形式を踏まなければならないこともあるし，逆に，相手や時と場合によって形式をはずすこともある。感情を全面的に表わすこともあるし，抑えることもある。文章を書く場合，この読み手を想定して形式や感情を制御していくということは大切な要件である。手紙を書くことによって，このコツに慣れてくるわけだ。

　「おはよー，元気？　今日も超寒いけど……」

　「拝啓，朝夕はめっきり肌寒さを覚える今日このごろですが，皆々様におかれましては，いかがお過ごしかと……」

　手紙は，具体的に相手(読み手)を想定できるので，書く習慣がつけば，このような「書き分ける」能力も自然と身についてくる。つまり，文章のTPOといったものがわかってくるのである。

314

論作文試験対策

〈新聞や雑誌のコラムを写してみる〉

　新聞や雑誌のコラムなどを写したりするのも，文章に慣れる王道の手段。最初は，とにかく書き写すだけでいい。ひたすら，書き写すのだ。ペン習字などもお手本を書き写すが，それと同じだと思えばいい。ペン習字と違うのは，文字面をなぞるのではなく，別の原稿用紙などに書き写す点だ。

　とにかく，こうして書き写すことをしていると，まず文章のリズムがわかってくる。ことばづかいや送り仮名の要領も身につく。文の構成法も，なんとなく理解できてくる。実際，かつての作家の文章修業は，こうして模写をすることから始めたという。

　私たちが日本語を話す場合，文法をいちいち考えているわけではないだろう。接続詞や助詞も自然に口をついて出ている。文章も本来，こうならなければならないのである。そのためには書き写す作業が一番いいわけで，これも実際にやってみると，効果がよくわかる。

　なぜ，新聞や雑誌のコラムがよいかといえば，これらはマスメディアによる文章だからである。不特定多数の読み手を想定して書かれているために，一般的なルールに即して書かれていて，無難な表現であり，クセがない。公務員採用試験の論作文では，この点も大切なことなのだ。

　たとえば雨の音は，一般的に「ポツリ，ポツリ」「パラ，パラ」「ザァ，ザァ」などと書く。ありふれた表現だが，裏を返せばありふれているだけに，だれにでも雨の音だとわかるはず。「朝から，あぶないな，と思っていたら，峠への途中でパラ，パラとやってきた……」という文章があれば，この「パラ，パラ」は雨だと想像しやすいだろう。

　一方，「シイ，シイ」「ピチ，ピチ」「トン，トン」「バタ，バタ」，雨の音をこう表現しても決して悪いということはない。実際，聞き方によっては，こう聞こえるときもある。しかし「朝から，あぶないな，と思っていたら，峠への途中でシイ，シイとやってきた……」では，一般的には「シイ，シイ」が雨だとはわからない。オノマトペの表現には特に注意が必要である。

　論作文は，作家になるための素質を見るためのものではないから，後者では論作文執筆力は鍛えられない。受験論作文の練習に書き写す場合は，マスコミのコラムなどが適切な題材なのである。

〈考えを正確に文章化する〉

　頭の中では論理的に構成されていても，それを文章に表現するのは意外に

315

難しい。主語が落ちているために内容がつかめなかったり，語彙が貧弱で，述べたいことがうまく表現できなかったり，思いあまって言葉足らずという文章を書く人は非常に多い。文章は，記録であると同時に伝達手段である。メモをとるのとは違うのである。

　論理的にわかりやすい文章を書くには，言葉を選び，文法を考え，文脈を整え，結論と課題を比較してみる……，という訓練を続けることが大切だ。しかし，この場合，一人では評価が甘く，また自分では気づかないこともあるので，友人や先輩，国語に詳しい恩師など，第三者の客観的な意見を聞くと，正確な文章になっているかどうかの判断がつけやすい。

〈文章の構成力を高める〉

　正確な文章を書こうとすれば，必ず文章の構成をどうしたらよいかという問題につきあたる。文章の構成法については後述するが，そこに示した基本的な構成パターンをしっかり身につけておくこと。一つのテーマについて，何通りかの構成法で書き，これをいくつものテーマについて繰り返してみる。そうしているうちに，特に意識しなくてもしっかりした構成の文章が書けるようになるはずだ。

〈制限内に書く感覚を養う〉

　だれでも時間をかけてじっくり考えれば，それなりの文章が書けるだろう。しかし，実際の試験では字数制限や時間制限がある。練習の際には，ただ漫然と文章を書くのではなくて，字数や時間も実際の試験のように設定したうえで書いてみること。

　例えば800字以内という制限なら，その全体量はどれくらいなのかを実際に書いてみる。また，全体の構想に従って字数(行数)を配分すること。時間制限についても同様で，60分ならその時間内にどれだけのことが書けるのかを確認し，構想，執筆，推敲などの時間配分を考えてみる。この具体的な方法は後に述べる。

　こうして何度も文章を書いているうちに，さまざまな制限を無駄なく十分に使う感覚が身についてくる。この感覚は，練習を重ね，文章に親しまない限り，身につかない。実際の試験ではそれが極めて有効な力を発揮するのが明らかである。

論作文試験対策

〈手書き文字のバランス，大きさを揃える〉

　読み手の試験官が読みやすいように書くこと。

　罫線のあるノート，レポート用紙で練習した後，罫線がなくても文字を揃えて書く練習を重ねたい。

　漢字の大きさに対して仮名(ひらがな・カタカナ)は8割の大きさ，小さく書く仮名(拗音・促音)は他の仮名の8割程度の大きさとする。漢字も画数の少ない字は多少大き目に書くとバランスよく見える。くせ字の人は，修正しておくこと。

　論作文は鉛筆，シャープペンシルを使うことが許されているが，筆圧には注意しよう。

　論作文の題や氏名その他，当日ペン書きを指定されることもある。試験によっては本文もペン書きと指定される場合もある。就職内定後も多くの公文書などでペン書きを要求される場面も増える。鉛筆での下書きをせずにペンで書くことができるように練習を重ねておくことが大切である。ペン書き指定の場合は黒ボールペン又は黒インク使用である。気温変化によって消える可能性のある筆記具は使用しないこと。

3.「合格答案」作成上の留意点
▌▶ テーマ把握上の注意

　さて，いよいよ試験が始まったとしよう。論作文試験でまず最初の関門になるのが，テーマを的確に把握できるか否かということ。どんなに立派な文章を書いても，それが課題テーマに合致していない限り，試験結果は絶望的である。不幸なことにそのような例は枚挙にいとまがないと言われる。ここでは犯しやすいミスを2，3例挙げてみよう。

〈似たテーマと間違える〉

　例えば「私の生きかた」や「私の生きがい」などは，その典型的なもの。前者が生活スタイルや生活信条などが問われているのに対して，後者はどのようなことをし，どのように生きていくことが，自分の最も喜びとするところかが問われている。このようなニュアンスの違いも正確に把握することが重要である。

■ 論作文試験対策

〈テーマ全体を正確に読まない〉

　課題そのものが長い文章になっている場合，どのような条件を踏まえて何を述べなければならないかを，正確にとらえないまま書き始めてしまうことがある。例えば，下記のようなテーマがあったとする。

　　「あなたが公立保育士になったとき，職場の上司や先輩，地域の人々との
　　人間関係において，何を大切にしたいと思いますか。自分の生活体験をも
　　とに書きなさい」

　①公立保育士になったとき，②生活体験をもとに，というのがこのテーマの条件であり，「上司・先輩，地域の人々との人間関係において大切にしたいこと」というのが必答すべきことになる。このような点を一つひとつ把握しておかないと，内容に抜け落ちがあったり，構成上のバランスが崩れたりする原因になる。テーマを示されたらまず2回はゆっくりと読み，与えられているテーマの意味・内容を確認してから何をどう書くかという考察に移ることが必要だ。

〈テーマの真意を正確につかまない〉

　「今，公立保育士に求められるもの」というテーマと「公立保育士に求められるもの」というテーマを比べた場合，"今" というたった1字があるか否かで，出題者の求める答えは違ってくることに注意したい。言うまでもなく，後者がいわゆる「公立保育士の資質」を問うているのに対して，前者は「現況をふまえたうえで，できるだけ具体的に公立保育士の資質について述べること」が求められているのだ。

　以上3点について述べた。このように示せば誰でも分かる当たり前のことのようだが，試験本番には受け取る側の状況もまた違ってくるはず。くれぐれも慎重に取り組みたいところだ。

▶ 内容・構成上の注意点

〈素材選びに時間をかける〉

　テーマを正確に把握したら，次は結論を導きだすための素材が重要なポイントになる。公務員試験での論作文では，できるだけ実践的・経験的なものが望ましい。現実性のある具体的な素材を見つけだすよう，書き始める前に十分考慮したい。

論作文試験対策

〈全体の構想を練る〉

　次に考えなくてはならないのが文章の構成である。相手を納得させるためにも，また字数や時間配分の目安をつけるためにも，全体のアウトラインを構想しておくことが必要だ。ただやみくもに書き始めると，文章があらぬ方向に行ってしまったり，広げた風呂敷をたたむのに苦労しかねない。

〈文体を決める〉

　文体は終始一貫させなければならない。文体によって論作文の印象もかなり違ってくる。〈です・ます〉体は丁寧な印象を与えるが，使い慣れないと文章がくどくなり，文末のリズムも単調になりやすい。〈である〉体は文章が重々しいが，断定するつもりのない場合でも断定しているかのような印象を与えやすい。

　それぞれ一長一短がある。書きなれている人なら，テーマによって文体を使いわけるのが望ましいだろう。しかし，大概は文章のプロではないのだから，自分の最も書きやすい文体を一つ決めておくことが最良の策だ。

▶▶ 文章作成上の注意点

〈ワン・センテンスを簡潔に〉

　一つの文(センテンス)にさまざまな要素を盛り込もうとする人がいるが，内容がわかりにくくなるだけでなく，時には主語・述語の関係が絡まり合い，文章としてすら成立しなくなることもある。このような文章は論旨が不明確になるだけでなく，読み手の心証もそこねてしまう。文章はできるだけ無駄を省き，わかりやすい文章を心掛けること。「一文はできるだけ簡潔に」が鉄則だ。

〈論点を整理する〉

　論作文試験の字数制限は多くても1,200字，少ない場合は600字程度ということもあり，決して多くはない。このように文字数が限られているのだから，文章を簡潔にすると同時に，論点をできるだけ整理し，特に必要のない要素は削ぎ落とすことだ。これはテーマが抽象的な場合や，逆に具体的に多くの条件を設定してる場合は，特に注意したい。

319

■ 論作文試験対策

〈段落を適切に設定する〉

　段落とは，文章全体の中で一つのまとまりをもった部分で，段落の終わり
で改行し，書き始めは1字下げるのが決まりである。いくつかの小主題をもつ
文章の場合，小主題に従って段落を設けないと，筆者の意図がわかりにくい
文章になってしまう。逆に，段落が多すぎる文章もまた意図が伝わりにく
く，まとまりのない印象の文章となる場合が多い。段落を設ける基準として，
次のような場合があげられる。

①	場所や場面が変わるとき。
②	思考が次の段階へ発展するとき。
③	対象が変わるとき。
④	一つの部分を特に強調したいとき。
⑤	立場や観点が変わるとき。
⑥	同一段落が長くなりすぎて読みにくくなるとき。

　これらを念頭に入れて適宜段落を設定する。

▶ 文章構成後のチェック点

① 　主題がはっきりしているか。論作文全体を通して一貫しているか。課
　　題にあったものになっているか。

② 　まとまった区切りを設けて書いているか。段落は，意味の上でも視覚
　　的にもはっきりと設けてあるか。

③ 　意味がはっきりしない言いまわしはないか。人によって違った意味に
　　とられるようなことはないか。

④ 　一つの文が長すぎないか。一つの文に多くの内容を詰め込みすぎてい
　　るところはないか。

⑤ 　あまりにも簡単にまとめすぎていないか。そのために論作文全体が軽
　　くなっていないか。

⑥ 　抽象的ではないか。もっと具体的に表現する方法はないか。

⑦ 　意見や感想を述べる場合，裏づけとなる経験やデータとの関連性は妥
　　当なものか。

⑧ 　個人の意見や感想を，「われわれは」「私たちは」などと強引に一般化
　　しているところはないか。

⑨ 　表現や文体は統一されているか。

⑩ 　文字や送り仮名は統一されているか。

論作文試験対策

　実際の試験では，こんなに細かくチェックしている時間はないだろうが，練習の際には，一つの論作文を書いたら，以上のようなことを必ずチェックしてみるとよいだろう。

4.「論作文試験」の実戦感覚

　準備と対策の最後の仕上げは，"実戦での感覚"を養うことである。これは"実戦での要領"といってもよい。「要領がいい」という言葉には，「上手に」「巧みに」「手際よく」といった意味と同時に，「うまく表面をとりつくろう」「その場をごまかす」というニュアンスもある。「あいつは要領のいい男だ」という表現などを思い出してみればわかるだろう。

　採用試験における論作文が，論作文試験という競争試験の一つとしてある以上，その意味での"要領"も欠かせないだろう。極端にいってしまえば，「約600字分だけ，たまたまでもすばらしいものが書ければよい」，こう思いがちだ。

　もちろん，本来はそれでは困るし，できることでもないが，とにかく合格して採用されることが先決なので，短時間でその要領をどう身につけるか，実戦ではどう要領を発揮するかも重要である。

▶▶ 時間と字数の実戦感覚

〈制限時間の感覚〉

　公務員試験の論作文試験の平均制限時間は，60分間である。この60分間に文字はどれくらい書けるか。大学ノートなどに，やや丁寧に漢字まじりの普通の文を書き写すとして，速い人で1分間約60字，つまり60分間なら約3,600字。遅い人で約40字/1分間，つまり60分間なら約2,400字。平均3,000字前後と見ておけばよいだろう。400字詰め原稿用紙にして5枚程度。これだけを考えれば，時間はたっぷりある。しかし，これはあくまでも「書き写す」場合であって，論作文している時間ではない。

　構想などが決まったうえで，言葉を選びながら論作文する場合は，速い人で約20字前後/1分間，60分間なら約1,200字前後である。ちなみに，文章のプロたち，例えば作家とか週刊誌の記者とかライターという職業の人たちでも，ほぼこの程度である。構想は別として，1時間に1,200字，400字詰め原稿用紙で3枚程度書ければ，おおよそ職業人として1人前である。言い換えれば，読者が読むに耐えうる原稿を書くためには，これが限度だということである。

321

論作文試験対策

さて，論作文試験に即していえば，もし制限字数600字なら，600字÷20字で，文章をつづる時間は速い人で約30分間ということになる。普通の速さで45分とすれば，テーマの理解，着想，構想，それに書き終わった後の読み返しなどにあてられる時間は，残り15分間。これは実に厳しい時間である。まず，この時間の感覚を，しっかりと頭に入れておこう。

〈制限字数の感覚〉

これも一般には，なかなか感覚がつかめないもの。ちなみに，いま，あなたが読んでいるこの本のこのページには，何文字入っているのか，すぐにわかるだろうか。答えは約1,000字である。公務員採用試験の論作文試験の制限字数は600字となっているから，ほぼ，この本の半ページ弱である。

この制限字数を，「長い！」と思うか「短い！」と思うかは，人によって違いはあるはず。俳句は17文字に万感の想いを込めるから，これと比べれば1,000字は実に長い。一方，ニュース番組のアナウンサーが原稿を読む平均速度は，約400字程度/1分間とされているから，600字なら1分半。あっという間である。つまり，600字というのは，そういう感覚の字数である。ここでは，論作文試験の600字という制限字数の妥当性については置いておく。600字というのが，どんな感覚の文字数かということを知っておけばよい。

この感覚は，きわめて重要なことなのである。後でくわしく述べるが，実際にはこの制限字数によって，内容はもとより書き出しや構成なども，かなりの規制を受ける。しかし，それも試験なのだから，長いなら長いなりに，短いなら短いなりに対処する方法を考えなければならない。それが実戦に臨む構えであり，「要領」なのだ。

▶▶ 時間配分の実戦感覚

60分間かけて，結果として600字程度の論作文を仕上げればよいわけだから，次は時間の配分をどうするか。開始のベル(ブザー)が鳴る。テーマが示される。いわゆる「課題」である。なにを，どう書くか。この「なにを」が着想であり，「どう書くか」が構想だ。

〈まず「着想」に5分間〉

課題が明示されているのだから，「なにを」は決まっているように思われるかもしれないが，そんなことはない。たとえば「夢」という課題であったと

して，昨日みた夢，こわかった夢，なぜか印象に残っている夢，将来の夢，仕事の夢，夢のある人生とは，夢のある社会とは，夢のない現代の若者について……などなど，書くことは多種多様にある。あるいは「夢想流剣法の真髄」といったものだってよいのだ。まず，この「なにを」を5分以内に決める。文章を書く，または論作文するときは，本来はこの「なにを」が重要なのであって，自分の知識や経験，感性を凝縮して，長い時間をかけて決めるのが理想なのだが，なにしろ制限時間があるので，要領を発揮して5分以内に決める。

〈次は「構想」に5分間〉

「構想」というのは，話の組み立て方である。着想したものを，どうやって600字程度の字数のなかに，うまく展開するかを考える。このときに重要なのは，材料の点検だ。

たとえば着想の段階で，「現代の若者は夢がないといわれるが，実際には夢はもっているのであって，その夢が実現不可能な空想的な夢ではなく，より現実的になっているだけだ。大きな夢に向かって猛進するのも人生だが，小さな夢を一つ一つ育んでいくのも意義ある人生だと思う」というようなことを書こうと決めたとして，ただダラダラと書いていったのでは，印象深い説得力のある論作文にはならない。したがってエピソードだとか，著名人の言葉とか，読んだ本の感想……といった材料が必要なわけだが，これの有無，その配置を点検するわけである。しかも，その材料の質・量によって，話の展開(論作文の構成法)も違ってくる。これを5分以内に決める。

実際には，着想に5分，構想に5分と明瞭に区別されるわけではなく，「なにを」は瞬間的に決まることがあるし，「なにを」と「どう書くか」を同時に考えることもある。ともあれ，着想と構想をあわせて，10分以内に決めたい。

〈「執筆」時間は45分間〉

これは前述したとおり。ただ書くだけの物理的時間が約15〜20分間かかるのだから，言葉を選び表現を考えながらでは45分間は実際に短かすぎるが，試験なのでやむをえない。

まずテーマを書く。氏名を書く。そして，いよいよ第1行の書き出しにかかる。「夢，私はこの言葉が好きだ。夢をみることは，神さまが人間だけに与えた特権だと思う……」「よく，最近の若者には夢がない，という声を聞く。

■ 論作文試験対策

たしかに，その一面はある。つい先日も，こんなことがあった……」「私の家の近所に，夢想流を継承する剣道の小さな道場がある。白髪で小柄な80歳に近い老人が道場主だ……」などと，着想したことを具体的に文章にしていくわけである。

　人によっては，着想が決まると，このようにまず第1行を書き，ここで一息ついて後の構想を立てることもある。つまり，書き出しの文句を書きこむと，後の構想が立てやすくなるというわけである。これも一つの方法である。しかし，これは，よほど書きなれていないと危険をともなう。後の構想がまとまらないと何度も書き出しを書き直さなければならないからだ。したがって，論作文試験の場合は，やはり着想→構想→執筆と進んだほうが無難だろう。

〈「点検」時間は5分間で〉

　論作文を書き終わる。当然，点検をしなければならない。誤字・脱字はもとより，送り仮名や語句の使い方，表現の妥当性も見直さなければならない。この作業を一般には「推敲」と呼ぶ。推敲は，文章を仕上げる上で欠かせない作業である。本来なら，この推敲には十分な時間をかけなければならない。文章は推敲すればするほど練りあがるし，また，文章の上達に欠かせないものである。

　しかし，論作文試験においては，この時間が5分間しかない。前述したように，600字の文章は，ニュースのアナウンサーが読みあげるスピードで読んでも，読むだけで約1分半はかかる。だとすれば，手直しする時間は3分半。せいぜい誤字・脱字の点検しかできないだろう。論作文試験の時間配分では，このことをしっかり頭に入れておかなければならない。要するに論作文試験では，きわめて実戦的な「要領の良さ」が必要であり，準備・対策として，これを身につけておかなければならないということなのだ。

5. 実施課題例の分析
▶▶ 横浜市職員採用試験　論文試験
〈令和5年度〉
《テーマ》

　近年，少子高齢化により，社会のあらゆる分野で人手不足が懸念され，横浜市役所においても行政サービスの維持が課題とされています。

今後も継続的に質の高いサービスを提供していくために，どのように取り組んでいきたいか，あなたの考えを述べなさい。

《方針》

　近年，少子高齢化により，社会のあらゆる分野で人手不足が懸念されていること。また，家庭環境等の変化に伴い，地域における子育て支援などが新たに求められており，これに応えられる保育所や保育士となりうるよう，専門性の向上をはじめとした保育の質のより一層の向上が求められていることを述べる。その上で，今後も継続的に質の高いサービスを提供していくために，どのように取り組んでいきたいか具体的に述べる。

《分析》

　論題に正対するためには，保育の質について，厚生労働省やこども家庭庁が発行した資料などを基に，整理しておく必要がある。厚生労働省が配布した資料によれば，保育の質については「一元的に定義することができない」としながらも，以下のように記述されている。「子どもたちが心身ともに満たされ，豊かに生きていくことを支える環境や経験」。保育の質に関しては「内容」「環境」「人材」の3つの観点を整えることが必要であるとされている。「内容面」では，「保育所保育指針」が示されている。この「保育所保育指針」に基づいて保育を実施し，自己評価しながら振り返り，改善していくことが求められる。自己評価を実施することによって，保育士の子どもに対する理解が深まり，保育を改善・充実するための課題や方策が明確化される。また，職員全体で取り組むなかで，保育園の課題への共通認識が深まり，職員の協働性が高まる。さらには，継続的に自己評価に取り組むことで，保育および保護者支援の専門性が高まることにつながる。「環境」では，施設面積など子どもが安心・安全に生活を送ることができる環境の確保と維持や，感染症・アレルギー・事故対策も含まれる。厚生労働省が定めた「保育所における感染症対策ガイドライン」は，乳幼児期の特性を踏まえた感染症対策の基本を示し，保育士が医療関係者や関係機関と連携しながら感染症対策に取り組むためのものである。「人材」では，キャリアアップ研修ガイドラインが示されている。「保育士等キャリアアップ研修ガイドライン」は，保育現場におけるリーダー的職員の育成に関する研修についてのガイドラインである。これらの研修に積極的に参加し，保育の質を向上させることが重要である。

《作成のポイント》

　論文の構成としては，序論，本論，結論の三部構成で記述するとよい。

■ 論作文試験対策

　まず，序論では，問題の背景にもふれ，内容を正しく把握していることを示し，これから展開する論の方向性を述べる。ここでは，近年，少子高齢化により，社会のあらゆる分野で人手不足が懸念されていること。また，家庭環境等の変化に伴い，地域における子育て支援などが新たに求められており，これに応えられる保育所や保育士となりうるよう，専門性の向上をはじめとした保育の質のより一層の向上が求められていることを述べる。

　本論では，継続的に質の高いサービスを提供していくために，どのように取り組んでいきたいか具体的に述べる。その際，異なる2つの視点から論述するのが望ましい。それぞれに，[柱]：見出し，[論]：課題解決に向けての自分の考え，[例]：論をより説得力あるものにする自分の経験，[策]：具体的な実践の順に記述すると分かりやすくなる。異なる2つの視点は，「保育内容の充実」や「研修の充実」など異なる視点にすると考えの幅が広がる。

　結論では，論述全体のまとめ及び保育士への抱負，決意などを述べる。具体的には，キーワードを用いてのまとめや別の視点からの補説，横浜市の保育士への抱負・決意の表明を述べる。

〈令和4年度〉

《テーマ》

　横浜市は，「誰もが自分らしさを発揮し，いきいきと安心して暮らすことができる街・横浜」を目指し，子ども・子育て支援や多文化共生の推進等取り組んでいます。その実現に向けて，日々多様化・複雑化するニーズや社会問題に対応するために専門職としてどのように取り組んでいきたいか，あなたの考えを述べなさい。（字数750字以内，1時間）

《方針》

　横浜市が目指すまちづくりの中で，保育士が関わるのは，「子ども・子育て支援」の部分である。横浜市の施策等を参考にしながら，自分の個性を生かし，市の子ども・子育て支援」に寄与していくということが伝わるように記述する。

《分析》

　横浜市は「横浜市中期計画2022～2025」の中で，共にめざす都市像(めざす未来の具体像)の市民生活の未来として「暮らしやすく誰もが WELL－BEINGを実現できるまち」を挙げている。また，「よこはま☆保育・教育宣言~乳幼児の心もちを大切に~」の中で，次のように宣言している。「宣言1

安心できる環境をつくり，一人ひとりを大切に保育します　(1)安心感・信頼感を大切に，子どもを守ります。　(2)子ども一人ひとりを受け止めます。　(3)子どもが様々な人と関わることを大切にします。」「宣言2　子どもの育ちと学びを支える主体的な遊びを大切にします　(1)乳幼児期の子どもが，豊かで多様な環境と関わりながら育つことを大切にします。　(2)夢中になって遊びこむことによる育ちを大切にします。　(3)保育者の重要な仕事は一人ひとりの子どものよさを発見し，育てることです。」これらの中で「自分らしさ」や「いきいき」をキーワードとして，自分が特に力を入れて取り組みたいものを1(～2)点選び，考えを述べるようにする。その際，抽象的な記述に終始しないように，自分の経験などを挙げて具体的に記述することを大切にする。

《作成のポイント》

①はじめ(序論)，②なか(本論)，③おわり(結論)の3部構成で記述すると分かりやすい。

①はじめ(序論)：まず，横浜市が目指す「誰もが自分らしさを発揮し，いきいきと安心して暮らすことができる街・横浜」と「よこはま☆保育・教育宣言」のつながりについて考えを述べる。そして「宣言1・2」の中の項目で自分が特に重視したいものを1(～2)点取り上げる。

②なか(本論)：取り上げた項目について，「なぜ，それを取り上げたか(理由)」をこれまでの自分の経験等を挙げながら述べる。そして，自分が保育士として採用されたら，どのように取り組んでいきたいかを具体的に述べるようにする。ここでは子どもの姿が見えるように記述すると読み手によく伝わる。

③おわり(結論)：自分が横浜市の職員として，保育士という立場で目指す市の姿に少しでも近づいて入れるように，真摯に粘り強く取り組む決意を力強く述べて締めくくる。

〈令和3年度〉

《テーマ》

横浜市は，子ども・青少年の一人ひとりが，自分の良さや可能性を発揮することのできるまちを目指しています。その実現のために，横浜市職員としてどのように取り組んでいきたいか，あなたの考えを述べなさい。(字数750字以内，1時間)

《方針》

論作文試験対策

　一人ひとりの幼児が自分の良さや可能性を発揮することができるようにする保育の重要性を述べたうえで，そのために保育士としてどのように取り組んでいきたいか具体的に述べる。

《分析》

　幼児教育のねらいは，生きる力の基礎となる，豊かな感性・意欲・態度を養うとともに，幼児の良さや可能性を伸ばすことにある。オーストリアの哲学者であるルドルフ・シュタイナーは，教育によって「一人ひとりの個性を尊重し，個人の能力を最大限に引き出す」というシュナイター教育を提唱している。

　厚生労働省の保育指針では，保育の目的を「保育所は，児童福祉法に基づき，保育を必要とする子どもの保育を行い，その健全な心身の発達を図ること」とし，そのために「入所する子どもの最善の利益を考慮し，その福祉を積極的に増進することに最もふさわしい生活の場でなければならない」と規定している。この記述は，一人ひとりの個性を尊重し，自分の良さや可能性を発揮することができるようにすることによって実現できると考えてよいだろう。

　そうした保育を行うために，「職員一人一人の倫理観，人間性並びに保育所職員としての職務及び責任の理解と自覚が基盤となる」とされている。このことに関して，指針解説では「職員が一人一人の子どもを心から大切に思い，日頃から子どもと心が通い合うようにすること，また，子どもたち同士が仲間関係をつくっていけるように指導することが重要である」と述べたうえで，「子どもの保育に関わる様々な知識と技能に基づく適切な判断と対応によって，保育士等は子どもの気持ちを受け止め，一人一人の子どもが保育所で安定，安心して生活できるように保育」を行うことが重要であるとしている。

　横浜市では，「よこはま☆保育・教育宣言～乳幼児の心もちを大切に～」を公表しているが，その宣言1で「安心できる環境をつくり，一人ひとりを大切に保育します」を掲げている。その中で，(1) 安心感・信頼感を大切に，子どもを守ります。(2) 子ども一人ひとりを受け止めます。(3) 子どもが様々な人と関わることを大切にします。と，保育に当たっての三つの基本的な姿勢を示している。

　こうした記述内容を踏まえ，保育士としてどういう点を考慮して一人ひとりが，自分の良さや可能性を発揮するための保育に当たっていくか整理するとともに，具体的な取り組みを論述する。その際，保育士として幼児を支援

する姿とともに幼児の態度や行動を具体的に示すようにする。

《作成のポイント》

　序論，本論，結論の3段構成で論じる。

　序論では，保育指針などを基に，保育の目的や保育士が果たす役割の重要
性について論じる。その際，保育士は，幼児の主体的な活動を通して幼児一
人一人が自分の良さや可能性を発揮するために，幼児の活動の場面に応じて
様々な役割を果たさなければならないことを指摘し，その具体的な役割を挙
げる。

　本論では，保育士が果たすべき「活動の理解者」「幼児への共鳴者」「幼児
の援助者」などを意識し，保育士として幼児と関わる際に必要となる姿勢や
行動を示す。その際，具体的な活動や遊びなどを示すとともに，具体的な幼
児の姿などを述べるとよい。

　結論では，保育士として，幼児の実態に即した適切な役割を果たすことに
よって幼児の主体的な活動を促し，一人一人が自分の良さや可能性を発揮で
きるようにしていくことを述べて論文をまとめる。

〈令和2年度〉

《テーマ》

　社会全体で働きやすく，子育てにやさしい環境づくりを促進・支援するた
め，横浜市が取り組むべきことは何か，あなたの考えを述べなさい。（字数
750字以内，1時間）

《方針》

　社会全体で働きやすく，子育てにやさしい環境づくりを進めることの重要
性を述べたうえで，そのために横浜市がどのようなことに取組んでいったら
よいか具体的に論述する。

《分析》

　日本は，大幅な人口減少社会となっている。人口が減少していくことに
よって，様々な課題が生じると指摘されているが，一般的に「人口が減少す
ると経済成長率が低下する」と言われている。人口置換水準とは，一生に女
性が生む子供の数を示す数字であるが，日本は1.39と大変低く，人口が減少
する社会となっていることが分かる。

　その原因は様々考えられるが，必ずしも結婚をしなくてもいいという結婚
に対する意識の変化，同様に出産に対する意識の変化がある。また，若い世

代などの所得の伸び悩み，依然として厳しい女性の就労継続，子育て世代の男性の長時間労働なども原因しているとされる。行政に対しては，子育てに不安をもたらす待機児童の問題など，対策の不十分さが指摘されている。少子化が進むことによって，将来の労働力人口の減少や消費の落ち込みにつながり，産業や経済の活性化が失われてくことが懸念される。

　そうした状況を改善していくために，設問が示すような，働きやすく，子育てにやさしい環境づくりを促進することが求められている。若い世代が安心して子供を生み，育てることのできる横浜市にするために行政や社会がどのような取組をしていくべきか整理して論じるようにする。

《作成のポイント》

　まず，子育てにやさしい環境づくりを進めることが必要である要因として，出生率が低く少子化が進行していることを指摘する。次に，何故出生率が低いのか，その原因を整理する。それは先述した通りであるが，それが後で述べる横浜市としての対策につながるので，その整合性を考えて論述することが必要である。そして，そうした少子化が社会に及ぼす影響について述べていく。

　以上の論述を踏まえ，横浜市としてどのように子育てにやさしい環境づくりを進め，少子化問題に対応していったらよいのかを述べる。そのポイントは，女性が子どもを生み，育てやすい社会をどのようにつくっていくのかということである。たとえば，産・育休制度の充実，男性の育児参加の推進，保育環境の確保と充実といったことが考えられるだろう。

　最後は，横浜市の職員として，子育てにやさしい環境づくりの取組みに努力することを述べて論文をまとめる。

第13章

面接試験対策

面接試験対策

1. 面接の意義

　筆記試験や論作文(論文)試験が，受験者の一般的な教養の知識や理解の程度および表現力やものの考え方・感じ方などを評価するものであるのに対し，面接試験は人物を総合的に評価しようというものだ。

　すなわち，面接担当者が直接本人に接触し，さまざまな質問とそれに対する応答の繰り返しのなかから，公立保育士としての適応能力，あるいは職務遂行能力に関する情報を，できるだけ正確に得ようとするのが面接試験なのである。豊かな人間性がより求められている現在，特に面接が重視されており，一般企業においても，面接試験は非常に重視されているが，公立保育士という職業は，給与は税金から支払われており，その職務を完全にまっとうできる人間が望まれる。その意味で，より面接試験に重きがおかれるのは当然と言えよう。

2. 面接試験の目的

　では，各都道府県市が面接試験を行う目的は，どこにあるのだろうか。ごく一般的に言えば，面接試験の目的とは，おおよそ次のようなことである。

〈人物の総合的な評価〉

　面接官が実際に受験者と対面することによって，その人物の容姿や表情，態度をまとめて観察し，総合的な評価をくだすことができる。ある程度，直観的・第一印象ではあるが，重要なことである。

〈性格や性向の判別〉

　受験者の表情や動作を観察することにより性格や性向を判断するが，実際には短時間の面接であるので，面接官は社会的・人生的に豊かな経験の持ち主である。

〈動機・意欲等の確認〉

　公立保育士を志望した動機や公務員としての意欲を試験官が知ることは，論作文試験等によっても可能だが，さらに面接試験により，採用側の事情や期待内容を逆に説明し，それへの反応の観察，また質疑応答によって，面接官はより明確に動機や熱意を知ろうとする。

　以上3点が，面接試験の最も基本的な目的であり，面接官はこれにそってさ

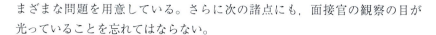

まざまな問題を用意している。さらに次の諸点にも，面接官の観察の目が光っていることを忘れてはならない。

〈質疑応答によって知識・教養の程度を知る〉

　筆記試験によって，すでに一応の知識・教養は確認しているが，面接試験においてはさらに付加質問が次々と行われ，その応答過程と内容から，受験者の知識教養の程度がより正確に判断されるのである。

〈言語能力や頭脳の回転の速さの観察〉

　言語による応答のなかで，相手方の意志の理解，自分の意志の伝達のスピードと要領の良さなど，受験者の頭脳の回転の速さや言語表現の諸能力を観察する。

〈思想・人生観などを知る〉

　これも論作文試験等によっても判断できることではあるが，面接試験によりさらに詳しく聞かれることとなる。

〈協調性・指導性などの社会的性格を知る〉

　前述した面接試験の種類のうち，グループ・ディスカッションなどはこれを知るために考え出された。公立保育士という職業の場合，これらの資質を知ることは面接試験の大きな目的の一つとなる。

3．面接試験の問題点

　これまで述べてきたように，公務員採用試験における面接試験の役割は大きいが，問題点もないわけではない。

　というのも，面接試験の場合，学校の試験のように"正答"というものがないからである。例えば，ある面接官は受験者の「自己PR＝売り込み」を意欲があると高く評価したとしても，別の面接官はこれを自信過剰と受け取り，公立保育士に適さないと判断するかもしれない。あるいは模範的な回答をしても，「マニュアル的だ」と受け取られることもある。

　もっとも，このような主観の相違によって評価が左右されないように，面接官を複数にしたり評価の基準が定められたりしているわけだが，それでもやはり，面接試験自体には次に述べるような一般的な問題点もある。

面接試験対策

① **短時間の面接で受験者の全体像を評価するのは容易ではない**

面接試験は受験者にとってみれば，その人の生涯を決定するほど重要な場であるのだが，その緊張した短時間の間に日頃の人格と実力のすべてが発揮できるとは限らない。そのため第一印象だけで，その全体像も評価されてしまう危険性もある。

② **評価判断が面接官の主観で左右される場合がある**

面接試験に現れるものは，そのほとんどが性格・性向などの人格的なもので，これは数値で示されるようなものではない。したがってその評価に客観性を明確に付与することは困難で，面接官の主観によって評価に大きな差が生じることもある。

③ **面接官の質問の巧拙などの技術が判定に影響する**

面接官の質問のしかたによっては，受験者の正しく明確な反応を得ることができず，そのため評価を誤ることもあり得る。

④ **面接官の感情によって判定が左右される場合がある**

これも面接が「人間 対 人間」によって行われる以上，多かれ少なかれ避けられないことでもあろう。この弊害を避けるため，前述のように面接官を複数にしたり複数回の面接を行ったりなどの工夫がされている。

⑤ **面接官の先入観や信念などで判定が左右されることがある**

人は他人に接するとき無意識のうちに人物評価を行っており，この経験の積み重ねで，人物評価に対してある程度の紋切り型の判断基準を持つようになっているかもしれない。例えば，「額の広い人は頭がよい」とか「耳たぶが大きい人は人格円満」などというようなことで，それが無意識のうちに評価に影響を与える場合も時としてある。

面接試験には，このような問題点と危険性も併存する。しかし，だからといって面接試験の役割や重要性が，それで減少することはないのであり，各自治体の面接担当者はこうした面接試験の役割と問題点の間で，どうしたらより客観的で公平な判定を下すことができるかを考え，さまざまな工夫をしているのである。最近の面接試験の形態が多様化しているのも，こうした採用側の努力の表れといえよう。

4. 面接の質問内容

ひとくちに面接試験といっても，果たしてどんなことを聞かれるのか，不安な人もいるはずだ。ここでは志望動機から日常生活にかかわることまで，

面接試験対策

気に留めておきたい重要ポイントを交えて，予想される質問内容を列記しておく。当日になって慌てないように，「こんなことを聞かれたら(大体)こう答えよう」という自分なりの回答を頭の中で整理，あるいはメモをしたものを読み上げる練習をしておこう。

▶▶ 志望動機編

〈志望職種や自治体など受験先の概要を把握して自分との接点を明確に〉

　公立保育士を受験した動機，理由については，就職試験の成否をも決めかねない重要な応答になる。また，どんな面接試験でも，避けて通ることのできない質問事項である。なぜなら志望動機は，就職先にとって最大の関心事のひとつであるからだ。面接とは，受験者がどれだけ公立保育士についての知識や情報をもったうえで受験をしているのかを調べようとするものであることを念頭においておこう。

〈質問に対しては臨機応変の対応を〉

　受験者の立場でいえば，複数の受験をすることは常識である。もちろん「当職員以外に受験した県や一般企業がありますか」と聞く面接官も，それは承知している。したがって，同じ職種，同じ業種で何箇所かかけもちしている場合，正直に答えてもかまわない。しかし，「第一志望は何ですか」というような質問に対して，正直に答えるべきかどうかというと，やはりこれは疑問がある。一般的にはどんな企業や役所でも，ほかを第一志望にあげられれば，それを判断基準のひとつととらえるであろう。

〈志望の理由は情熱をもって述べる〉

　志望動機を述べるときは，自分がどうして公立保育士を選んだのか，どこに大きな魅力を感じたのかを，できるだけ具体的に，しかも情熱をもって語ることが重要である。

　たとえば，「人の役に立つ仕事がしたい」と言っても，特に公立保育士でなければならない理由は伝わらない。

① 具体的対応例

> **Q** あなたが公立保育士を志望した理由，または動機を述べてください。
>
> **A** 私は，幼い頃，公立保育園に通っていましたが，毎日先生がやさしい笑顔で迎えてくれたので，園での生活を楽しく過ごすことができまし

335

た。このことがきっかけで公立保育士を目指すようになり，今回志望させていただきました。

Q もし公立保育士として採用されなかったら，どのようにするつもりですか。

A もし不合格になった場合でも，私は何年かかってでも公立保育士になりたいという意志をもっています。しかし，一緒に暮らしている家族の意向などもありますので，相談いたしまして一般企業に就職するかもしれません。

② 予想される質問内容

○公立保育士について知っていること，または印象などを述べてください。

○職業として公立保育士を選ぶときの基準として，あなたは何を重要視しましたか。

○いつごろから公立保育士を受けようと思いましたか。

○ほかには，どのような業種や会社を受験しているのですか。

○幼稚園教諭の免許も取得しているようですが，そちらに進むつもりはないのですか。

○志望先を決めるにあたり，どなたかに相談しましたか。

○もし公立保育士と他の一般企業に，同時に合格したらどうしますか。

▶▶ 仕事に対する意識・職業観編

〈採用後の希望はその役所の方針を考慮して〉

採用後の希望や抱負などは，志望動機さえ明確になっていれば，この種の質問に答えるのは，それほど難しいことではない。ただし，希望職種や希望部署など，採用後の待遇にも直接関係する質問である場合は，注意が必要だろう。また，勤続予定年数などについては，定年まで働くというのが一般的である。

〈勤務条件についての質問には柔軟な姿勢を見せる〉

勤務の条件や内容などは，職種研究の対象であるから，当然，前もって下調べが必要なことはいうまでもない。

「残業で遅くなっても大丈夫ですか」という質問は，女性の受験者によく出される。職業への熱意や意欲を問われているのだから，「残業は一切できません！」という柔軟性のない姿勢は論外だ。通勤方法や時間など，具体的な材

面接試験対策

料をあげて説明すれば，相手も納得するだろう。

　そのほか初任給など，採用後の待遇についての質問には，基本的に規定に従うと答えるべき。新卒の場合，たとえ「給料の希望額は？」と聞かれても，「規定通りいただければ結構です」と答えるのが無難だ。間違っても，他業種との比較を口にするようなことをしてはいけない。

〈自分自身の言葉で職業観を表現する〉

　就職や職業というものを，自分自身の生き方の中にどう位置づけるか，また，自分の生活の中で仕事とはどういう役割を果たすのかを考えてみることが重要だ。つまり，自分の能力を生かしたい，社会に貢献したい，自分の存在価値を社会的に実現してみたい，ある分野で何か自分の力を試してみたい……などを考えれば，おのずと就職するに当たっての心構えや意義は見えてくるはずである。

　あとは，それを自分自身の人生観，志望職種や業種などとの関係を考えて組み立ててみれば，明確な答えが浮かび上がってくるだろう。

① 具体的対応例

> **Q** 公立保育士の採用が決まった場合の抱負を述べてください。
>
> **A** まず配属された部署の仕事に精通するよう努め，自分を一人前の公立保育士として，そして社会人として鍛えていきたいと思います。また，公立保育士の全体像を把握し，仕事の流れを一日も早くつかみたいと考えています。

> **Q** 公立保育士に採用されたら，定年まで勤めたいと思いますか。
>
> **A** もちろんそのつもりです。公立保育士という職業は，私自身が一生の仕事として選んだものです。特別の事情が起こらない限り，中途退職したり，転職することは考えられません。

② 予想される質問内容

　○公立保育士になったら，どのような仕事をしたいと思いますか。
　○残業や休日出勤を命じられたようなとき，どのように対応しますか。
　○公立保育士の仕事には厳しい面もありますが，頑張っていけそうですか。
　○転勤については大丈夫ですか。
　○学生生活と職場の生活との違いについては，どのように考えていますか。
　○職場で仕事をしていく場合，どのような心構えが必要だと思いますか。

面接試験対策

○公立保育士という言葉から，あなたはどういうものを連想しますか。

○あなたにとって，就職とはどのような意味をもつものですか。

▶ 自己紹介・自己PR編

〈長所や短所をバランスよくとりあげて自己分析を〉

人間には，それぞれ長所や短所が表裏一体としてあるものだから，性格についての質問には，率直に答えればよい。短所については素直に認め，長所については謙虚さを失わずに語るというのが基本だが，職種によっては決定的にマイナスととられる性格もあるから，その点だけは十分に配慮して応答しなければならない。短所については，その短所をどのように克服しようとしているか，その努力もつけ加えて話すこと。

「物事に熱しやすく冷めやすい」といえば短所だが，「好奇心旺盛」といえば長所だ。こうした質問に対する有効な応答は，恩師や級友などによる評価，交友関係から見た自己分析など具体的な例を交えて話すようにすれば，より説得力が増すであろう。

〈履歴書の内容を覚えておき，よどみなく答える〉

履歴書などにどんなことを書いて提出したかを，きちんと覚えておく。重要な応募書類は，コピーを取って，手元に控えを保管しておくと安心だ。

〈志望職決定の際，両親の意向を問われることも〉

面接の席で両親の同意をとりつけているかどうか問われることもある。家族関係がうまくいっているかどうかの判断材料にもなるので，親の考えも伝えながら，明確に答える必要がある。この際，あまり家族への依存心が強いと思われるような発言は控えよう。

① 具体的対応例

> **Q** あなたのセールスポイントをあげて，自己PRをしてください。
>
> **A** 性格は陽気で，バイタリティーと体力には自信があります。高校時代はバレー部で，キャプテンをしていました。3年間鍛えた体力と精神力，リーダーシップを十分に生かして，積極的に仕事をしたいと思います。

面接試験対策

> **Q** あなたは人と話すのが好きですか，それとも苦手なほうですか。
>
> **A** はい，大好きです。高校ではサッカー部のマネージャーをやっておりましたし，大学に入ってからも，同好会でしたがサッカー部の渉外担当をつとめました。試合のスケジュールなど，外部の人と接する機会も多かったため，初対面の人とでもあまり緊張しないで話せるようになりました。

② 予想される質問内容

○あなたは自分をどういう性格だと思っていますか。

○あなたの性格で，長所と短所を挙げてみてください。

○あなたは，友人の間でリーダーシップをとるほうですか。

○あなたは他の人と協調して行動することができますか。

○仕事上のことで上司と意見が対立したようなとき，どう対処しますか。

○あなたは何か資格をもっていますか。また，それを取得したのはどうしてですか。

○これまでに何か大きな病気をしたり，入院した経験がありますか。

○あなたが公立保育士を志望したことについて，ご両親はどうおっしゃっていますか。

▶▶ 日常生活・人生観編

〈趣味はその楽しさや面白さを分かりやすく語ろう〉

　余暇をどのように楽しんでいるかは，その人の人柄を知るための大きな手がかりになる。趣味は"人間の魅力"を形作るのに重要な要素となっている側面があり，面接官は，受験者の趣味や娯楽などを通して，その人物の人柄を知ろうとする。

〈健全な生活習慣を実践している様子を伝える〉

　休日や余暇の使い方は，本来は勤労者の自由な裁量に任されているもの。とはいっても，健全な生活習慣なしに，創造的で建設的な職場の生活は営めないと，採用側は考えている。日常の生活をどのように律しているか，この点から，受験者の社会人・公務員としての自覚と適性を見極めようというものである。

■ 面接試験対策

〈生活信条やモットーなどは自分自身の言葉で〉

　生活信条とかモットーといったものは，個人的なテーマであるため，答え
は千差万別である。受験者それぞれによって応答が異なるから，面接官も興
味を抱いて，話が次々に発展するケースも多い。それだけに，嘘や見栄は禁
物で，話を続けるうちに，矛盾や身についていない考えはすぐ見破られてし
まう。自分の信念をしっかり持って，臨機応変に進めていく修練が必要とな
る。

① 　具体的対応例

Q　スポーツは好きですか。また，どんな種目が好きですか。
A　はい。手軽に誰にでもできるというのが魅力ではじめたランニングですが，毎朝家の近くを走っています。体力増強という面もありますが，ランニングを終わってシャワーを浴びると，今日も一日が始まるという感じがして，生活のけじめをつけるのにも大変よいものです。目標は秋に行われる○○マラソンに出ることです。

Q　日常の健康管理に，どのようなことを心がけていますか。
A　私は，とにかく規則的な生活をするよう心がけています。それとあまり車を使わず，できるだけ歩くようにしていることなどです。

② 　予想される質問内容

　○あなたはどのような趣味をもっているか，話してみてください。

　○あなたはギャンブルについて，どのように考えていますか。

　○お酒は飲みますか。飲むとしたらどの程度飲めますか。

　○ふだんの生活は朝型ですか，それとも夜型ですか。

　○あなたの生き方に影響を及ぼした人，尊敬する人などがいたら話してく
　　ださい。

　○あなたにとっての生きがいは何か，述べてみてください。

　○現代の若者について，同世代としてあなたはどう思いますか。

▶ 一般常識・時事問題編

〈新聞には必ず目を通し，重要な記事は他紙と併読〉

　一般常識・時事問題については筆記試験の分野に属するが，面接でこうし
たテーマがもち出されることも珍しくない。受験者がどれだけ社会問題に関
心をもっているか，一般常識をもっているか，また物事の見方・考え方に偏

りがないかなどを判定しようというものである。知識や教養だけではなく，一問一答の応答を通じて，その人の性格や適応能力まで判断されると考えることが大切である。「新聞はとっていません」「新聞は購読していません」という答えは不適切。公共図書館，学校図書館などで常に目を通すようにしておきたい。

「今朝の新聞で…」と尋ねられた場合，「今日は新聞に目を通す時間がありませんでしたが，最近のニュースでは…」と数日，数週間前の大きなニュースについて述べることもできる。

特に保育，幼児教育，福祉などのニュースには常に目配りしておくこと。

〈社会に目を向け，健全な批判精神を示す〉

思想の傾向や政治・経済などについて細かい質問をされることが稀にあるが，そうした問いかけに，誰でも少しは緊張するのはやむをえない。

考えてみれば思想の自由は憲法にも保証された権利であるし，支持政党や選挙の際の投票基準についても，本来，他人から何か言われることではない。そのようなことは採用する側も認識していることであり，政治思想そのものを採用・不採用の主材料にすることはない。むしろ関心をもっているのは，受験者が，社会的現実にどの程度目を向け，どのように判断しているかということなのだ。

① 具体的対応例

> **Q** 今日の朝刊で，特に印象に残っている記事について述べてください。
>
> **A** △△市の市長のリコールが成立した記事が印象に残っています。違法な専決処分を繰り返したことに対しての批判などが原因でリコールされたわけですが，市民運動の大きな力を感じさせられました。

> **Q** これからの高齢化社会に向けて，あなたの意見を述べてください。
>
> **A** やはり行政の立場から高齢者サービスのネットワークを推進し，老人が安心して暮らせるような社会を作っていくのが基本だと思います。それと，誰もがやがて迎える老年期に向けて，心の準備をしていくような生活態度が必要だと思います。

② 予想される質問内容

〇あなたがいつも読んでいる新聞や雑誌を言ってください。

〇あなたは，政治や経済についてどのくらい関心をもっていますか。

面接試験対策

○最近テレビで話題の××事件の犯人逮捕についてどう思いますか。

○△△事件の被告人が勝訴の判決を得ましたがこれについてどう思いますか。

▶ 面接の方法と実戦例

〈一問一答法〉

面接官の質問が具体的で，受験者が応答しやすい最も一般的な方法である。例えば，「学生時代にクラブ活動をやりましたか」「学生時代は勉強のほかに何をやっていましたか」というように，それぞれの質問に対し受験者が端的に応答できる形式である。この方法では，質問の応答も具体的なため評価がしやすく，短時間に多くの情報を得ることができる。

〈供述法〉

受験者の考え方，理解力，表現力などを見る方法で，面接官の質問は総括的である。例えば，「愛読書のどういう点が好きなのですか」「○○事件の問題点はどこにあると思いますか」といったように，一問一答ではなく，受験者が自分の考えを論じなければならない。面接官は，質問に対し，受験者がどのような角度から応答し，どの点を重視するか，いかに要領よく自分の考えを披露できるかなどを観察・評価している。

〈非指示的方法〉

受験者に自由に発言させ，面接官は話題を引き出した論旨の不明瞭な点を明らかにするなどの場合に限って，最小限度の質問をするだけという方法である。

〈圧迫面接法〉

意識的に受験者の神経を圧迫して精神状態を緊張させ，それに対する受験者の応答や全体的な反応を観察する方法である。例えば「そんな安易な考えで，職務が務まると思っているんですか？」などと，受験者の応答をあまり考慮せずに，語調を強めて論議を仕掛けたり，枝葉末節を捉えて揚げ足取りをする，受験者の弱点を大げさに捉えた言葉を頻発する，質問責めにするなど，受験者にとっては不安感を持ってしまう面接法といえる。そのような緊張状況が続く環境の中での受験者の自制心や忍耐力，判断力の変化などを観察するのが，この面接法の目的だ。

面接試験対策

5. 面接対応例

Q. 社会人になるにあたって大切なことは？

〈良い例①〉

　責任を持って物事にあたることだと考えます。学生時代は多少の失敗を
しても，許してくれました。しかし，社会人となったら，この学生気分の
甘えを完全にぬぐい去らなければいけないと思います。

〈良い例②〉

　気分次第の行動を慎み，常に，安定した精神状態を維持することだと考
えています。気持ちのムラは仕事のミスにつながってしまいます。そのた
めに社会人になったら，精神と肉体の健康の安定を維持して，仕事をした
いと考えています。

〈悪い例①〉

　社会人としての自覚を持ち，社会人として恥ずかしくない人間になるこ
とだと思います。

〈悪い例②〉

　よりよい社会を作るために，政治，経済の動向に気を配り，国家的見地
に立って物事を見るようにすることが大切だと思います。

コメント　　この質問に対しては，社会人としての自覚を持つのだという点
を強調すべきである。〈良い例〉では，学生時代を反省し，社会へ
出ていくのだという意欲が感じられる。
　一方〈悪い例①〉では，あまりにも漠然としていて，具体性に欠
けている。また〈悪い例②〉のような，背のびした発言は避ける方
が無難だ。

Q. 簡単な自己PRをしてください

〈良い例①〉

　体力には自信があります。学生時代，山岳部に所属していました。登頂
した山が増えるにつれて，私の体力も向上してきました。それに度胸とい
うようなものがついてきたようです。

〈良い例②〉

　私のセールスポイントは，何事にも頑張るということです。高校時代で
は部活動のキャプテンをやっていましたので，まとめ役としてチームを

引っ張り，県大会出場を果たしました。

〈悪い例①〉

　　セールスポイントは，3点あります。性格が明るいこと，体が丈夫なこと，スポーツが好きなことです。

〈悪い例②〉

　　自己PRですか……エピソードは……ちょっと突然すぎて，それに一言では……。

〈悪い例③〉

　　私は自分に絶対の自信があり，なんでもやりこなせると信じています。これまでも，たいていのことは人に負けませんでした。保育士になりましたら，どんな仕事でもこなせる自信があります。

| コメント | 自己PRのコツは，具体的なエピソード，体験をおりまぜて，誇張しすぎず説得力を持たせることである。
　　〈悪い例①〉は具体性がなく迫力に欠ける。〈悪い例②〉はなんとも歯ぎれが悪く，とっさの場合の判断力のなさを印象づける。〈悪い例③〉は抽象的すぎるし，自信過剰で嫌味さえ感じられる。

Q. 健康状態はいかがですか？

〈良い例①〉

　　健康なほうです。以前は冬になるとよくカゼをひきましたが，4年くらい前にジョギングを始めてから，カゼをひかなくなりました。

〈良い例②〉

　　いたって健康です。中学生のときからテニスで体をきたえているせいか，寝こむような病気にかかったことはありません。

〈悪い例①〉

　　寝こむほどの病気はしません。ただ，少々貧血気味で，たまに気分が悪くなることがありますが，あまり心配はしていません。勤務には十分耐えられる健康状態だと思います。

〈悪い例②〉

　　まあ，健康なほうです。ときどき頭痛がすることがありますが，睡眠不足や疲れのせいでしょう。社会人として規則正しい生活をするようになれば，たぶん治ると思います。

面接試験対策

> **コメント**　多少，健康に不安があっても，とりたててそのことを言わない
> ほうがいい。〈悪い例②〉のように健康維持の心がけを欠いている
> ような発言は避けるべきだ。まず健康状態は良好であると述べ，
> 日頃の健康管理について付け加える。スポーツばかりではなく，
> 早寝早起き，十分な睡眠，精神衛生などに触れるのも悪くない。

Q. どんなスポーツをしていますか？

〈良い例①〉

　　毎日しているスポーツはありませんが，週末によく卓球をします。他の
スポーツに比べると，どうも地味なスポーツに見られがちなのですが，皆
さんが思うよりかなり激しいスポーツで，全身の運動になります。

〈良い例②〉

　　私はあまり運動が得意なほうではありませんので，小さいころから自主
的にスポーツをしたことがありませんでした。でも，去年テレビでジャズ
ダンスを見ているうちにあれならば私にもできそうだという気がして，こ
こ半年余り週1回のペースで習っています。

〈悪い例①〉

　　スポーツはどちらかといえば見る方が好きです。よくテレビでプロ野球
中継を見ます。

> **コメント**　スポーツをしている人は，健康・行動力・協調性・明朗さなど
> に富んでいるというのが一般の(面接官の)イメージだ。〈悪い例
> ①〉のように見る方が好きだというのは個人の趣向なので構わない
> が，それで終わってしまうのは好ましくない。

Q. クラブ・サークル活動の経験はありますか？

〈良い例①〉

　　剣道をやっていました。剣道を通じて，自分との戦いに勝つことを学び，
また心身ともに鍛えられました。それから横のつながりだけでなく先輩，
後輩との縦のつながりができたことも収穫の一つでした。

〈良い例②〉

　　バスケット部に入っておりました。私は，中学生のときからバスケット
をやっていましたから，もう6年やったことになります。高校までは正選手

345

面接試験対策

で，大きな試合にも出ていました。授業終了後，2時間の練習があります。また，休暇時期には，合宿練習がありまして，これには，OBも参加し，かなりハードです。

〈悪い例①〉

　私は社会心理研究会という同好会に所属していました。マスコミからの情報が，大衆心理にどのような影響をおよぼしているのかを研究していました。大学に入ったら，サークル活動をしようと思っていました。それが，いろいろな部にあたったのですが，迷ってなかなか決まらなかったのです。そんなとき，友人がこの同好会に入ったので，それでは私も，ということで入りました。

〈悪い例②〉

　何もしていませんでした。どうしてもやりたいものもなかったし，通学に2時間半ほどかかり，クラブ活動をしていると帰宅が遅くなってしまいますので，結局クラブには入りませんでした。

コメント　クラブ・サークル活動の所属の有無は，協調性とか本人の特技を知るためのものであり，どこの採用試験でも必ず質問される。クラブ活動の内容，本人の役割分担，そこから何を学んだかがポイントとなる。具体的な経験を加えて話すのがよい。ただ，「サークル活動で○○を学んだ」という話は面接官にはやや食傷気味でもあるので，内容の練り方は十分に行いたい。
　〈悪い例①〉は入部した動機がはっきりしていない。〈悪い例②〉では，クラブ活動をやっていなかった場合，必ず別のセールスポイントを用意しておきたい。例えば，ボランティア活動をしていたとか，体力なら自信がある，などだ。それに「何も夢中になることがなかった」では人間としての積極性に欠けてしまう。

Q. 新聞は読んでいますか？

〈良い例①〉

　毎日，読んでおります。朝日新聞をとっていますが，朝刊では "天声人語" や "ひと" そして政治・経済・国際欄を念入りに読みます。夕刊では，"窓"を必ず読むようにしています。

〈良い例②〉

　読売新聞を読んでいます。高校のころから，政治，経済面を必ず読むよ

346

面接試験対策

う，自分に義務づけています。最初は味気ないと思ったのですが，このごろは興味深く読んでいます。

〈悪い例①〉

定期購読している新聞はありません。ニュースはほとんどテレビやインターネットで見られますので。たまに駅の売店などでスポーツ新聞や夕刊紙などを買って読んでいます。主にどこを読むかというと，これらの新聞の芸能・レジャー情報などです。

〈悪い例②〉

毎日新聞を読んでいますが，特にどこを読むということはなく，全体に目を通します。毎日新聞は，私が決めたわけではなく，実家の両親が購読していたので，私も習慣としてそれを読んでいます。

コメント　　この質問は，あなたの社会的関心度をみるためのものである。毎日，目を通すかどうかで日々の生活規律やパターンを知ろうとするねらいもある。具体的には，夕刊紙ではなく朝日，読売，毎日などの全国紙を挙げるのが無難であり，読むページも，政治・経済面を中心とするのが望ましい。

〈良い例①〉は，購読している新聞，記事の題名などが具体的であり，真剣に読んでいるという真実味がある。直近の記憶に残った記事について感想を述べるとなお印象は良くなるだろう。〈悪い例①〉は，「たまに読んでいる」ということで×。それに読む記事の内容からも社会的関心の低さが感じられる。〈悪い例②〉は〈良い例①〉にくらべ，具体的な記事が挙げられておらず，かなりラフな読み方をしていると思われても仕方がない。

前述したように「読んでいません」という答えはしないこと。少なくとも就職活動中は図書館など，定期的に新聞に目を通せる場所を決めておくこと。

「電子版を定期購読しています」という答えをする場合があると思われるが，その場合も，福祉・保育・保育制度の動向などにも目を通していることは伝えたい。

●書籍内容の訂正等について

　弊社では教員採用試験対策シリーズ(参考書，過去問，全国まるごと過去問題集)，公務員採用試験対策シリーズ，公立幼稚園教諭・保育士採用試験対策シリーズ，会社別就職試験対策シリーズについて，正誤表をホームページ(https://www.kyodo-s.jp)に掲載いたします。内容に訂正等，疑問点がございましたら，まずホームページをご確認ください。もし，正誤表に掲載されていない訂正等，疑問点がございましたら，下記項目をご記入の上，以下の送付先までお送りいただくようお願いいたします。

> ① 書籍名，都道府県・市町村名，区分，年度
>   (例：公立幼稚園教諭・保育士採用試験対策シリーズ　秋田市の公立保育士2026年度版)
> ② ページ数(書籍に記載されているページ数をご記入ください。)
> ③ 訂正等，疑問点(内容は具体的にご記入ください。)
>   (例：問題文では"ア～オの中から選べ"とあるが，選択肢はエまでしかない)

〔ご注意〕
○ 電話での質問や相談等につきましては，受付けておりません。ご注意ください。
○ 正誤表の更新は適宜行います。
○ いただいた疑問点につきましては，当社編集制作部で検討の上，正誤表への反映を決定させていただきます(個別回答は，原則行いませんのであしからずご了承ください)。

●情報提供のお願い

　協同教育研究会では，これから公立幼稚園教諭・保育士採用試験を受験される方々に，より正確な問題を，より多くご提供できるよう情報の収集を行っております。つきましては，公立幼稚園教諭・保育士採用試験に関する次の項目の情報を，以下の送付先までお送りいただけますと幸いでございます。お送りいただきました方には謝礼を差し上げます。
(情報量があまりに少ない場合は，謝礼をご用意できかねる場合があります。)
◆あなたの受験された専門試験，面接試験，論作文試験の実施方法や試験内容
◆公立幼稚園教諭・保育士採用試験の受験体験記

送付先
○電子メール：edit@kyodo-s.jp
○FAX：03－3233－1233(協同出版株式会社　編集制作部 行)
○郵送：〒101－0054　東京都千代田区神田錦町2－5
　　　　協同出版株式会社　編集制作部 行
○HP：https://kyodo-s.jp/provision(右記のQRコードからもアクセスできます)

※謝礼をお送りする関係から，いずれの方法でお送りいただく際にも，「お名前」「ご住所」は，必ず明記いただきますよう，よろしくお願い申し上げます。

【編集協力者】

阿部 真美子	聖徳大学	教育学部児童学科	教授
小田桐 忍	聖徳大学	教育学部児童学科	教授
齋藤 有	聖徳大学	教育学部児童学科	准教授
作道 訓子	聖徳大学	実習支援課	専門課長
杉浦 誠	常葉大学	保育学部保育学科	准教授
田中 真紀子	聖徳大学	教育学部教育学科	准教授
西園 政史	聖徳大学	教育学部教育学科	准教授
初鹿 静江	聖徳大学	教育学部児童学科	准教授
深津 さよこ	聖徳大学	教育学部児童学科	准教授

公立幼稚園教諭・保育士採用試験対策シリーズ

横浜市・大和市・伊勢原市・茅ヶ崎市の 公立保育士

編　集	©協同教育研究会
発　行	令和7年6月10日
発行者	小貫　輝雄
発行所	協同出版株式会社
	〒101-0054　東京都千代田区神田錦町2‑5
	TEL.03-3295-1341
	http://www.kyodo-s.jp
	振替　東京00190-4-94061
	印刷・製本　協同出版・POD工場

無断で複写・複製することを禁じます
落丁・乱丁はお取り替えいたします
Printed in Japan